爱德地产研究院系列丛书

让 地 产 经 营 管 理 更 智 慧

地产新管理

房企高效运营实战兵法

爱德地产研究院 编著

中国建筑工业出版社

图书在版编目（CIP）数据

地产新管理：房企高效运营实战兵法 / 爱德地产研究院
编著.—北京：中国建筑工业出版社，2019.2
ISBN 978-7-112-23292-5

Ⅰ.①地… Ⅱ.①爱… Ⅲ.①房地产企业—企业经营管理—研究 Ⅳ.①F293.34

中国版本图书馆CIP数据核字（2019）第025507号

　　本书旨在编写"地产圈第一本聚焦新管理新运营的专业书籍"，对地产新管理新运营进行系统性梳理和总结，为地产中高层提供策略参考与实操方案。本书特点表现在聚焦全流程核心体系、效果显著的实战案例、实操模型与落地方案。本书在专业上覆盖投资、经营、运营、设计、工程、跟投、DT，案例多数采自TOP 30强企业。

　　本书第一章，新管理是构建房企数智化经营决策的最强大脑。第二章，新投拓是牵引房企弯道超车的火车头。第三章，新运营主张强管控强执行，全专业提速，全公司协同，助力快周转。第四章，新设计是设计提速与产品力提升的加速器。第五章，新建造是建造提速与产品力提升的魔术师。第六章，新激励的核心内容是跟投合伙人制度为项目提速提效添加助燃剂。第七章，新IT的核心内容是从IT升级到DT，成为地产信息化的新革命。最后进行预测，新十年与地产管理相关的9大趋势预判。

　　本书可供地产金融机构与投资人士、地产经营管理者、地产基层从业人员和高校相关专业师生阅读借鉴。

责任编辑：毕凤鸣　封　毅
责任校对：姜小莲

爱德地产研究院系列丛书

地产新管理——房企高效运营实战兵法

爱德地产研究院　编著

*

中国建筑工业出版社出版、发行（北京海淀三里河路9号）

各地新华书店、建筑书店经销

北京点击世代文化传媒有限公司制版

北京富诚彩色印刷有限公司印刷

*

开本：787×960毫米　1/16　印张：20¼　字数：385千字
2019年2月第一版　2019年5月第二次印刷

定价：**68.00** 元

ISBN 978-7-112-23292-5

（33595）

《地产新管理》编委会

顾问：张松涛　徐　海

主编：姜皓天

编委：黄　平　廖　焰　黄永福　魏　庚
　　　覃　丹　章　帆　李　楠

《地产新管理》编写人员分工

章节	作者	职务
导　论　房地产行业迈进新周期	姜皓天	爱德地产研究院 资深研究员 爱德数智 战略品牌总监
第一章　新管理 构建房企数智化经营决策的最强大脑	徐　海	爱德地产研究院 顾问委员会主任 爱德擎峰咨询 CEO
	黄　平	爱德地产研究院 资深管理专家 爱德数智 副总经理
第二章　新投拓 牵引房企弯道超车的火车头	姜皓天	爱德地产研究院 资深研究员 爱德数智 战略品牌总监
	覃　丹	爱德地产研究院 资深管理顾问
第三章　新运营 强管控强执行，全专业提速，全公司 协同，助力快周转	廖　焰	爱德地产研究院 地产数字化管理专家 爱德数智 副总经理
第四章　新设计 设计提速与产品力提升的加速器	魏　庚	爱德地产研究院副院长 资深管理顾问
	李　楠	特邀地产研究员
第五章　新建造 建造提速与产品力提升的魔术师	黄永福	爱德地产研究院 院长 资深管理专家
	李　楠	特邀地产研究员
第六章　新激励 跟投合伙人制度为项目提速提效添加 助燃剂	黄　平	爱德地产研究院 资深管理专家 爱德数智 副总经理
第七章　新IT 从IT升级到DT，成为地产信息化的 新革命	章　帆	金地集团首席信息官、信息事业部总 经理
	廖　焰	爱德地产研究院 地产数字化管理专家 爱德数智 副总经理
第八章　新十年 与地产管理相关的9大趋势预判	姜皓天	爱德地产研究院 资深研究员 爱德数智 战略品牌总监
后　记　新常态　新趋势　新管理　新未来	张松涛	爱德地产研究院 学术委员会主任 爱德数智 副总经理

序

万亿时代的丛林法则

未来5年，万亿时代的竞争更加残酷。丛林法则冷血上演，每家房企都在陌路狂奔。

这不是穷途末路，而是从未经历过的新路。所有动物都要在新的环境和道路上，一边追逐一边成长，有悬崖、有搏杀。

动物世界

房地产行业将分为两个世界，那就是万亿规模的狮虎豹为一个世界，其他动物为一个世界。

如果非要分为三个世界，那就是万亿的狮虎豹、千亿的群狼鬣狗及剩下的小动物。三个世界，三种活法，生死相搏。

第一世界是以恒大、碧桂园、万科为首的TOP10房企，他们是动物世界的狮虎豹、恐龙界的霸王龙，万兽之王、丛林主宰，处在食物链的顶端。群羊见了忙于奔命，群狼见了默默走开。

未来5～10年他们将占据40%的市场份额，整个丛林都在他们的身影辐射范围。万科玩个金融化，整个行业都要张望；恒大全国一降价，二三线房企抖三抖。

第二世界是TOP 11～50，他们是动物界的群狼鬣狗，捕猎高手，有自己的势力范围。他们大多在1000亿元左右的生存与发展规模，将占据40%以上的份额。他们一直处在饥饿状态，但时刻感受到来自狮虎豹的寒风。

剩下的所有房企是第三世界，他们是食草动物，为争夺领地战斗，将占剩余20%的份额。曾经祥和温顺、和平友好，各有领地互不侵犯。如今在第一世界和第二世界的夹缝中讨食，哪里有机会就去哪里。

每片山头都是我的

在这个动物世界中，狮虎豹控制整片山林和草原的必经之路，抢占关隘。

土地是房企的黄金储备。碧桂园、恒大、融创都以高储备行走天下，数亿平方米的土地足够开发5年以上。

每年 60 万亩宅地供应，根本无法支撑这么多房地产企业的扩张需求。

万科可以抢占一二线核心城市的核心地段，特别是成为深圳地铁战队一员。随着城市土地供应的减少，只有铁路系统还有大量的存量土地。地下铁路、地上建筑，将是节约用地的新模式。地铁建设将衍生出大量可以建设住宅的用地。

10 年后，随着三大城市群大规划骨架的逐步形成，全国村 - 镇 - 县，三级城镇的差别将逐步消失。三大城市群可以容纳全国 50% 的人口，而一二三线城市的优质土地资源已被狮虎豹控制。

小房企在出手之前，都要在心里掂量再三。万科在周边的覆盖率怎么样？恒大有没有直接竞争的楼盘？那时，不像现在市场还很大，还有各自的客户群和品牌影响力，有很大的生存夹缝，那时候全国的客户可能都是碧桂园、万科、恒大的。

拿不到地，借不到钱，只能被收购。即使想尽各种办法拿到地，没有便宜的钱、没有强势品牌，没有核心专业人才，也只能与大房企合作开发。大房企占据主导地位，小房企要看脸色，处处掣肘。

5 年后，国际化和海洋化是否规范开放还不得而知。中小房企还可以向存量要土地，进入城市更新市场，推动工业地产改造。但这些都是巨头的游戏，动辄几十亿几百亿的投资，岂能轻易玩得起。

每片市场都是我的

一二线 + 三四线，全线铺开，将是巨头们的标配。中小房企在哪里都会遇到 TOP10 房企。

巨头们入股链家进入董事会，不是都要来当链家的公公婆婆，而是为了通过全国最大的销售渠道，掌握全国最大客户群。链家这个当年的乙方，现在成为香饽饽。

随着新房市场的饱和，直面竞争的危险越来越大，大房企可以失败甚至转身离开，而本地房企斗不过也输不起，更多可能是合作开发或被兼并。

第二世界里，特别雷同的产品与发展模式的房企，必将竞争分化、优胜劣汰。没有显著标签的房企也存活不久。

巨头们占据刚需和最大的主流市场。碧桂园、恒大、万科都强调民生地产，建造老百姓买得起的房子。主流刚需市场都将被他们蚕食，只剩下几块较大的专业市场。

5 年后，小镇和产业地产的泡沫都将过去。写字楼的领头羊绿地、艺术豪宅的融创、产业园领航者华夏幸福、小镇开创者蓝城还有绿城代建，将因自有领地而坚强生长。

还比你跑得快

千亿房企销售业绩还可以前低后高的自然生长，顺势而为靠天吃饭。拼命奔跑也只是下半年在加速。而万亿巨兽们则是全年上高速，1~12月匀速刚性推进。

以前年增长率50%，可能非常牛。而这几年，碧桂园、融创等翻倍增长也很常见。

由于体量巨大，或许万科每年增长10%，都够中型房企追10年。

巨头们低利润跑量，利润型房企压力山大，例如港企从大陆节节败退。万亿房企采用薄利多销的沃尔玛模式，运营高周转，他们是干不过的。

很多豪宅开发商，赚一年吃十年。但是现在房企利润，每年以一个点的速度下降。未来5~10年，5%左右的平均利润，或将饿死更多中小房企。

巨头们各自布局近百个城市近千个项目，在资本的驱动下隆隆开进。当年的区域龙头和豪宅教父，在业绩榜单上节节败退。

同类市场的房企，只能比拼更快更高更强。从资源、产品、营销、运营、品牌等专项特长，统一转向追求低价的土地储备、大量的融资、高周转。这就是"高储备＋高融资＋高周转"的三高模式。最后每个专业市场可能只剩下一位超级玩家。

未来，能够逆袭为王的小房企只能是超高速，以2~3倍速度增长，或者能够飞行。

金钱永不眠。互联网以分秒为单位，不分日夜。房地产以日为单位，不分周末和节假日。

大象打架，踩死鹅羊

2018年初，恒大88折，万科碧桂园尚未跟进，因为市场尚未饱和，他们客户群重合度还不够高。

5年后，单一巨头房企在单一城市或全国占有率超过10%的时候，直接肉搏的可能性大增。今天个别区域的截客、价格战很可能上升为明天全国性的活动，市场艰难的时候可能恒大全国8.8折，万科就跟进8.7折、碧桂园就8.6折。购房者乐见第二波、第三波降价，甚至补贴大战硝烟四起。

老大跟老二打架，最受伤的将是老三。巨头们打价格战，中小房企的房子最难卖。他们在产品、品牌、资本都弱一级的情况下，肯定难以招架。

大象打架，踩死鹅羊。

山雨欲来

在这一轮的发展中，第一世界、第二世界、第三世界，都会面临着各种各样的劫数。

或险胜、或斗争、或消失。

巨大如万达者也曾面临生存危机。对所有房企来说，这都是一个新世界，虽然在膨胀、被催肥，但环境气候如此巨变，山雨欲来风满楼。

地产新房销售相当于赚产品和空间的钱，这是过去 30 年的老模式。

房屋租赁和运营，是赚服务和时间的钱，正在开始新征途。

地产金融，则是赚未来的钱。如果说从销售到租赁，是平行跨越和转型，那么从销售到金融，则是升级发展。

销售收入少一半的阿里、腾讯的市值都在 3000 亿美金，碧万恒的市值却还在 3000 亿人民币的级别。

这就是时代企业与传统企业的市值区别。当年的新浪、搜狐都是时代企业，但如今也慢慢落伍了。

唯一不变的就是疯狂奔跑快速迭代。竞争的激烈，让人恐慌与措手不及。

或有中场休息，但给你的时间不会太长。

一场场暴风骤雨，一场场生死时速，让你彻底明白，世界已经变天，而未来将更加残酷。

这个世界，没有乌托邦，没有平均主义。有的只是统治者和被统治者。你吃掉别人，或被别人吃掉。

姜皓天

《地产新管理》主编

2019 年 2 月 15 日

前言

标杆案例菁华萃取 助推房企稳健成长

2014年～2018年上半年，各种因素合力推动地产行业进入新一轮的发展周期。

地产行业先是在去库存和棚改刺激下走出一波上升行情，房企纷纷冲千亿，规模扩张也上了新台阶。后又遭遇调控不断加码，限购限售、租售并举，火爆行情急转直下。

地产企业经营管理的环境更加复杂，主要表现为景气周期更短、市场变化更快、竞争压力更大、资金链更紧张、规模化管理更加困难。

在这一轮地产周期下，房地产行业诞生了大量的创新。在数智化经营管理、周期性投拓与流程管理、计划运营、设计提速提效、建造工艺与质量标准化体系、合伙人组织激励和DT信息化，都诞生了大量变革与创新。

正是依靠这些创新，领头房企推动项目和资产的周转能力更快、规模扩张杠杆更高、赢利能力更强。

在密集的行业交流中，我们常常感觉到这五年是行业最为亢奋的5年，是企业成长最快的5年，是管理创新最多的5年。我们希望，通过对地产行业近五年出现的、有利于发展壮大的、有阶段性成果的管理新方法、新理念、新实践的梳理和总结，沉淀更多宝贵的经验为快速成长中的企业和管理者提供借鉴参考和借鉴，少走弯路，稳健发展。

同时，这2年，地产行业发生了很多本质意义上变化，无论是供需关系、政策管制还是企业经营，很多玩法和逻辑跟以往截然不同。部分管理者对新的5年甚至10年，感到迷茫、焦虑和乏力，未来怎么走？哪些是不变的东西？如何应对变化的东西？也需要一起讨论分享领先企业应对内外部多种风险，实现稳健增长、穿越地产新周期的管理思考和探索。

1. 特色模块与管理价值

编写"地产圈第一本聚焦新管理的专业书籍"，是2018年我们心中一直要做的一件事情。年中开始，我们组织具有万科、保利等名企管理背景的多位专家顾问进行讨论，最终聚焦在"对近 5 年的地产新管理新运营最佳案例，进行系统性梳理和总结，为地产中高层提供策略参考与实操方案。"

本书特色模块包括：聚焦新管理全流程的核心体系、效果显著的实战案例、实操模型与落地方案。

我们希望它有独特的标杆价值，在各类型房企的管理实践中有一定的代表性。

我们希望它有较强的实战参考价值，给予相应的企业和人群管理带来启发和思考。

我们希望它有较强的逻辑体系，能够系统性的梳理既有实践又相对成熟的模型框架。

在编写的过程中，我们着重考虑到 4 类人群的阅读需求。

（1）地产金融机构与投资人士：希望他们能够通过本书，更深刻理解标杆企业经营管理基本逻辑和最新变革。

（2）地产经营管理者：地产企业总裁、投资总、城市总、运营总、设计总、工程总、财务总、项目总等。我们希望本书能够成为 5 万地产中高管的专业培训教材。管理者能够通过本书，更好理解和吸收行业里最新的创新成果，转化为本企业本岗位的生产力，并进一步坚定专业至上、靠本事吃饭的信念。

（3）地产基层人员：希望他们能够快速了解标杆企业管理的现状与发展趋势，并对本岗位工作能够有所指导。

（4）地产相关专业在校大学生：希望他们对于标杆企业有更深入的认知，提升专业上的知识增量和眼界，为行业进入和企业选择做好准备。我们将通过多种渠道为国内建筑类院校图书馆、城市图书馆提供馆配业务。

2. 核心章节内容介绍

导论部分重点讲述从周期性的节点来看，房地产企业进一步提升运营能力的必要性和紧迫性。

第一章讲述了企业经营环境的复杂性，如何通过数智化的手段构建新的经营管理体系，让决策更科学，让经营更智慧。这是房企运营能力的核心所在及发展趋势。

接着六章分别从新投拓、新运营、新设计、新建造、新激励、新 IT 的视角讲述了新周期下各专业线面临的问题，以及管理创新实践。

导论：房地产行业迈进新周期

地产行业是一个强周期型的市场，政策、金融、市场，甚至国内外形势都会对企业经营产生重大影响。小周期 3~5 年，大周期 8~10 年，没有房企能够逃离地产周期的影响。

刚刚过去的 2018 年，是本轮小周期的终结点，是 2008 年开始的十年中周期的转折点，甚至是 1998 年开始的二十年大周期的重要节点。从这一年开始，房地产终将掀开新的篇章！

十年来，百强房企的榜单淘汰率高达 80% 以上，过去五年的淘汰率也接近一半。风云际会、大浪淘沙，脱颖而出或者还能幸存百强房企，均源自对行业发展节奏把握和顽强的生存能力。

本章主要分析了地产新周期的新特征、周期波动下企业生存状态的巨大差异、行业激励竞争的格局、以及领头房企运营管理进化的高度。

第一章　新管理：构建房企数智化经营决策的最强大脑

为应对模糊不定错综复杂的行业环境，保利、龙湖、泰禾等标杆企业尝试采用新的管理手段来解决新老问题。他们运用数智化经营管理手段，从集团化大运营高度，强化经营指标的刚性指导地位，并通过任务决策链的方法，让各项经营目标可落地强执行。

该方法广泛应用于城市研判、投资拓展、项目管控、企业经营等多个方面，帮助房企实现经营指标动态测算、业务分析场景化、数据应用智能化、监控可视化。

本章通过对时下行业形势的分析，解读大数据的运用如何助力企业的发展和成长，解析数据分析如何让企业经营决策更加智能化、智慧化，探讨数智化经营决策体系如何为企业提高运营效率，更好地生存、发展提供条件。

第二章　新投拓：牵引房企弯道超车的火车头

本轮行情下，投资拿地方面表现一些新特征：城市轮动，高机遇、高分化、高风险；管理决策更困难，区域更多、途径更多、业态更多、决策流程和指标更复杂。

五年前的投资方法，主要还是按一二线、高铁线、进新区的粗线条和大策略，但是这一轮下来，仅仅依靠空间思维就会让投资略显被动和乏力。

3~5 年才能够用上一次周期性思维，现在已经成为投资专业上的日常必修课。四大周期性策略下，恒大、万科、旭辉、融创、新城都提供了可圈可点的经典案例。

快速规模化企业、全国化初期的企业、主打城市更新的企业、城市服务型企业，都在投资管理上形成了各有重点的管理特色。

相同的是，他们都更加注重经营指标重构与测算模型的创新，提升投研质量，进一步提升投资拓展管理的科学性、高效性、精准性。

本章解读不同地产企业在行业发展不同阶段成功拿地，成功穿越周期的案例，剖析地产行业投资拓展的规律、特点、核心管控要点，提供地产行业投资流程及决策管理的数智化解决方案，从而提高投资决策的高效与精准性。

第三章　新运营：强管控强执行，全专业提速，全公司协同，助力快周转

行业与企业的发展对运营管理提出更高的要求，快开、快建、快销、快回款。但是，百亿级的运营，上升到千亿级甚至万亿级，它管理的规模半径，计划协同和业务数据的复杂性、及时性，应用场景的具体分化，都上升了一个大台阶。

地产企业规模的快速增长及行业集中度日益提高的新环境下，围绕动态经营结果、实现企业战略发展目标的新运营管理日益成为地产企业内部管理的必备武器。

传统的计划运营以项目管理为主，管好质量、进度和成本。新形势下，万科、保利、中铁他们发展出新玩法，进一步管好项目经营目标，管好企业全面经营计划。

经营管理的全面指标化、刚性化以及动态预警预测，推动运营管理进入强管控强执行的新阶段。全专业提速、全公司协同，推动项目和企业快周转。

本章介绍了不同发展阶段的企业，如何成功运营数字化运营管理工具，达成企业运营管理目标，总结出地产行业新运营管理的 6 大实施要点。

第四章　新设计：设计提速与产品力提升的加速器

随着企业快速扩张，设计需要响应更高的需求：更快周转、更大规模、更多区域应用、更高的用户口碑和质量安全。

新形势下，设计管理在地产企业已经从纯粹的专业性工作，演变为项目开发运营效率提升及企业产品力打造的核心动力之一。

快周转要求项目设计提速，核心是缩短"拿地——开工"的周期。我们结合标杆企业的成功经验，针对设计启动时间、出图、协同、报批、流程、决策等设计优化点，总结出"七快"设计管理新体系，帮助房企更好地将技术和管理相结合，实现设计管理的提速和提质。

更大规模、更多区域应用、更高的用户口碑和质量安全，则要求更多的产品创新、更多的设计创新、更高的设计标准化、更深入的设计标准与资源的利用和分享效率。

当前，绿地、融创、金地、首创等标杆房企通过产品标准化和运营标准化，有效激发设计人员创新的积极性，采集设计数据信息，建设集团统一设计数据库，高

效利用和分享设计标准化创新成果，从而让项目开发更快、设计资源利用更充分，助力企业运营能力大幅提高。

本章从理论到实践解析了如何实现设计管理工作的高效率、高质量，如何通过设计工作的标准化管理、设计成果数字化建库、设计资源共享机制建立等数智化手段，成功打造企业的产品力。

第五章　新建造：建造提速与产品力提升的魔术师

房企如何安然过冬？2018 年，郁亮在万科南方区域 9 月例会上重点强调："必须聚焦到产品力和服务能力的提高上。"

质量保证是地产企业生存的底线，质量提升是企业产品竞争力的核心要素之一。工程是房企产品力背后强有力的支撑，工程质量的好坏、建造速度的快慢等一系列因素决定开发商现金流的周转速度。

规模化发展给工程管理同样提出了更高的响应需求：更快周转、质量标准更大规模的应用、更高的用户口碑和质量安全。

装配式建筑代表新一轮建筑业科技革命和产业变革方向，也是地产企业建造口提速提效保质的必由之路，本章以行业实践案例为线索，对此内容做了翔实的介绍。

穿插施工是建造提速新支撑点，为提升项目建造速度、灵活应对市场变化提供一种安全可靠的重要方法。

质量管理核心手段是建标准、用标准，关键是监控执行。新环境下，用数字化手段进行快速、高效、透明可控的产品生产全过程的质量检测和交付过程的品质质量验收已经成为行业新的竞争与提升点！

本章通过对中海、新城等成功实践案例的剖析总结，向大家分享标准化、数字化、智能化与智慧化的工程管理给地产企业带来的管理价值。

第六章　新激励：跟投合伙人制度为项目提速提效添加助燃剂

近年来，行业变化更剧烈、人才竞争更激烈。互联网大潮催生对人力价值的再认识，年薪千万、过亿身价的职业经理人也越来越多。地产行业人力资本的价值进一步提高。

某新锐房企猎头费都准备两个亿，他们挖人经常薪资翻倍。一个领导跳槽，带走一个成熟的团队。没有强效的稳定体系，很难留住既有的高端人才。

调控频繁、市场急剧变化、企业规模越来越大，稍有不慎，地拿贵了项目资金链断裂，轻则影响项目利润，重则危及企业生存。个人的创造性、个人对产品的决定性得到了进一步彰显，企业必须要把人的价值提到一个新高度。

跟投合伙人制度是地产行业最具生命力的股权激励制度。相对而言，跟投合伙人制度的应用更加灵活、覆盖面更广、兼顾激励约束。跟投合伙人制度有利于树立项目团队的经营意识，激发组织战斗力，提效增产。

高激励刺激全员树立更强的经营目标感。跟投奖、加上专项奖，让员工充满了斗志。例如456、8611、5912等经营指标，全员熟记并努力践行。实行跟投的项目，明显比没有跟投的同类项目周转更快效益更高。

合伙人跟投制度已经成为新形势下诸多标杆房企的组织创新、激励创新的产物，它不仅直接带来了跟投人员与企业的收益共享，也将项目开发运营带入了一个高效率、高效益的良性循环中。

本章通过对诸多企业跟投方案设计、制度流程建设、数智化管理手段的解析、分享和总结，归纳了4大跟投类型、5大制度设计要点、10大常见问题，为不同类型房企的跟投进行提供了教科书般的辅导。

第七章　新IT：从IT升级到DT，成为地产信息化的新革命

由于地产行业环境更加复杂，景气周期更短、市场变化更快、竞争压力更大、规模化管理更难，以业务数据线上化为主的传统IT手段已经远远不能满足地产企业的经营管理需求了。

在实践中，传统的业务和决策信息往往表现出"多、乱、慢、傻"的特征。

新一代的技术革命，不仅是技术变革，更是思维方式的变革。IT主要是为了控制世界、强化管理，要求标准化、规模化，而DT是要创造未来，要求独特化、个性化、灵活性。

DT时代是平台思想，不仅是规模更大，而是为了赋能，以服务大众、激发生产力为主。DT时代更讲究开放、透明、分享及合作，将弱化和消除管理层级和经营边界，让一切商业主体相互自由连通。

从IT时代到DT时代，小企业更关键。小企业也可以使用更高的科技杠杆，更少的人工释放更强大的产能，获得更强大的智慧和创造能力。

数据已经成为新的生产资料，像水、电、石油一样成为企业基础的经营资源。让数据说话，让数据分析发现问题并提供更加合理的解决方案，让数字更聪明，助力经营决策更科学，已成为新潮流。

本章围绕标杆企业数智化经营管理实践案例，解读地产业信息化建设由IT升级DT的路径。

第八章　新十年：与地产管理相关的 9 大趋势预判

未来 5~10 年，房地产行业有些大事件很可能发生。特别是那些与地产管理高度相关的事件，我们希望能够引起管理者们的足够重视，提前做好应对准备。有些是机遇，有些是危机，我们希望房企高管们能够抓住机遇，提升公司全周期下的综合竞争力。

本章对与地产管理相关的 9 大趋势进行了预判，并提供了相关章节的阅读标引。

总结：相互陪伴 共同成长

地产行业还在剧烈变化中。基于新周期和新特征，我们将如何有效应对行业变化、应对巨头竞争、应对时代变迁？

把目前工作做到极致，你就会成为别人羡慕的样子。

我们要打造一套抓住周期的能力，弯道超车，快速成长。重难点提升科学决策体系、战略机遇的捕捉能力、拿地水平与质量、运营体系与节奏。

我们还要打造一套穿越周期的基础能力，先建高速公路再跑车，才能剩者为王，持久繁荣。

繁荣期，要看到风险的积累，提前应对；市场萧条期，要看到复苏的信号和变化，乐观应对。削峰填谷，平抑波动的力量。重难点是提升稳健的财务能力、产品力打造、组织执行力与战斗、数字化与智慧化。

房地产是一个高频波动的周期性行业，有繁荣、衰退、萧条、复苏，就会有四季变迁。我们要习惯地产行业波动的特点，并为之随时做好准备。

我们希望本书能够给您提供较强管理价值，成为您工作岗位上得力伙伴。

但是，在有限的专业能力和资源禀赋条件下，我们尽最大努力，仍然难免挂一漏万，欢迎大家批评指正，让我们的第二版更精彩。

《地产新管理》编委会

目 录

第三章　新运营
强管控强执行，全专业提速，全公司协同，助力快周转　107

导论

房地产行业迈进新周期

地产行业是一个强周期型的市场，政策、金融、市场，甚至国内外形势都会对企业经营产生重大影响。小周期3~5年，大周期8~10年，没有房企能够逃离地产周期的影响。

2018年，改革开放进行了40周年。从1987年第一块土地拍卖算起，地产行业也走过30个年头。三十年河东、三十年河西。大道理、大规则正在发生重大变迁。无论是行业周期、政策周期还是企业周期，都发生了翻天覆地的变化。

十年来，百强房企的榜单淘汰率高达80%以上，过去五年的淘汰率也接近一半。风云际会、大浪淘沙，脱颖而出或者还能幸存的百强房企，均源自对行业发展节奏把握和顽强的生存能力。

刚刚过去的2018年，是本轮小周期的终结点，是2008年开始的十年中周期的转折点，甚至是1998年开始的二十年大周期的重要节点。从这一年开始，房地产终将掀开新的篇章！

本章主要分析了地产新周期的新特征、周期波动下企业生存状态的巨大差异、行业激励竞争的格局，以及领头房企运营管理进化的高度。

| 第一节　行业发展 |

房地产行业迈进新周期

【导读】房地产是市场经济中非常重要的一种产业形态，它必然符合供求关系的基本经济规律。同时，房地产还是国民经济支柱产业，兴衰起落都深受国家政策的影响。分析房地产，当然也必须要看企业主体的发展态势和成长阶段。所以，本节我们就从市场供需、政策管控、企业发展，三个方面来简要分析地产新周期的新特征。

1. 市场供需：从短缺时代走向过剩阶段

20年来,中国房地产总市值已达到430万亿元人民币,为美国的2倍、日本的5倍,成为世界上最大的房地产市场。

目前，全国每个家庭平均拥有1.2套住房，人均居住面积近40平方米，领头城市逐步进入存量时代。

北京上海的城市规模已经停止扩张，人口开始负增长，中国的城市化已经完成了近60%。

2018年全国有20个城市从新房市场过渡到存量市场，二手房交易多于新房。新房控制备案和价格，甚至要比周边二手房还要低。

北上深住房均价已经过5万，普通职员工作30年不吃不喝才能买一套70平方米的住宅。

租售并举。一手新房销售，一手存量租赁。一个"并"字，凸显了租售对称与对等发展的思路和布局。各大房企进军租赁领域。

很显然，住房供给已经过了严重短缺时代，开始向存量阶段迈进。

2. 政策管控：从市场化走向去商品化

从政策视角来看，1987~1997年为探索拓荒期，初步建立经营性土地使用权出让制度；1998~2008年，取消福利分房，开启住宅建设市场化和住房消费货币化的阶段；2017年，限购限价、租售并举作为核心体系的新政推出，买房凭票、卖房限制，中国房地产行业治理模式进入新阶段。

　　毫无疑问，中国的房地产市场是政策市。近十年的四个小周期，每一次波峰期都由调控政策来结束，每一次波谷期都由刺激政策带动再次上升（图 0-1）。

图 0-1　调控政策对地产周期的影响　来源：百度文库

　　看政策，才能攻守有道。每一个房地产企业的掌门人，都应该是理解政策周期的大师。

　　整体来看，每一轮市场周期，至少由金融政策、财政政策、行政政策、建设规划四种政策力量来交织发力。

金融政策：看利率升降周期

财政政策：看货币收放周期

行政政策：看调控松紧周期

建设规划：看城市扩张周期

　　领头房企已经有成熟的周期性分析方法，对宏观政策、金融、房价、地价进行多方面分析，寻找市场机会窗口。市场剧变期，较多的房企可以提前半年预测出下半年的市场将走下坡路，并进行了积极的经营安排。

　　一位 TOP 20 的投资总说，"2018 年的市场走势，跟我们年前的判断差不多。只是下跌时间稍微晚点，但是速度更快。利用最后的窗口期，公司上半年把以前的老货旧货都清理得差不多了，去库存效果显著。下半年，市场下行的时候，我们长呼了一口气。"

　　然而，每一轮都有新情况。周期本身在变长，以前是 2~3 年一个完整周期，目前这个周期很可能是 5~6 年。国内的政策因素、金融因素，还有外部的中美贸易战等因素，让地产行业走势更加复杂。

更重要的是，国家对于房地产行业调控方向和力度发生了质的变化。以前还更多是疏堵结合，而这一次更多是强管控，一个"限"字，基本代表了新政的核心关键词。

地产交易：租售并举、双竞双限

房产交易：限价、限购、限售

融资环节：融资限制、投资限制

地产行业的治理模式开始路口转弯，美国模式、香港模式，还是韩国模式？每个房企老板都在深刻理解这种变化，并积极应对。

2017年，地产行业走在了一个新的十字路口。

领头的碧桂园、万科、恒大，都在小心翼翼地寻找政策与行业的边界。房企们的海外大手笔与理想城市建设忽然停步，万科受到股权大战的影响，已经连续2年错失老大的宝座。恒大和融创全力降负债去杠杆。

5年以前，土地供应源源不断。而如今，一二线城市土地新增总量大幅收缩，房企只能通过兼并消化存量土地获得发展。面粉原料越来越少，能力不济的企业只能关停并转。

市场在巨变，国内一线部分城市新房销售市场突然萎缩50%，近20个城市进入存量时代。租赁崛起，让很多习惯了靠销售快速回笼资金的房企猝不及防。

而今天，经过数十年的发展，高杠杆带来高风险。在市场化调控手段反复走进死循环的恶化末期，只有祭出政策与政治的大杀器。绝大部分环节都在政策调控管制之下，多数市场行为都有浓厚的去商品化色彩。曾经那个野蛮发展的房地产市场，正在被高度管制。

正应了那句老话，三十年河东，三十年河西。一个新时代，或许正将到来。

3. 企业风格：从理想主义走向功利主义

万科道路与梦想的转向，也许是地产行业转身的一个背影。

媒体人曾梳理出地产三教父，人文派的住宅产业化教父王石，工匠派的豪宅教父宋卫平，商业地产教父王健林。

2017年，地产梦想家们正在退场。教父级大佬有的退位，有的抛售，有的转型，纷纷远离主流一线和舞台中央。

这一年，66岁的王石正式退位。人文派的情怀，开始淡出地产。

这一年，63岁的王健林，大规模抛售万达资产，地产销售规模快速收缩。

这一年，60岁的宋卫平已经转向小镇建设，不太喜欢豪宅教父这个名号了。一张预售证的价值远大于产品真正的价值。曾经睥睨天下的产品质量，困难中曾经与业主相视而泣的水乳交融，在人们的记忆中恐怕也渐行渐远。

一颗颗星星划过，一个旧时代结束。

未来的地产行业，更多一分功利主义，更少一分人文情怀。万科、恒大都将以财务稳健、刚性奔跑而擅长。金融化、财务化将渗透到企业管理的细枝末节，而产品创新与用户关怀终将向经营压力低头。

总结

房地产行业已经迈进新周期，这是多数地产之士的共识。一方面我们要拥有自己的判断视角和指标，另一方面要切实分析各种趋势下给企业经营管理带来的机遇与困难，这样我们才能够在一轮轮大洗牌中，站稳脚跟，成长壮大，穿越周期。

| 第二节　周期宿命 |

顺之者昌，逆之者亡

【导读】5 年前的百强房企，今年上榜的仅剩 53 家；10 年前的百强房企，今年上榜的仅余 17 家！

地产行业是一个强周期型的市场，政策、金融、市场，甚至国内外形势都对企业经营产生重大影响。小周期 3~5 年，大周期 8~10 年，没有房企能够逃离地产周期的影响。

十年来，百强房企的榜单淘汰率高达 80% 以上，过去五年的淘汰率也接近一半。风云际会、大浪淘沙，脱颖而出还能幸存的百强房企，均源自对行业发展节奏的把握和顽强的生存能力。

1. 周期性机遇：海阔凭鱼跃

最近十余年，中国房地产市场价格走势可以大致划分为四个周期（图 0-2）。

周期 1：2006 ~ 2009 年初，野蛮生长期，向市场要效益

2006 年到 2008 年 6 月金融危机爆发之前为上行周期，金融危机爆发之后到 2009 年 2 月为下行周期。

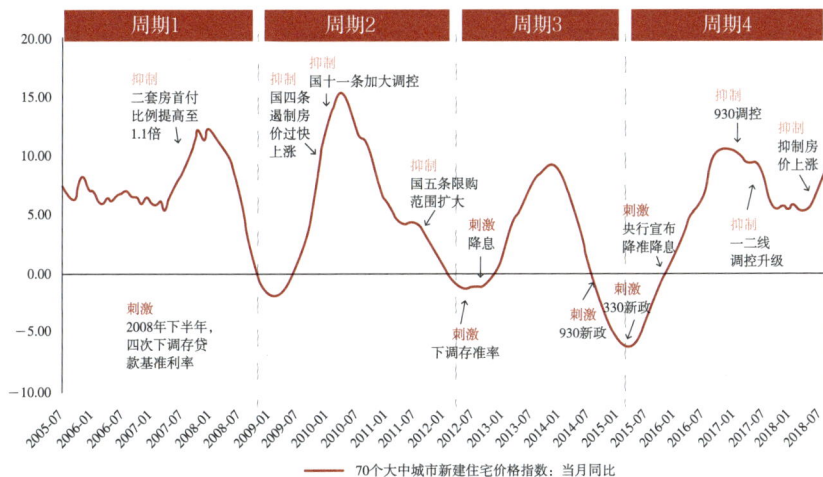

图 0-2　70 个大中城市价格指数周期　来源：百度文库

这一阶段,以合生创展为代表的华南五虎(合生创展、雅居乐、碧桂园、富力、恒大)仍然具有很强的影响力,他们借鉴香港模式蓬勃发展,大量储地、多元拓展。

同时,万科转战"美国模式"之后,早已经成为国内房企经久不衰的学习榜样,长期位列百强榜单第一名。

全国最吸引眼球的房企和流派包括 A 股上市龙头房企"招保万金"、"利润之王"中海、"产品之王"绿城,以及"京沪粤渝"四大流派等。

周期 2:2009 年 3 月 ~2012 年 5 月,改善性需求爆发期,向产品要效益

其中,2009 年 3 月 ~2011 年 9 月为上行周期,2011 年 10 月 ~2012 年 5 月为下行周期。

金融危机后的 4 万亿刺激计划,让房地产市场大量刚性需求释放,三四线城市化进程加快。改善型、精细化房企如龙湖、绿城,保利等迅猛发展。

周期 3:2012 年 6 月 ~2015 年 4 月,资本红利期,向资本要效益

其中,2012 年 6 月 ~2014 年 4 月为上行周期,2014 年 5 月 ~2015 年 4 月为下行周期。

高负债、高杠杆、高周转、低成本的发展模式占据上风,恒大、万达、碧桂园、华夏幸福均为个中翘楚。

周期 4:2015 年 5 月 ~2018 年,结构性机会期,向管理要效益

2015 年开始新一轮超长上行周期,到 2018 年 8 月开始下行周期。

"去库存"政策、棚户区改造等利好政策推动房地产市场到达新的历史高点。

房企竞争白热化,向结构性机会要发展、向精细化管理要效益。精准把握市场结构性机遇、创新管理机制、强化金融资本的碧桂园、恒大、融创、新城等纷纷迎风飞舞。

2. 周期性寒冬:英雄难敌紧箍咒

每一轮下行周期,总有几家房企遇到资金链困难,甚至倒闭。

最近十余年,下行低谷期有 2006 年、2008 年、2012 年和 2014 年四个。每个低谷期都会有一轮房企倒闭或被淘汰出局。

据统计,2011~2015 年,两轮低潮周期中,据官方统计,全国共有 3 万家地产企业,30% 被淘汰。仅 2011 年北京就注销 473 家地产企业,武汉注销 200 家地产企业。全年全国注销或倒闭的房企至少在 6000 家以上。

两个极端的现象是,在海南楼市大泡沫期间,全省共有 18000 家房企,泡沫过后,健康发展的在 50 家左右,淘汰率达 99.7%。

台湾房企最盛的时候,在 8000 家左右,目前健康运转的只有 100 家左右,淘汰

率达 98.75%。

业内人士预计，2018 年这一轮低谷期过后，肯定又有 5 家左右的企业会从前 20 强的榜单上掉下来。曾经名噪一时的中弘股份，成为第一支退市的房企。

（1）2014 年：多家名企遭遇资金链危机

2014 年，绿城、佳兆业遭遇资金链问题，融创收购未成。

2014 年，深圳的光耀地产出现资金问题，惠州多个项目停工，通过民间借贷和高息借款也未能扭转局面。整体债务达到 108 亿，轰然倒地。

同样在 2014 年，江苏华光地产资金链出现问题，项目融资难，信托融资中途叫停，到 2015 年 8 月，华光地产被宣布破产清算。

华光地产破产的原因，也是因为前几年房地产形势大好，步伐迈得太快，拿地过猛，2008 年高价拿下的地一直不敢开发，不考虑土地价格，所以才导致资金链断裂。

这一年，长发置业和银信置业也先后破产。

（2）2012 年：金星等房地产公司破产

2012 年年初，杭州金星房地产开发公司资金链断裂，正式向法院申请破产保护。这是此轮楼市调控以来第一个以破产方式"出局"的开发商。房企自 2011 年下半年起都在艰难地挺着，等待第一块多米诺骨牌的倒下。

同时，战略失误的复地、合生创展等跌出行业前十。

（3）2008 年：恒大等遭遇资金困难

更早一轮的 2008 年，恒大等名企曾面临严重的资金链问题。万科率先全国降价回款，甚至遭到其他房企和部分地方政府的抵制。

（4）2006 年：顺驰被路劲收购

2006 年，顺驰遭遇困境，最终被路劲收购。经过 2005 年的系列调控手段，2006 年全国平均房价呈下跌趋势。

3. 穿越周期：才能持续繁荣

从十年以上更长的时间段来看，稳健的房企不一定要靠顺势时的拼命奔跑去提升名次。在下降周期，如果能够保持足够的安全和稳定，同样可以获得名次的提升。

巴菲特被称为投资之神，但是他的投资秘籍看上去就很简单：要安全，要穿越行业周期。通过一轮又一轮大洗牌，因为稳健和安全，他反而成为神奇的存在。

行业进入瓶颈期后，自然而然将以风险控制为主要着眼点。近十年，销售规模榜单变化很大，能保持 10 强的位置已经很不容易。老牌企业几乎只剩下万科、绿地、保利、中海等几家老牌企业。

流水的榜单，铁打的万科。偶尔赶上他们不足为奇，一直与他们为伍才牛。大多追赶的神话都成为笑话，看着万科一骑绝尘，空留喘息和绝望。这就是段位的差别。

无论顺势还是逆势，多年来万科的成绩稳健刚性增长，不会冲刺三两下，就雄风乍泄。遇到大风大浪，别家人仰马翻落花流水，它总是游刃有余闲庭信步。

然而，碧桂园和恒大可能是例外。连续两年与万科保持神同步，基本上形成了三巨头鼎立的局面。从目前增速稳定性和节奏把控来看，他们超强的综合实力非常接近。经过去杠杆的 2017 年，碧桂园、恒大具备了更强的穿越行业周期与政策周期的能力。其中一家掉队的可能性已经不大。

4. 错失周期：终将没落

近 10 年，除了因为过度扩张而折戟沉沙的房企之外，缓慢没落的房企往往是这三类：豪宅派、港派、区域深耕派。他们的共同点是，以高利润率为导向，慢周转。

利润型房企逐渐被逼到了墙角，在人们的惋惜声中加速下滑，甚至消失在人们的视线中。

一方面，他们还有着丰厚的利润，干 1 年等于别人家干 3 年，饿不着。盈利是做企业最本分的能力，有着商业成功的心理优势。

另一方面，薄利多销的后生们，确实赢得更多的市场未来，自己却又难以放下身段去打成一片。

他们往往曾经辉煌过，甚至全国领先过，曾经的荣耀流淌在他们的血液里。他们对于产品品质的苛求、对客户口碑的在意、对于低端刚需性产品的不屑，弥漫在他们的眼神和言语中。

然而，正是因为这样，历史的荣耀成为舒适的温床，精致的经营机制成为变革的负担。对于高端的坚持，往往错过三四线低端的爆发风口。

面对曾经看不起的经营风格和打法，他们往往遭遇逐渐追不上的尴尬。看着爆发者享受高光时刻，资金、土地、人才、荣耀，集万般宠爱于一身，他们总会有些失落、不甘和无力。不是他们不想再搏一次，二次创业。但坚固的现实，想改变太难。

不能不变，又不能大变，边界尺度在哪里？集团、区域、城市的组织架构如何建设？

运营体系如何重构？项目管控的计划节点颗粒度卡在哪里？不同城市、不同产品线如何区别对待？

利润指标和现金流指标如何考核？奖惩制度的执行体系是怎样的？

如果这些问题都想不清楚，想变革往往也无处下手。

总结

周期是世间一切生命的节律。人有生老病死，天地有四季更替。穿越经济与行业周期，是每个房企老板深有感触的发展命题。近十年，未来十年，周期性视角将成为企业经营管理的日常思维工具。

| 第三节　企业战争 |

从野蛮生长到巨头耸立

【导读】经过这一轮的完整周期，整个地产行业又掀起了一波大升浪，年销售总规模近 15 万亿，造就了一大批千亿房企。

领头房企已经进化为猎食凶猛的巨兽，万亿级的公司呼之欲出。世界十大房地产开发商中，中国占据了 7 个席位。

TOP 10 强的市场占有率很快就要超过 40%，会最终形成寡头市场。

互联网野蛮生长的打法在房地产行业激烈上演。残酷的市场竞争，表现出以下三个特征。

1. 速度越来越快：增速达不到 50% 就是在掉队

集体提速，让人难以喘息。

2018 年上半年百强房企中，50% 以上速度增长的企业达到 52 家，100% 增长的企业近 20 家。

也就是说，只有达到 50%，你才能留住原来的名次。要想名次大跃迁，你要增长 100% 左右，才能与那神速的 20 家做邻居。

以前，翻 2 倍增长极为艰难，2018 年突然之间多达 20 家。这在三年前是不可想象的事情。

2. 市场空隙越来越小：巨头笼罩下，中小房企生存越来越艰难

地产行业野蛮生长的大门在逐渐收窄，行业红利逐步进入尾声。

百亿以下的房企在逐步退场；百亿以上的房企在挣扎求生存，拼命越过千亿之门（表 0-3-1）。

领头房企，逆市有钱能兼并，顺市卖房可扩张，求大求稳求永生。恒大、融创在规模快速飙升的同时，负债率都在大幅下降。

剩余的市场总量还足够大，只是在巨头笼罩下，市场缝隙越来越小，中小房企越来越难以成长起来。

100 亿以下的企业，基本上无法参与游戏的竞争，甚至无法主宰自己的命运。

TOP100 房企 2015~2018 年分梯队集中度变化情况 表 0-3-1

梯队集中度	2015	2016	2017	2018	2016 增幅	2017 增幅	2018 增幅
TOP3	7.7%	8.9%	11.9%	12.6%	1.2pts	3pts	0.7pts
TOP4 ~ 10	9.3%	9.8%	12.3%	14.3%	0.5pts	2.5pts	2pts
TOP11 ~ 20	6.1%	6.5%	8.3%	10.6%	0.4pts	1.8pts	2.3pts
TOP21 ~ 30	3.5%	4.2%	5.9%	7.7%	0.7pts	1.7pts	1.8pts
TOP31 ~ 50	5.5%	5.9%	7.5%	9.9%	0.4pts	1.6pts	2.4pts
TOP51 ~ 100	7.9%	9.5%	9.6%	11.6%	1.6pts	0.1pts	2pts
TOP101 ~ 200	—	8.0%	6.7%	7.6%	—	-1.3pts	0.9pts

备注：金额集中度＝入榜房企销售金额／统计局公布的全国商品房销售金额，　　　　　数据来源：CRIC
其中，2018 年度全国商品房销售金额是根据前 11 月累计同比增幅推算 12 月同比增幅所得。

荣枯线

2016 ~ 2018 年第 200 名的销售规模一直稳定在 30 亿 ~ 50 亿。200 名以下的房企，开始大规模的萎缩和消亡。

百强房企的市场集中度越来越高。2016 年地产百强的市场占有率才 44%，到 2017 年就超过了 56%，取得市场优势地位。而 2018 年 TOP 50 的市场占有率就超过了 55%，两年后 TOP 25 市场占有率可能就会超过 50%。

同位次企业的规模越来越大。这三年 TOP 50 的门槛从 300 亿上升到 400 亿，再到 500 亿。千亿企业数量也逐渐增多，从 12 家到 18 家，再到 30 家。

TOP 100—TOP 50—TOP 20—TOP 10，荣枯线逐年上移，更多房企在逐步丧失市场话语权和游戏规则的制定能力。

腰斩的感觉，确实很残酷。

荣枯线就是生死线。线内是安全的，线外是危险的，要穿越这条线是艰难的。

以前，这个生死线还在很遥远的地方。整个市场都在扩张，在沙滩上晒太阳的人都活得很滋润，每年都吃得更加肥壮。

但是，2017 年人们猛然发现，海啸忽然出现在眼前。于是仓皇之间，纷纷开启了亡命之路。所以那么多企业开始了千亿之路的奔袭，希望早日踏上安全大陆。

这个生死线就像海岸边的水平面，海啸来时它在不断上移。抢先上岸者暂时安全，但也要快速奔跑，免得被海啸赶上。而来不及跃上水平面的人，努力吸上最后一口气，只能挣扎着葬身海底。

生死门

千亿紧箍咒，是生死门。门里是狂欢，门外视而不见。

2018 年，房企业绩规模视角的安全指数可能是：

1000 亿，宁死不让

3000 亿，层峦叠嶂

5000 亿，视野空旷

未来五年，将会诞生万亿大房企。房企的安全指数可能是：

1000 亿，刚好吃饱

5000 亿，大而不倒

10000 亿，长生不老

3. 拿地机会越来越少：大房企越来越饥饿

2018 年，TOP 10 房企销售额在百强中占比达到 27%，而对应企业的新增货值占比却达到了 51%，强者恒强持续发力（表 0-3-2）。

TOP 30 以后房企动力稍弱，新增货值集中度显著低于销售金额。

2018 年百强房企新增土储集中度　　　　　　　　　表 0-3-2

梯队	货值集中度	建面集中度	金额集中度
TOP10	51%	46%	55%
TOP11 ~ 20	14%	16%	11%
TOP21 ~ 30	11%	13%	12%
TOP31 ~ 50	11%	12%	10%
TOP51 ~ 100	12%	14%	12%

数据来源：企业公告、CRIC

面粉越来越贵，供不应求。没有原料，只能是停业出局。

大房企越来越饥饿，小房企出局的越来越多。

通过招拍挂方式拿地的房企，买到地王的亏死，买到高价土地的因为利润太薄而累死，买不到地的被饿死。

土地供应大幅减少，价格飙升。就像泰禾老板黄其森所说，地王 100% 要亏损，公开市场拿地 50% 的项目要亏。

公开市场拿不到地，兼并大行其道。稍微有些发展欲望的房企，都在盘算着并购的事情。各大咨询机构也在纷纷研究并购事宜，为金主爸爸出谋划策。

大肆兼并的饕餮巨头日渐硕大，遮天蔽日，而其他小型房企都是盘中餐而已。

落魄房企的美好结局可能就是被孙宏斌们并购。

总结

从竞争态势来看，房地产行业的格局基本成型，中小企业逆袭的概率也越来越小，大企业忽然倒塌的可能性也不大。偶有位次的调整也属正常。中小企业只能在市场的边缘寻找周期性机会，并将行业创新作为发展支点，才可能走向日渐宽阔的未来。

┃第四节　管理变革┃

领头房企更快、更高、更强

【导读】领头房企的经营体现三大趋势的高度融合，更快、更高、更强。

人们的理想当然是跑得快＋赚得多＋规模大。这就需要钱、地、人，全面发力，但三大因素都不可能无限拔高。

高杠杆与快周转，如何无缝切换？甚至你中有我时，如何做经营决策？安全边界又在哪里？

必有其安全极点。所以大部分企业都是缓慢发展的，安全的。这就是遗传。

但是也有突变，融创、碧桂园、新城等。有突变，也有风险，就看如何定位与掌控。

现金流、规模、利润是三合一的转换关系。

1. 周转更快

主要是指快开发、快销售、快回款。

在政策高压调控和行业竞赛的大环境下，每一家房企都将是速跑健将。成功者收获利润和掌声，失败者默默从榜单下滑，连一声再见都听不到。

机器工厂似的快周转昼夜不停休。拿地即开工、3个月即卖房、1年就翻番。快周转是利润型产品和现金流产品的共同方法论。有不同侧重点，也有共同要素。中海现在就比十年前快了很多。

钱、地、人，每一条线都将是高速传动，考验的不仅仅是线绳的韧劲和牢固，更考验它们本身的传动速度。

（1）挣快钱

挣快钱越来越流行。

过去强调花小钱、控成本，匹配的产品定位，低价采购，控成本、税费；通过豪宅定位、长周期运作，高溢价营销，挣大钱。

而现在强调资金周转速度，挣快钱；减少存量货值占比，让供应商垫、售楼现金优先快回款。

万科曾经做过一个缩短项目开发周期的收益评估：根据集团典型的中型项目初步

测算，在地价占销售收入40%时，销售回款提前1个月的情况下：

项目IRR水平将提高0.8%左右。

项目平均占用资金降低25%，资金成本降低60元/平方米。

同等资金峰值条件下，集团平均开发规模可提高20%；

集团净资产每年多周转0.2次，净资产收益率提高3个百分点。

花小钱、赚大钱、挣快钱，是资金这条绳子的三股辫，它们紧紧拧在一起，这条绳子才是最牢固和坚韧的，也最有力量。

（2）快开发

加强策划管理：策划前置、设计前置、并联开发、并联穿插、压缩周期。别人家一个月出图纸，碧桂园极致3天。别人家6月开盘，碧桂园3个月。

产品标准化：产品线标准化、计划节点标准化、资金周转标准化，标准化是高周转的最好工具。

标准化也是提升质量的最好手段。融创的规模，每上升一个档次，产品质量不降反升。快周转策略下，质量下降是决策定位的问题，肯定不是速度和标准化的问题。

新技术的应用：较多企业开始采用工业化建造、装配式建筑、铝合金模板工艺进行提速保质。

（3）快销售

快周转策略下，对于人和业务的组织管理，主要体现在三个方面。

运营升级：传统的运营管理要升级，不仅仅是管理流程、管进度、管理质量、管风险，还要加强专业协同，开发、营销、设计、成本、财务，5剑合一。同时，还要有企业经营视角，重视利润与现金流管理。

管理标准化：除了产品等业务标准化之外，345、596等进度节点的标准化管理已经是常态。专项激励＋跟投激励，让企业运营速度更快。

提高劳动强度：快周转的房企，已经学会了互联网全天候在线模式。5+2，白＋黑，管他是风雪雷雨、还是半夜三，每周工作7天，不分白天和黑夜。

过去，还有上半年淡季和下半年旺季之分，现在每个月都可能是卖房旺季。过去，还有工作日和周末之分，现在任何时候都是连轴转。

（4）快回款

减少占款，加速流动。减少高额支出占用、应收占用等情况，通过拿地总额控制、供应商垫资和延迟支付、应收款金融化等手段，加速资金的快速流动。

资金平滑流动，增强资金安排计划性、减少利息浪费。三个现象：

①销售收入更平缓，月度销售额是均匀的，刚性奔跑。例如恒大、万科，每月的销售额都比较平均，让融资的节奏容易掌握。

②投资支出更平缓，小块拿地，分期付款，让资金峰值越来越平，让后期的开发与回款节奏也更容易掌握。

③还款节奏更平缓，尽可能拉长还款周期，平缓还款峰值，让资金流出更平稳，有利于财务策划。

2. 杠杆更高

尽管市场整体还在扩张，业绩都在增长。但是，别人家增速越来越快，自己拼尽全力也难留在原来的名次了。

房企是凶猛的物种，是这个星球上像金融企业一样的吃钱吐钱的怪兽。

地产公司正常经营，通常 70% 以上的钱都是借的。但是，现在这个比例仅仅是及格线。

房企竞争就是金钱炮弹的游戏，完全靠自己的钱，肯定打不过借钱的人；借钱少的人，肯定打不过借钱多的人。

（1）高借款：负债率 70% 以下的房企没有竞争力

加大杠杆，借到尽可能多的钱，是找钱的首要目标。

负债率 30% 的港企、跑不过 50% 的保守派，那就不要说 80%~90% 的融创、恒大、碧桂园。碧桂园、恒大、万科的负债都在 10000 亿左右。

各梯队房企平均净负债率变化			表 0-4-1
2017 企业排名	2016	2017	变动百分点
前 10	80.53%	90.30%	9.77pts
10 ~ 30	110.24%	131.67%	21.44 pts
30 ~ 50	99.08%	109.43%	10.35 pts
50 ~ 100	133.03%	141.11%	8.08 pts
100 ~ 200	131.72%	123.60%	-8.13 pts
200+	48.52%	58.54%	10.02 pts
总算术平均	83.37%	91.88%	8.51 pts

数据来源：企业年报，CRIC 整理

10~30 名之间，是竞争最激烈的，也是净负债率提高最多的梯队（表 0-4-1）。

在自有资金一定的情况下，如果港企靠负债杠杆可以多增长 30%，那么保利们就能多增长 70%，融创们就能多增长 90%。

简单理解，只要敢借钱，高杠杆的融创比港企快 3 倍速度很正常。

（2）高投资：投销比低于 0.7 的房企没有竞争力

有快速成长想法的企业，已经把 70%~100% 的销售资金拿去买地。项目成功与失败 70% 的因素在拿地。地拿好了无论是想跑得快，还是想赚的多，都好说。

想生产更多的面包，必然要有更多的面粉。但多数一线城市招拍挂数量减半了。全国房企囤地 12 亿平方米，预计 3 年内开发过半。

碧桂园、融创、恒大都是有巨量土地。TOP10 房企拿地金额已占总量的 51%。或许五年后，你即使有钱，也可能面临没有地可以开发的尴尬（表 0-4-2）。

有野心的房企都在囤地，招拍挂、合作开发、收并购、旧城改造，能用上的方式都用上了。

2018 领头房企新增货值　　　　　　　　　　表 0-4-2

排名	企业名称	新增土地货值（亿元）
1	碧桂园	9987.3
2	融创中国	8782.0
3	中国恒大	7731.6
4	万科地产	6707.6
5	保利发展	4105.9
6	绿地控股	3975.8
7	华润置地	3247.8
8	中海地产	3014.0
9	新城控股	2899.7
10	旭辉集团	2600.9
11	龙湖集团	2427.1
12	中梁控股	2201.3
13	富力地产	2052.0
14	招商蛇口	1874.0
15	中南置地	1854.2
16	金地集团	1736.4
17	世茂房地产	1610.7
18	正荣集团	1568.1
19	金科集团	1535.1
20	中国金茂	1248.0

数据来源：CRIC

（3）高地货比：1:7 才具有很高的威力

标杆 M 企较多项目地货比可以达到 1:7，要比行业平均 1:3 的拿地杠杆高很多。

就是说，M 企 1 块钱买地，可以卖出 7 块钱的价格。而主流房企 1 块钱买地，只能卖出 3 块钱的价格。当然 M 企的资金效率要高很多。

M 企的策略是拿远郊的地、大面积拿地、提高综合配套，让地货比更高。大面积拿地让土地成本更低，分期付款让资金峰值更低。

但地货比也不能太高，小心地块原有的风险。

3. 绩效能力更强

主要是指强标准强管控、强激励高淘汰。

（1）强标准强管控：向管理要效益

由于速度更快、规模更大，给管理带来的问题就是人治的作用越来越小，标准化的制度管理价值越来越高。

第一，经济指标标准化，向投资要效益。每个项目在拿地之初就要进行严格的指标测算，利润率是 12%、15% 还是 20%，都是严格标准化的。因为信息技术手段的进步，管理更加融入业务，管理扁平化，超级集团也可以直接管项目。管的项目多、专业全、节点细。经营指标和刚性节点，不容突破，谁突破谁下台。

第二，业务标准化，向产品和资源要效益。设计管理标准化、质量管理标准化，用更少的资源投入，产生更大的效益产出。

第三，运营指标完全数据化和标准化，向速度和成本要效益。全员共知、全公司协同，达标有大奖，未达标即走人。运营从以前的计划运营管进度，上升到公司级的大运营管经营。几乎所有的部门，参与到所有经营管理的环节。

三四五线新项目"678"：6 个月开盘、7 个月资金回正、8 个月资金再周转。

一二线城市新项目"8912"：8 个月开盘、9 个月资金回正、12 个月资金再周转。

500 亿以上的企业，都开始做业务标准化、管理标准化，经营指标标准化。

（2）强激励强淘汰：向人员要效益

项目运营成功与失败 70% 在于是否找到合适的人。合适的管理人员可以让项目周转更快、效益更高、风险更小。

找高手主要找两类人，一是真刀实战上过战场的人，自带高标准，刀刀见血，并将这种能力制定成标准的人；二是具有创新能力的人才，并能够把成果标准化。特别是产品研发、管理创新等对地产价值链有很强杠杆效能的岗位上。

面对发展大势，没有一个部门可以袖手旁观。之前被认为是后台和支撑部门的财务以快周转的形式、人力以跟投合伙人的形式、运营以大运营的形式、信息部以DT形式，纷纷加入到战斗一线。

为了满足快速扩张的需要，企业往往高储备人才。为了适应企业快速扩张，某标杆房企预留了1倍余量的储备人才。高储备、慢培养、高淘汰。

强激励越来越普遍，没有跟投的房企已经没有太大吸引力。跟投的核心是要用好杠杆配资，1:5或1:10才能够激发员工的激情。

百强房企已经过半推行跟投。50%的跟投收益，员工才会没有白天晚上的拼命跟你干。

但是市场行情不好的时候，房企裁员也非常激烈。即使是十强房企，成建制的淘汰、30%的裁员，都很常见。

总结

整体来看，地产行业确实进化到了更高的阶段，无论是市场供求、行政调控、还是企业自身的规模成长。这都给企业的经营管理能力带来新变化。无论是上升期还是下降期，房企都表现出超强的创新能力。

构建房企数智化经营决策的最强大脑

近几年，各种因素合力推动地产行业进入新一轮的发展周期。

国内外经济环境空前复杂，股市下行、汇率上升，贸易战加剧等，严重影响国内经济发展节奏。地产行业先是在二三线城市爆发和货币资金宽松政策下走出一波上升行情，房企纷纷冲千亿，规模扩张也上了新台阶；后又遭遇调控不断加码，限购限售、租售并举，火爆行情急转直下。同期，行业供需走向基本平衡，户均套数达到1.1。一线城市住房价格指数也飙升到发达国家核心城市的新高度。

这使房地产企业经营管理的环境更加复杂，主要表现为行业景气周期更短、市场变化更快、竞争压力更大、资金链更紧张、规模化管理更加困难。

保利、龙湖、泰禾等标杆企业尝试采用新的管理手段来解决新老问题。他们运用数智化经营管理手段，从集团化大运营高度，强化经营指标的刚性指导地位。通过任务决策链的手段，让各项经营目标可落地、强执行。

该方法的主要应用场景包括对经济和市场关键指标进行分析比较，研判市场后续发展趋势，并确立城市轮动态势下的"一地一策"的投资策略；设置标准卡位工具，对项目敏感指标进行智能测算、实时预警；对比行业关键经营指标，找到自身成长的动力优势和短板，并在经营管理中重点优化，监控执行。

该方法可以帮助房企实现经营指标测算自动化、业务分析场景化、数据应用智能化。

本章透过对时下行业形势的分析，解读大数据的运用如何助力企业的发展和成长，解析数据分析如何让企业经营决策更加智能化、智慧化，探讨数智化经营决策体系如何为企业提高运营效率，更好地生存、发展提供条件。

| 第一节　环境复杂 |

VUCA 时代房企要面对的 4 大挑战

【导读】用大数据分析描述地产业 VUCA 时代的基本特征

如今，在增长提速的同时，行业变化也更为频繁。2018 年初，各个房企都制定了年度发展计划，调高增长幅度，较为常见的是按照 50%、60% 的规模上涨，纷纷加快拿地节奏和开发的周期。在"730"新政出台之后，政策基调从"坚决遏制房地产价格的快速上涨"变为"坚决遏制房地产价格上涨"，此后各地土地流拍逐渐增多，企业的融资渠道也日益收紧，整个房地产行业的论调和氛围发生重大转变。

2018 年 8 月，碧桂园提出要把速度减下来。

2018 年 9 月，恒大启动全国性的促销，提供各种优惠，新开楼盘价格最低能给到 8 折优惠。

2018 年 9 月，万科喊出了"活下去"。

作为房地产行业领袖的万科都要"活下去"，说明行业和企业正在发生深刻的变化，变得越来越难以判断和预测，我们需要一种新视角新方法来帮助房企洞察行业的变迁，需要一种新的决策体系来帮助房企应对行业这种不确定变化。

目前房地产行业已经进入了一个 VUCA 时代。VUCA 是易变、不确定、复杂、模糊的英文单词首个字母的缩写，是一个军事术语。但用其反映房地产行业的现状也十分贴切，因为整个行业变得越来越不确定，房企战略规划部门面临巨大的挑战，年初要制定计划，明确发展基调，到了年中就可能要做出重大调整，对企业的影响很大。

在 VUCA 时代，房企要面对以下 4 大挑战（图 1-1-1）：

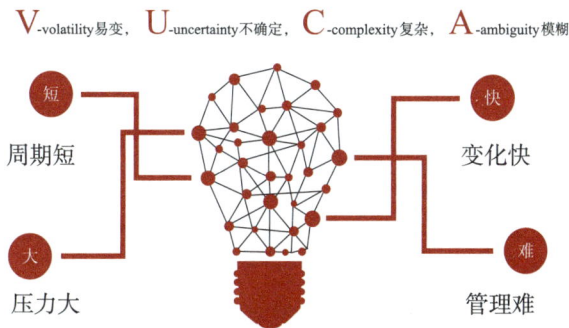

V-volatility易变，U-uncertainty不确定，C-complexity复杂，A-ambiguity模糊

周期短　短

变化快　快

压力大　大

管理难　难

图 1-1-1　房地产行业的 VUCA 特征

1. 周期短：投资窗口期 3 个月，上升期不超过 18 个月

房地产周期是指房地产经济水平起伏波动的经济现象，表现为房地产行业在经济运行过程中交替出现扩张与收缩。近十年来，中国的房地产市场呈现出三四年一个周期的往复变化，在一个周期内上涨和平稳的时段一般不超过 18 个月。

房地产企业在进入一个城市之前会进行相关的评估，而去化周期是一个很好的判断指标，通常来说去化周期在 12 个月以内属于安全期，少于 6 个月就需要跑步进场。

2018 年的西安和成都都属于这一轮市场上升期比较靠后的两个城市，两个城市大概在 2017 年年底到了比较适合进入的阶段，到 2018 年 9 月这个阶段结束。如果按照 3 年一个周期来看，一个城市适合发展的上升期就是一年到一年半的时间，每个城市的环境稳定期相差不多。同时，每一轮的投资窗口期实际上也很短，大概只有 3 个月，窗口期的市场热度不高，地价相对便宜，但是要求房企迅速进入和启动，抢先进入对于快速提升城市业绩有直接的推动作用（图 1-1-2）。

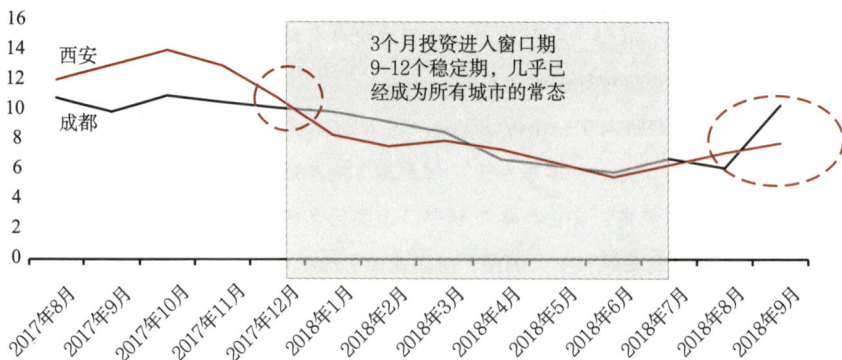

图 1-1-2　城市去化周期变动图（西安 成都）

在如此短的周期里，企业的决策能力至关重要，必须抢在窗口期进入，同时要做到快周转。因为快周转是对抗风险的主要手段，必须在可预见的稳定期里释放风险。但是，比决策能力更重要的是对城市变动节奏有敏锐的预感力，如果企业没有感知到城市窗口期启动的信号，就无法做出决策。即使做出决策，也是机会型的赌博。窗口期到来的信号不一定很明显，只有感知敏锐的企业才能发现，信号一旦明显，其他企业也都察觉并集中进入，那么窗口期也就过去了。

2. 变化快：周期性拐点常在年中出现，计划难以调整

2007~2018 年，房地产行业经历了 4 个周期，大部分的周期拐点都无法判断。比如 2008 年 8 月和 2010 年 4 月，在北京出台限购政策之后，全国一二线城市全面限购的政策效应开始显现。2016 年出台"930"新政和 2018 年出台"731"新政，环境变化或者是新政策导向都在年中释放，周期性拐点就更加明显（图 1-1-3）。

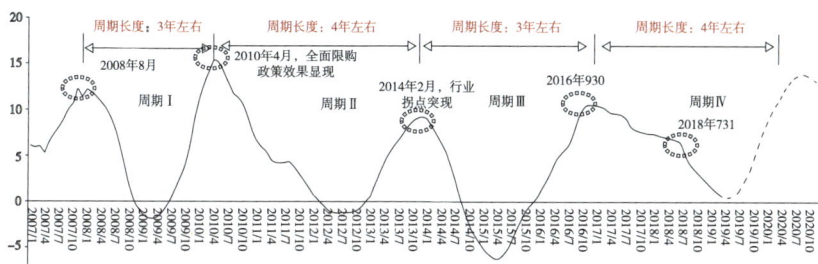

图 1-1-3 楼市周期长度与走势预测

行业变化加快且难以判断，这对企业带来很大的挑战，已经很难制定全年的计划，因为不知道什么时候市场就要发生变化，也无法预测明年甚至下半年的情况，年初制定的目标、策略、考核指标和发展方向，随时可能因为环境变化而调整甚至重新制定，这是摆在房企面前的一道难题。原来万科有个"1361"方案，即做一年的经营计划，三个月做一次评估，六个月要进行一次年度策略调整，这是一种动态的经营管理思路，这样制定的企业战略和经营计划相对合理，可以应对一些行业变化。

3. 压力大：行业集中度不断提升，市场竞争加剧

房企的发展压力也越来越大：一方面企业的规模越来越大，龙头房企已经进入 5000 亿级量级。而截止到 2018 年年底，千亿房企才能刚挤进 TOP 30 的门槛。行业集中度不断提升，规模增长的压力也逐步增加；另一方面，房企面对的市场压力也更加巨大，不管市场行情如何变化，总有竞争对手年度增长率也很高，抢占市场份额也变得越来越难（表 1-1-1、表 1-1-2）。

2018 年房企销售面积排行榜　　　　　　　　　　表 1-1-1

排名	企业简介	销售面积（万平方米）	排名	企业简介	销售面积（万平方米）
1	碧桂园	7730.7	21	荣盛发展	992.7
2	中国恒大	5239.5	22	正荣集团	907.2
3	万科地产	4015.6	23	金地集团	866.0
4	绿地控股	3574.5	24	奥园集团	818.9
5	融创中国	3020.4	25	招商蛇口	815.3
6	保利发展	2715.3	26	绿城中国	813.6
7	新城控股	1791.2	27	美的置业	800.6
8	中海地产	1630.7	28	雅居乐	796.1
9	华夏幸福	1538.9	29	祥生地产	743.7
10	金科集团	1498.7	30	佳源集团	640.1
11	中梁控股	1297.1	31	中国铁建	628.2
12	龙湖集团	1245.9	32	远洋集团	608.3
13	阳光城	1238.9	33	新力地产	586.9
14	华润置地	1205.9	34	龙光集团	565.9
15	中南置地	1158.4	35	融信集团	562.4
16	富力地产	1094.1	36	佳兆业	543.2
17	建业地产	1066.5	37	泰禾集团	534.9
18	世茂房地产	1065.6	38	万达集团	529.2
19	旭辉集团	1029.3	39	俊发地产	519.5
20	蓝光发展	1025.6	40	金辉集团	511.2

来源：CRIC

2018 年各梯队房企销售金额门槛（亿元）　　　　　　表 1-1-2

金额门槛	2015	2016	2017	2018	2016 增幅	2017 增幅	2018 增幅
TOP3	2015.1	3090.3	5131.6	5511.0	53.4%	66.1%	7.4%
TOP10	725.1	1100.2	1512.0	2006.7	51.7%	37.4%	32.7%
TOP20	358.0	646.7	910.2	1303.4	80.6%	40.7%	43.2%
TOP30	295.1	455.2	689.1	1005.1	54.3%	51.4%	45.9%
TOP50	196.3	310.3	381.3	548.7	58.1%	22.9%	43.9%
TOP100	103.8	156.8	152.6	218.5	51.1%	−2.7%	43.2%
TOP200	—	51.3	45.8	51.1	—	−10.7%	11.6%

资料来源：CRIC

4. 管理难：经营难度持续加大，规模与效益难以兼得

　　在行业竞争加剧、环境变化莫测的情况下，房企不仅要有敏锐的眼光，也要向管理要效益。在土地市场火爆的旺市里，一个城市的地价可能与项目售价齐平。在

城市进入窗口期难以捕捉的情况下，企业要经常面对众多竞争者进入而导致价格提高的现状。那么在投资、开发、运营中如何保障合理的利润率、资产负债率，规模和效益如何兼顾，对房地产企业来说也是一个巨大的挑战。

总结：VUCA 时代房企要运用数字驱动，实现智慧决策

即便到了 2018 年年底，不同的企业对市场判断分歧也非常大，看空者和看多者都存在。看空者中有 TOP 10 的碧桂园、恒大、融创，这些企业都明确表示要放缓投资、谨慎拿地，既是出于企业自身的风险控制，也在一定程度表达了对未来市场走势的不乐观、不看好。

而看多者中也不乏标杆企业，比如绿地在 2018 年以来明显加大了土地投资力度，上半年拿地金额比去年同期增长 531.58%；2018 年前三季度金科新增土地储备 1770.83 万 m^2，相比同期大幅增长 146%，甚至超出了 2017 全年拿地的 42%；世茂表示 2018 年购地数量及面积将超过 2017 年一倍以上；万科喊出了"活下去"的口号之后，实际拿地动作并未放缓，2018 年 9 月拿地规模排名全国第二，在 2018 年 10 月 9 日，万科与华夏幸福签署了涉地面积达 33.93 万 m^2 的合作协议，其对市场的看法值得深思。

在 VUCA 时代，房企要管理几十、上百个甚至上千个项目，不能再沿用传统的经验型方式和传统的项目管理方式，应该以高频、快速、即时、多场景、全维度的信息决策为基础，用数字驱动，实现有洞察、可预见、更敏捷的智慧决策（图 1-1-5）。

图 1-1-5　数智化经营决策成为房企管理新策略

┃ 第二节　数据驱动 ┃

4 大典型场景下的科学决策

【导读】新形势下地产业数据驱动科学决策的场景分析

数据驱动就是用大量的数据和模型，帮助房地产企业进行智慧决策。数据需要在企业的实践中进一步得到优化，模型又需要业务数据进行喂养，从而提高判断力和智慧决策能力。

1. 数据驱动下的市场研判：2019 年房地产市场走势预测

在判断未来市场走势时，房企需要找到一种更加简单、直观、准确的方法，用一句话总结就是：以历史看趋势，以数据见未来。我们认为，市场需求是基础，金融政策是导向，政策风向是推手。

2019 年，房地产市场有可能走出与 2015 年类似的走势，领头城市存在反转可能，但显然力度会更加温和，时间预计可能会拉长至 9 月份以后甚至年底。

从需求端看，一二线城市毫无疑问处于需求抑制阶段，不存在市场供求风险。金融政策的渐次宽松在年底可能出现积极信号，从中期趋势看不存在紧缩空间。

政策信号评判尚早，预计"无实质利空"，在市场供求健康的前提下等同于利好。

环境变化方面，城市轮动效应不变，但是城市差异巨大；周期论下的房地产经营逻辑不变，需要分类谋划；短期转暖趋势不变，但是拐点出现时机仍需条件。

（1）看去化周期：有效判断"城市投资窗口期"

很多房企都有城市进入的评估模型，包括人口、人均 GDP，消费、第三产业等研究指标。但是销售的去化周期是判断市场的重要指标（图 1-2-1）。

图 1-2-1　去化周期是判断城市最重要的指标

如果不打算进入三四线城市，在中国找到合适进入的城市不会超过 50 个，所以判断城市没有意义，而判断投资的窗口期，分析销售的去化周期才更为关键。

一般来说，12 个月是一个城市销售去化周期的正常线，低于 6 个月去化周期就是跑步进场"抢地补货"的关键时期。以南京为例，2008 年之后住宅的消化周期没有超过 12 个月，这个城市就是价格洼地，进入的安全性很高，启动上升期只是时间问题。2015 年 10 月开始，南京的去化周期持续走低并落入 6 个月内，这个时候就要跑步进场，更有战略眼光的，甚至在 2015 年上半年即可布局补货（1-2-2）。

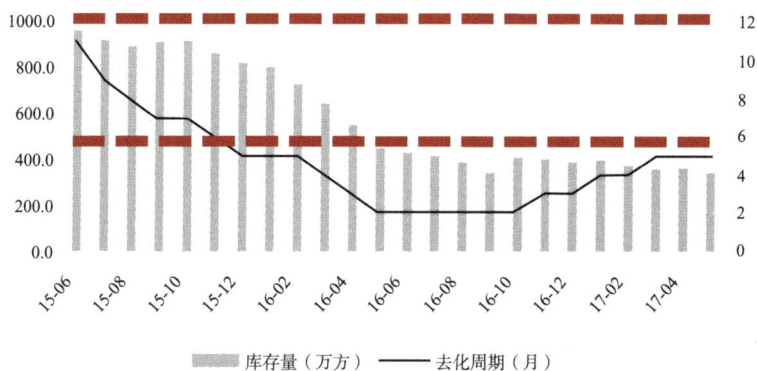

图 1-2-2 南京库存及去化周期走势

武汉的销售去化周期是在 2015 年上半年开始进入下降期，到 2016 年 4 月份是跑步进场的时间（图 1-2-3）。

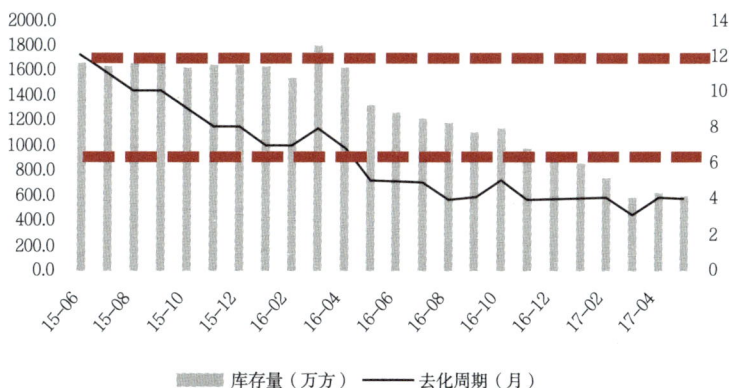

图 1-2-3 武汉库存及去化周期走势

如果从更大范围和更长时间段来分析，根据 2015 年至今的城市去化情况（图 1-2-4），进入期有 3 个：

2015 年 6 月，一线城市放出最佳进入时机信号；

2016 年 4 月，武汉、成都这些二线城市释放进入信号；

2017 年 2 月，三四线城市释放进入信号。

退出期有 2 个：

2017 年 9 月，一二线城市已进入繁荣期尾声，进入到了量跌价稳的阶段；

2018 年 5 月，三四线城市释放退出信号。

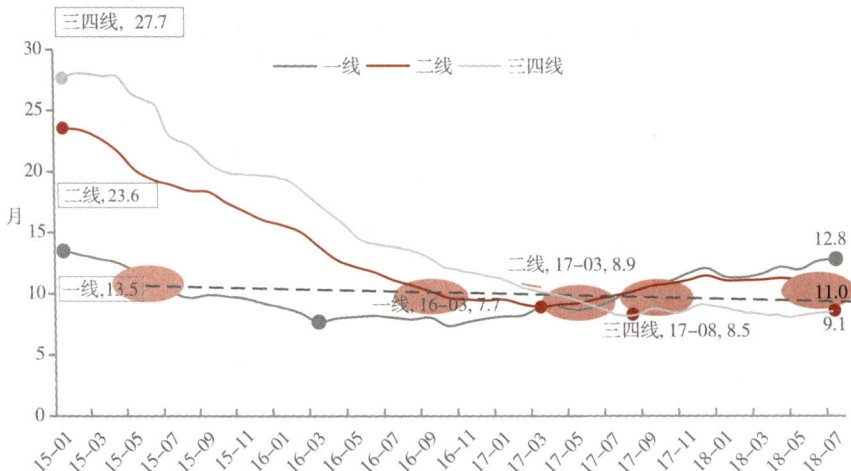

图 1-2-4　各类城市去化周期走势

如果一家房企在 2015 年进入北、上、广、深，2016 年初去了武汉、南京、厦门、福州，2017 年去三四线城市，那么企业对于城市轮动和周期的把握就非常准确，成长也相对快速和稳健。

（2）看金融政策：货币供给不再收紧，房地产价格迎来利好

2018 年 "730 新政" 之后，房地产行业整体论调比较悲观，但是我们对未来趋势的判断却未如此，基本根据之一就是中国货币政策（图 1-2-5）。

中国房地产价格增速和 M1\M2 的总体走势基本同步，时间上略有滞后，体现了金融政策对房价影响敏感极高。(M1= 流通中货币 + 企业活期存款；M2=M1+ 各类存款 + 部分货基)

从 2017 年开始我国的金融货币政策整体偏保守，2018 年 7、8 月份之后 M2 已

经没有紧缩空间。因为 GDP 增速要达到 6.5% 左右，社会财富要孵化更多的货币，2% ~ 3% 的 CPI 涨幅也要算进去，也就是说中国的 M2 增速不会低于 6.5%+2.5%。如果低于 9% 就进入了货币紧缩，所以 M2 的增速降到 8% 左右以后，已经没有下降的空间。尤其是 2018 年 "731" 政策出台后，8 月份 M2 开始上涨，2018 年 1 ~ 8 月，全国发行地方政府债券 30508 亿元，而 8 月份发行了 8800 多亿，占全年份额的 28.8%，可以看出金融方面有所放松。

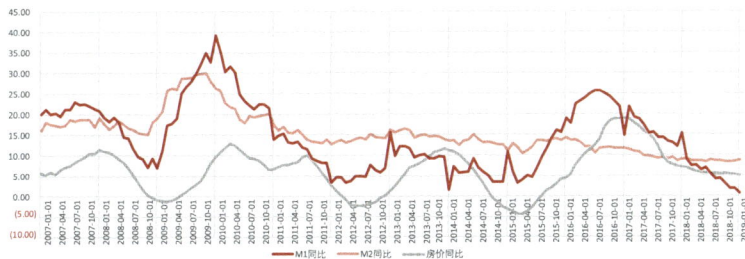

房价同比增长数据来源：2010年1月之前（不含）采取"全国70大中城市房价指数"、之后采取"中国百城新房价格指数"

图 1-2-5　房价增速与 M1\M2 增速匹配图

（3）看政策导向：关注宏观经济走势，判断市场变化

政策的背后反映出宏观经济的牌面，目前整体经济面临下行压力，人民币可控性贬值受到干扰。国际、国内的流动性是重中之重，保持经济增长的稳定性也是大趋势。观察宏观经济走势，把握政策导向，对于房企判断市场变化同样意义重大。政策导向的分析我们后续再重点论述。

2. 数据驱动下的经营策略：城市轮动下的"一城一策"

根据城市的发展阶段，企业在自身的经营基准上要进行"一城一策"的调整。

（1）建模型：依托四季投资理论制定投资攻防策略

爱德地产研究院在行业四季投资理论基础上，进一步提出了房企四季投资攻防策略（图 1-2-6）：

复苏期：价稳量增、补足货量、加大启动；

繁荣期：量价齐整、适度投资、快开快走；

衰退期：量跌价稳、抢先一步、做平地王；

萧条期：量价齐跌、苦练内功、结构转换。

从投资角度来看，一个城市的房地产市场会经历4个阶段：第一个阶段是复苏期，也就是投资的窗口期，市场虽然还比较低迷，但是马上就要迎来曙光，这个时候肯定是补足货量、加大供应；然后是一年左右的稳定期，也可以说是繁荣期，价、量都在增长；接下来就会进入衰退期，可能说是一个逃顶期，这个阶段的量在下跌，而价格相对稳定甚至仍在走高；最后就进入萧条期，价和量都在下跌。这就是四季投资的理论，也是一套攻防体系。

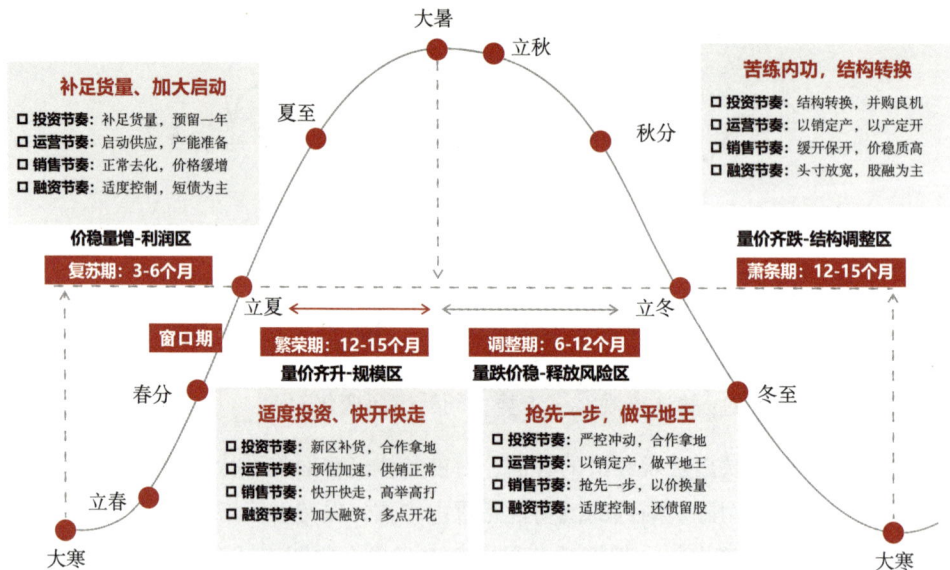

补足货量、加大启动
- 投资节奏：补足货量，预留一年
- 运营节奏：启动供应，产能准备
- 销售节奏：正常去化，价格缓增
- 融资节奏：适度控制，短债为主

苦练内功，结构转换
- 投资节奏：结构转换，并购良机
- 运营节奏：以销定产，以产定开
- 销售节奏：缓开保价，价稳质高
- 融资节奏：头寸放宽，股融为主

价稳量增-利润区
复苏期：3-6个月

量价齐跌-结构调整区
萧条期：12-15个月

窗口期

繁荣期：12-15个月
量价齐升-规模区

调整期：6-12个月
量跌价稳-释放风险区

适度投资、快开快走
- 投资节奏：新区补货，合作拿地
- 运营节奏：预估加速，供销正常
- 销售节奏：快开快走，高举高打
- 融资节奏：加大融资，多点开花

抢先一步，做平地王
- 投资节奏：严控冲动，合作拿地
- 运营节奏：以销定产，做平地王
- 销售节奏：抢先一步，以价换量
- 融资节奏：适度控制，还债留股

大暑　立秋　夏至　秋分　立夏　立冬　春分　冬至　立春　大寒　大寒

图 1-2-6　城市周期下的四季投资模型　来源：爱德地产研究院

对于房企来说，抓住城市的复苏期至关重要，这个时候就要采取"一城一策"来补足货量。如果储备的货值足够销售两年，再把货量增加12个月都没有问题。这时所有启动的项目进入到在建阶段，在建项目和销售项目的比值大概是1.5 ~ 2之间。根据城市不同以及所处的行业不同阶段，房企可以再增加三个月的供应。

（2）给建议：以深圳为例

策略的基础是标准，没有标准的策略就会流为空谈，没有明确的目标，也就无法控制和指导。每一个企业都要建立一套经营的标准，也可以称之为经营逻辑。一旦有了指标体系就可以进行动态监控和经营决策，如果没有这套标准，有再多的数据也不能为企业所用。

行业变化日渐加剧，企业的管控边界和范围也逐步扩大，如果企业不能掌握和利用数据，做不到量化就无法管理。这里以深圳为例，来探讨 2019 年房企可能采取的经营策略。

根据深圳近 3 年的去化周期，2015 年 12 月前并无显著的周期调控，价格持续上涨，市场始终健康，对应四季理论的暖春到夏至阶段；2016 年 4 月 ～ 2018 年 4 月，成交增速下降，价格动能逐渐减弱，对应四季理论的夏至到秋分阶段；2018 年 4 月后市场呈现疲态，进入横盘整理期（图 1-2-7）。

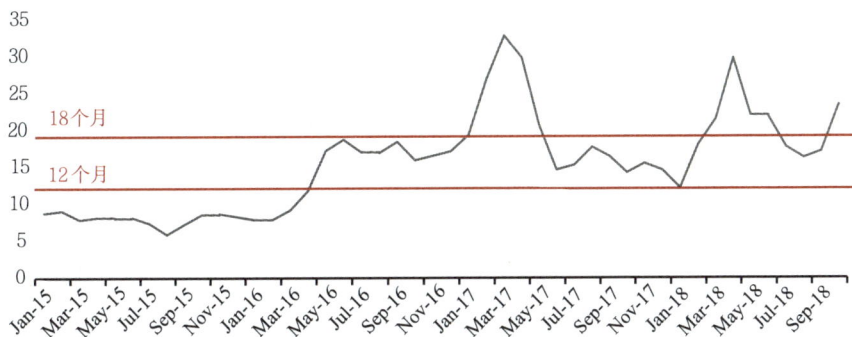

图 1-2-7　深圳去化周期走势 数据来源：CRIC

由于深圳属于一线城市，市场需求旺盛，相当于处于"热带"，并没有"寒冬"，所以在相当长一段时间里会保持量跌价稳的态势，在 2019 年房企应该把握好 4 个节奏，即：

投资节奏：严控冲动，合作拿地；

运营节奏：以销定产，做平地王；

销售节奏：抢先一步，以价换量；

融资节奏：适度控制，还债留股。

3. 数据驱动下的项目管理：借助标准卡位，进行敏感性分析

项目经营管理的数字化是企业经营管理精细度的集中体现，也是日常经营管理中最重要的手段和方法，这已经成为很多房地产企业的标准动作。每个企业都总结了很多标准，比如碧桂园提出的"456"原则，即 4 个月开盘、5 个月资金为正、6 个月回笼资金再投资。

企业要实现项目经营管理的数字化，一定要有自己的经营管理标准和项目层面的管理标准，首先进行项目分类，再基于标准项目做敏感性分析，最终找到真正要控制的点。

（1）建指标：分类别设立经营指标体系和标准卡位

项目经营指标一般分三类（图1-2-8）：

第一类是技术条件类，主要作为一种投资的标准，比如商业占比、自持的面积占比、地货比、监管资金的比例，只在投资时使用。地货比主要用于管控周转效率，地货比越高越倾向于做快周转的项目。

第二类是全盘指标，开项目启动会时用到，比如项目利润率、全盘的资金平衡周期、投资回收期等。

第三类是企业对项目的过程监控指标，比如供货能力、去化能力、成本控制能力、融资能力等。

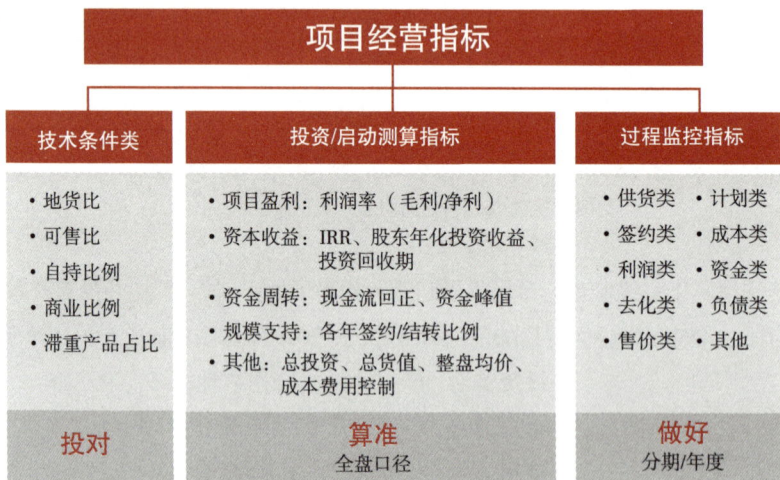

图 1-2-8　项目经营指标

项目层面的管控指标包括资源均衡、利润、效率、资金安全等，每个企业也有运营的理念和要求，要依靠标准来实现。

项目通常可以分为利润型、现金流型和均衡型，不同的项目有不同的设定标准。比如现金流型项目通常在12个月之内回正，10%利润即可。利润型项目基本做到18%以上的利润率，均衡型项目如果在两年之内平衡，只接受12%以上的利润率，三年以上的平衡型项目只接受18%以上（图1-2-9）。

每一个项目可能都会有具体指标，如地货比、开盘去化周期、首开去化率、开工时间、融资成本、融资比例等。

· 以某三线城市为例，售价7200元、单方建造成本（剔除土地部分的成本项）3600+其他费用单方600，项目可售面积30万、15%为商业（去化按50%计算），每年正常销售到期不超过20万平方米
· 假设 当年回款率为80% 销售价格每年增长8% 销售去化全年为100%

楼面价<2400 地货比<0.3	销售总货值50%即可资金平衡，1年可做平资金（一般为6+2-4个月）	动态利润为8%	**现金流项目**
2400<楼面价<3000 0.3<地货比<0.57	销售总货量65%，当年仍可达到资金平衡；因利润过低，一般采取2次开盘，一般资金平衡时间12+2-4个月	动态利润8%~10%	**均衡型项目**
3000<楼面价 0.57<地货比	当年、第二年价格预期下项目无利润，第三年才能达到资金平衡（超过24个月）	动态利润可以达到8%~14%	**利润型项目**

图 1-2-9　不同类型项目的经营指标

（2）做分析：测算敏感性指标，与行业数据进行结果比对

企业按照标准项目进行敏感性分析，就会找到不同指标对应的最敏感要素，如现金流回正时间、地货比、开盘周期等，同一个指标也会因企业的经营策略和控制标准不同而变化，例如追求高 IRR 的企业，对于地价的要求较强（表 1-2-1）。

仍以上述场景为例：

· 以某三线城市为例，售价 7200 元、单方建造成本（剔除土地部分的成本项）3600+ 其他费用单方 600，项目可售面积 30 万、15% 为商业（去化按 50% 计算），每年正常销售面积为 10 万平方米 / 期
· 假设，首开货量不超过全盘货值的 40%，每年销售回款率为 80%；按当年售价测算利润率为 8%，之后每年增长 8%

敏感性测算指标示例　　　　　　　　　　　　　　　　表 1-2-1

变动场景	净利润率	现金流回正	全投资IRR	ROE	ROIC	跟投年化收益率
标准情况	10.00%	15个月	27.10%	42.50%	26.80%	40.80%
地货比下降0.1	29.00%	−13.33%	33.58%	42.82%	36.94%	41.67%
首付土地款50% 延期6个月	4.00%	0.00%	31.00%	34.59%	29.48%	3.92%
9个月开盘	5.00%	−20.00%	39.85%	38.35%	34.70%	42.40%
18个月开盘	−8.00%	40.00%	−34.32%	−36.00%	−31.72%	−38.73%
市场价格上涨5%	24.00%	0.00%	22.51%	31.29%	26.49%	30.64%
市场价格下降5%	−26.00%	0.00%	−23.99%	−30.59%	−26.12%	−30.64%
首开去化率70%	1.00%	−13.33%	13.65%	3.29%	3.73%	3.68%
首开去化率30%	−2.00%	13.33%	−15.50%	−10.35%	−9.70%	−10.54%
前期融资覆盖前期费用	1.00%	−6.67%	12.18%	6.35%	5.60%	14.46%

企业要将自身的实践数据与行业数据进行分析和结果比较，才能有的放矢，让数据变得越来越有价值。

4. 数据驱动下的企业经营：对比关键指标数据，找到房企成长的动力

在评估多项目类型的企业运营成果时，单一的利润率、资金平衡等已经不够全面，我们需要通过一个企业级的经营逻辑，从企业经营层面来整体分析，帮助做更多决策。

房地产企业究竟能否通过一些指标和数据，去寻找企业增长的原因和动力？我们汇总了 2015 ~ 2017 年部分上市公司的相关数据，进行了成长动力方面的分析，关注点放在签约的复合增长率上。

首先，以 3 年销售增长率作为纵轴，以 3 年综合净利润率作为横轴，建立一个坐标系，划分出 4 个区域。横向指标以 14% 的综合净利润率作为划分标准，14% 以上的企业可以看作以追求利润为目标，如果低于 8% 就属低利润企业。纵向指标就是三年销售签约金额的复合增长率，每年的销售增长率达到 60% 以上的可看作高成长企业（图 1-2-10）。

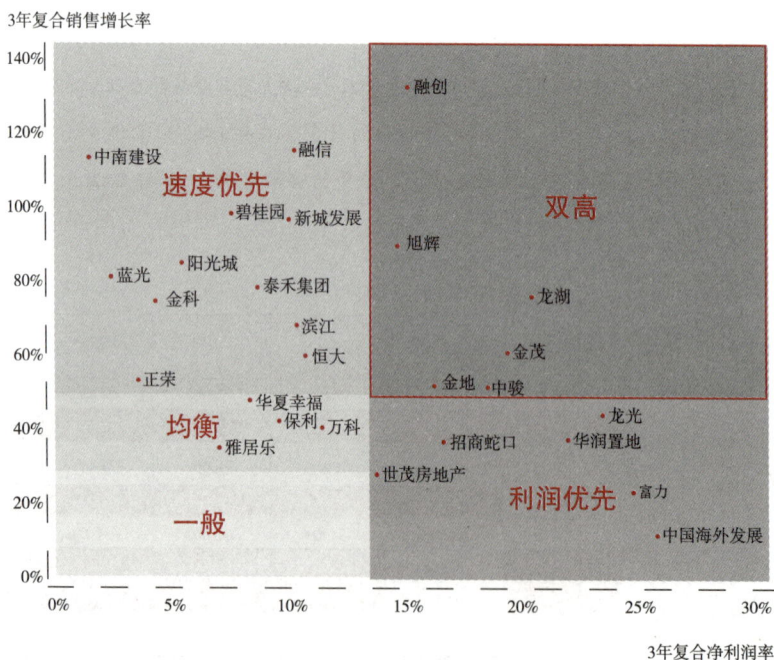

图 1-2-10　企业经营类型分析

根据这两项指标，将房企分为 4 种类型：

第一种是利润导向型企业，综合净利润率大多在 18% ~ 20% 的水平，销售增长率不高；

第二种是明星企业，利润和销售呈双高增长，增长快的同时保持较高的利润，是行业理想的企业类型；

第三种是均衡型企业，综合利润率在 8% ~ 14% 之间，销售增长率在 40% ~ 50% 之间；

第四种是速度型企业，销售的复合增长率在 50% 以上，但是利润普遍偏低。

下文从投资端、运营端和资金端 3 个方面，来分析和探寻不同类型的企业成长动力和原因。

（1）投资端：结构相近，战略红利影响规模增长

在投资端（表 1-2-2），我们主要考察 5 个指标：

各企业类别投资端的指标分析　　　　　　　　　　　　　　　表 1-2-2

企业类别		双高型平均	速度型平均	均衡型平均	利润型平均	全部平均
	全口径签约复合增长	74.23%	80.27%	42.87%	30.10%	59.16%
	净利润率	18.02%	8.18%	11.96%	21.74%	13.34%
①	销售均价复合增长	43.53%	35.72%	37.33%	46.82%	40.62%
②	土地投资/签约	44.59%	50.62%	43.11%	48.35%	46.14%
③	土储货值比	5.85	3.87	4.50	5.74	4.82
④	2017年地货比	0.27	0.29	0.37	0.37	0.34
⑤	近2年合作比例	68.97%	88.49%	85.16%	96.10%	84.55%

①是均价。如果均价增长 10%，年复合销售增长率为 10%，基本上可以认为这个企业销售没增长。

②是投资强度，即每年投资额与签约额的比值，比如今年签约 1000 亿，但是要投资 400 亿拿地，那么投资强度就是 40%。

③是土储货值比。囤地型企业可以通过土地增值获益，当然客观上也会影响到企业的周转速度。

④是地货比。地货比是拿地的价格与总货值价格的比值，比值越高代表越有可能做高周转的项目。

⑤是合作比例，这实际上是企业的一种战略选择。

经过对比分析，可以得出以下结论：

第一，销售均价确实对企业增长影响很大。利润型房企确实分享到市场的红利，其价格因素对规模的帮助明显高于速度型。如果实际上其均价年复合增长率要高于实际签约增长，表明其签约面积甚至有所下降。而双高型房企实际考虑到其权益占比仅69%左右，实际权益签约复合增长率仅为51%，本质上也是利润型企业，实际情况与利润型房企基本一致。

第二，投资强度差异不大，40%～50%的中位线已被普遍接受，高速企业差异也比较大，并无明显规律。

第三，土储货值比明显与利润水平成反比。

第四，地货比在0.3中位值上下，差异较大。一线城市做利润，二线城市做均衡，三线城市做速度。

分析得出整体结论：如果说投资是房地产规模增长的第一驱动力，不同类型的企业从投资的节奏和强度上差异不大，但是战略红利至关重要。在合适的时间进入了合适的城市，所以有了战略红利，合作也是一种战略红利，让企业的规模得到增长。

（2）运营端：资源产出率是销售增长的主要动力

常用的资产周转率指标其实并不适合房地产企业，因为房企的收入往往是前几年结转而来，而总资产却是当年的，通常这几年的销售签约增长加快很多，而前几年的销售增长只有30%左右，周转率一定是下降的（图1-2-11）。

资产周转率=收入/总资产

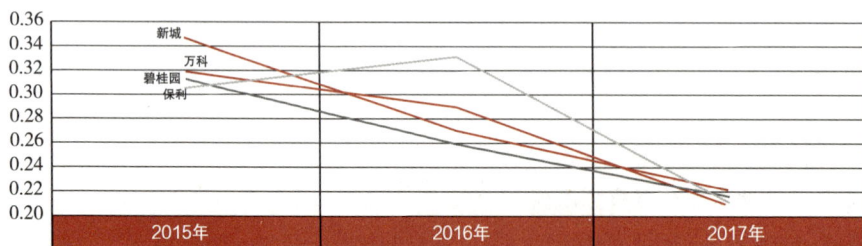

图1-2-11　常用的资产周转率指标存在偏差

所以房企应该用资源产出率来做分析，用全口径的销售额与总资产相比，这才反映当期的效率。之所以采用全口径的签约额而不是权益金额，是因为如果战略上通过合作的方式放大规模，是一种战略和执行力的体现，也需计算在内。从2015～2017年的资源产出率对比表中可以看出，碧桂园和新城都很快，保利、万科这几年没有太大的变化，恒大可能还有一些降低（图1-2-12）。

资源产出率 = 全口径签约 / 总资产

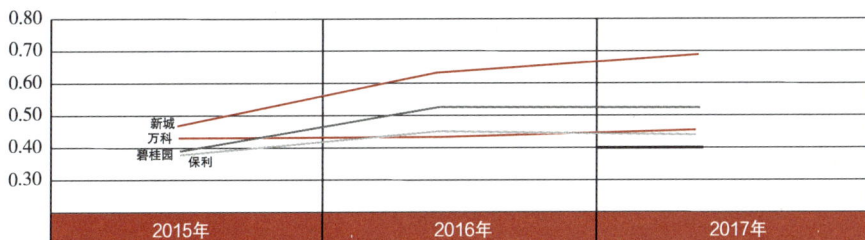

图 1-2-12　四大房企的资源产出率

综合来看，运营端的成长性指标主要包括资源产出效率、合作比例、首开时间、资金平衡周期、在建销售比、储备货值比。销售增长确实是资产产出效率的主要动因之一，首开周期、资金平衡周期差异巨大（表 1-2-3）。

各企业类别运营端的指标分析（非年报数据，仅为样本统计）　　　表 1-2-3

企业类别	双高型平均	速度型平均	均衡型平均	利润型平均	全部平均
全口径签约复合增长	74.23%	80.27%	42.87%	30.10%	59.16%
净利润率	18.02%	8.18%	11.96%	21.74%	13.34%
资源产出效率	0.50	0.53	0.44	0.32	0.46
合作比例	68.97%	88.49%	85.16%	96.10%	84.55%
首开时间	10.3	6.7	9.8	14.2	8.7
资金平衡周期	23.0	11.4	14.1	25.3	16.3
在建销售比	2.8	1.8	2.7	3.2	2.4
土储货值比	5.85	3.87	4.50	5.74	4.82

（3）资金 / 资产端：资金成本率和净负债率差异巨大

在资金和资产端，房企应重点关注两个指标，现金的短债比和现金占比。现金的短债比是指当季现金与当期短期流动负债的比值。如果现金充裕，短期流动负债就不会带来影响，一般来说现金大于 1 亿时比较安全。现金短债比过高就会带来较大风险，现金投入过于保守，安全性会提升，但会降低效率（表 1-2-4）。

现金占比是指现金在总资产里面的占比，基本上是在 13% ~ 15% 的规模，企业已经越来越关注风险，现金为王这个思路基本已经达成共识。前几年的现金占比是 8% ~ 9%。

净负债率作为评估指标时常常会出现一个问题，因为房地产企业的负债主要是预收账款，本可作为资源投入，在财务上被算作负债，那么就会造成负债率的偏差。

各企业类别资金／资产端的指标分析 　　　　　　　　　表 1-2-4

企业类别	双高型平均	速度型平均	均衡型平均	利润型平均	全部平均
全口径签约复合增长	74.23%	80.27%	42.87%	30.10%	59.16%
净利润率	18.02%	8.18%	11.96%	21.74%	13.34%
现金占比（现金/总资产）	14.41%	13.19%	13.80%	14.65%	13.63%
现金短债比	3.20	1.83	1.97	3.01	2.30
净负债率平均值	64.46%	133.84%	33.55%	59.89%	87.13%
流动比例	1.49	1.58	1.51	1.83	1.60
整体平均融资成本	5.72%	7.50%	5.91%	5.15%	6.22%

总体来看，房地产企业的安全性普遍控制较好，现金短债比和流动比例远高于 1，现金占比、流动比例差异不大，速度型房企的资金成本大幅高于其他企业，而净负债率则差异巨大。

结论：房企增长的密码在哪里？

如果将上述几类指标进行综合分析，就能找到真正影响企业增长的原因。投资强度差别不大，全行业的现金短债比、现金占比没有太大的差异，企业可以参照行业制定自己的标准。但是，表格中红色部分就是企业要特别关注的地方，包括资源产出效率、资金平衡周期、净负债率、合作比例，这些才是企业真正形成差异的地方，不同指标控制的结果对于企业成长速度具有很大影响。成长型企业要认真研究这张表格，掌握自身发展情况，了解其他企业的经营状况，根据分析结果进行变化调整（图 1-2-13）。

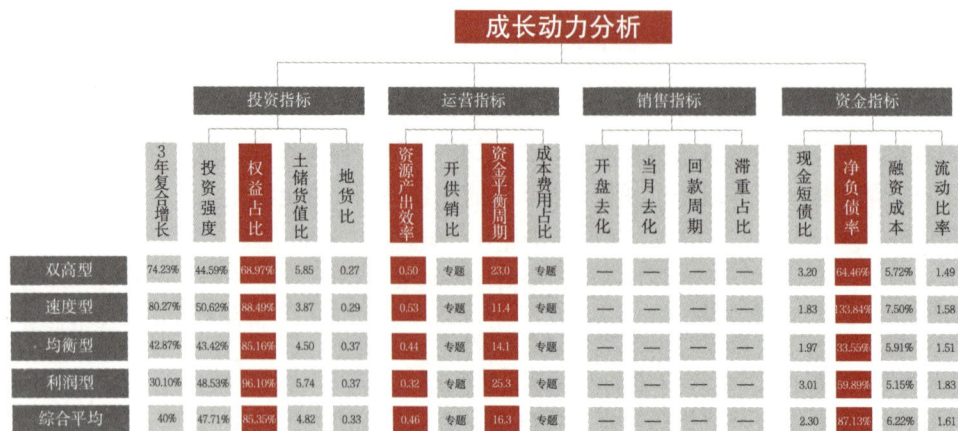

图 1-2-13　房企成长动力分析

┃第三节 标杆实践┃

以大数据为基础，建立多层级指标决策体系

【导读】从集团到项目，不同场景下的决策链指标体系

近两年，保利、龙湖、华润等标杆房企开展数智化经营管理的建设。房地产企业正在进行新一轮的数智化改造和升级。

1. 集团数智化综合决策地图：3000 亿级 H 企的集团大运营

H 企的发展目标是 3 年做到 3000 亿。2018 年，它通过数据指标的对比和分析来找自己的短板。H 企选取了 10 家标杆房企作为对标，主要分析发展能力、运营能力、融资能力和盈利能力，不同的指标对应不同的企业，比如说发展能力、运营能力上对标融创，盈利能力对标中海，运营能力对标龙湖（图 1-3-1）。

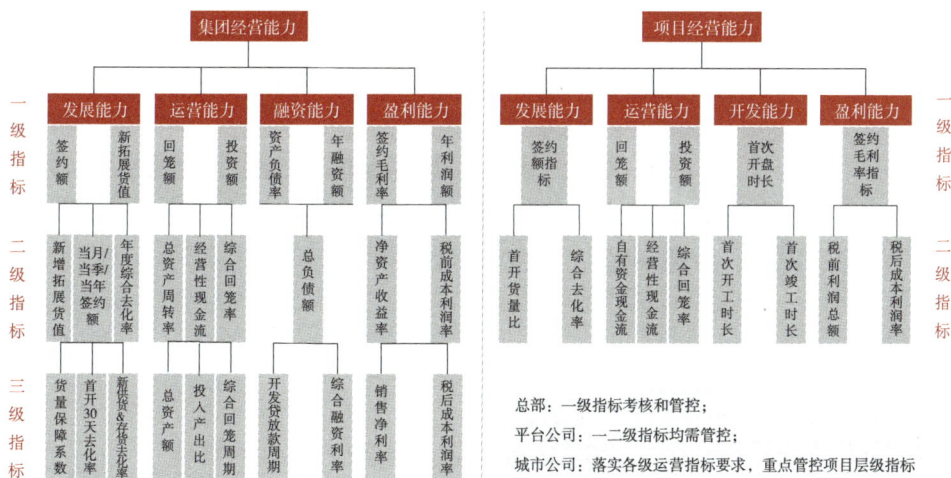

图 1-3-1 H 企运营指标分级管理

H 企按照大运营指标体系分为一级指标、二级指标和三级指标，总部主要对一级指标进行考核和管控，区域公司对一二级指标均需进行管控，城市公司则通过项目开发落实各级运营指标要求，重点要管控至项目层级的经营指标。

项目指标与公司指标存在差异，具如融资能力，不同项目之间也有不同，指标无法完全对应。因此，总部出项目标准和卡位，再交给各区域公司，比如去化率、放款周期指标，货量保障系数是总部层面考虑的指标。

为达成 3000 亿的整体目标，现有货量和去化比例是否需要调整，调整幅度是多少，是 H 企需要确定的问题。所以，H 企首先确定目标，再盘点要匹配的货量。接下来，围绕企业的签约金额和之前制定的卡位指标，盘点现有的总货量以及要推向市场的货量，就可以得出新增的供货量，总货量和新增货量的比例可设计阀值或者是预测值，并作为企业重点监控的指标。

企业还可以监控指标，深入分析运营结构，来判断拿多少地、进哪个城市、有什么业态和产品、出现偏差的处理方法等。通过比对实际值和当时的预测值，针对项目动态、核心指标和卡位指标进行监控，企业可以据此看出当前存在的问题。

项目层面同样有核心标准，比如一二线城市要符合"9472"原则，即：开盘目标是 9 个月，首开货量 40%，首开去化 70%，2 年现金流回正。下表中红色部分作为挑战目标重点激励，灰色部分考核目标是必须达到的底线要求，比如说一线城市的首开时间是 13 个月（表 1-3-1）。

H 企城市等级分类管理 表 1-3-1

城市等级		首开时长（月）	首开货量/整盘货量	首开去化率	现金流回正时长(年)
一线城市	挑战目标	9	40%	70%	2
二线城市		8	30%	75%	2
三四线城市		5.4	45%	80%	1

城市等级		开工时长（月）	首开时长（月）	收回股东投资时长（月）	现金流回正时长（月）
一线城市	考核目标	9	13	25	28
二线城市		7	12	18	24
三四线城市		5	10	12	18

2. 集团专项决策指标链：1000 亿级 T 企年度签约目标的管理

T 企的年度签约目标是 1300 亿，签约额由"供货量 × 综合去化率"得到。T 企影响供货量的指标主要有 3 个，第一个是在建项目供货，第二个是历史存量供货，还有新购项目的供货。如果要完成 1300 亿的签约目标,总供货要达到 1860 亿。此外,供销比(1.43)也作为一个控制的指标(图 1-3-2)。

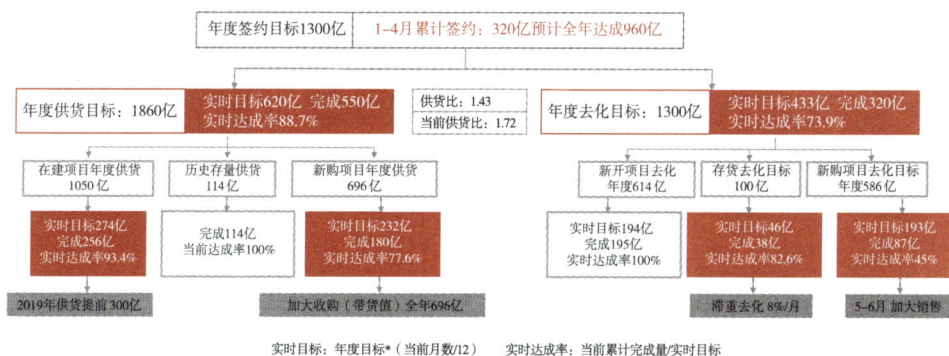

图 1-3-2　T 企基于业务决策链的经营路径图

截至 2018 年 4 月底,T 企的累计销售额只有 320 亿,全口径预计全年只能完成 960 亿,但当年供货比已经达到 1.72 了。进一步查找原因,红色部分就是重点关注的问题。

供货方面,1-4 月供货 620 亿,只完成 550 亿,实时达成率 88.7%。再往下一级分析就发现了问题,在建项目供货实时达成率只有 93.4%,新购项目达成率只有 77.6%。

去化方面,1-4 月去化目标为 433 亿,当年只完成了 320 亿,达成率 73.9%。再往下一级分析,存货去化只完成 82.6%,新购项目达成率只有 45%。其中,新购项目供货不足,也是导致去化量未达成原因之一。这也是问题所在。

通过层层剖析,直到找出真正的原因所在,这就是基于业务链的分析思路和逻辑。

根据分析结果,我们提出了几点决策的建议:

投资口:加速项目确权;加大现有项目合作(带货值收购)力度,目标确保全年供货 700 亿。

运营口:将 2019 年 1 季度启动货值的 30% 纳入到当年计划,增加 2018 年存量项目供货 300 亿。

营销口:继续加大去年存货去化速度,滞重产品每月去化不低于 8%,5、6 月份加大合作项目等。

在为 T 企提供咨询服务的过程中,我们可以把近年来容易出问题、经常完不成的指标提取出来,进行重点监控,建立分层分级的指标决策链,据此进行系统性的分析并指导决策(图 1-3-3)。

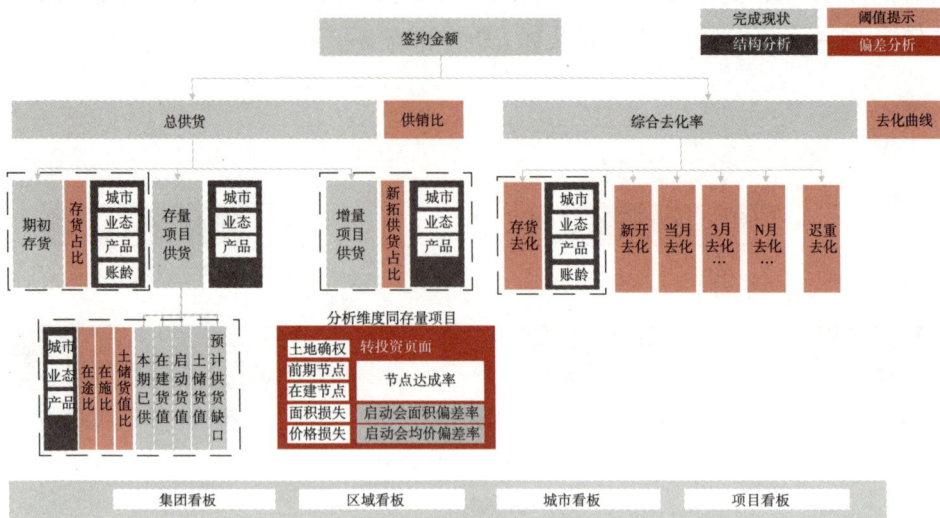

图 1-3-3　分层分级的指标决策链

首先，将 2015 年至今的数据进行梳理，提取出关键的 19 项指标，有的用于预警，有的用于思考，有的用于做项目合理性评估，这些指标是有层级递进关系的。

其次，制作企业层面的总看板，重点监控签约、回款、供货等 6 项指标，根据动态分析找出问题所在，再评估全年供货的目标完成率，确保所制作的看板具有针对性（图 1-3-4）。

接下来，基于这个总看板分析 6 个专业的看板，再围绕前面的标准卡位来分析每个看板的关注点，这就是看板设计的内核。

3. 项目走势强管控: 2000 亿级 S 企对项目运营的动态智能测算、实时预警

房企如果将内部所有业务数据汇总在一起形成大数据，就能更好地进行动态决策和计划调整，进而完成战略目标（图 1-3-5）。

（1）找痛点: 数据缺乏、口径不一、数据不准

企业普遍存在数据缺乏、口径不一、数据不准等问题，数据不进系统，散落在纸质文件中；数据获取管理职责不清、缺少管控审核，数据真实性和及时性得不到保证。只有发现痛点，找准问题，才能建立有效的大数据体系，为经营决策提供支持。

签约				回款			
90% 累计完成率	实际完成 **180 亿元** 计划指标 **200 亿元** 业绩缺口 **20 亿元**		40% 当年完成率	94% 累计完成率	实际完成 **130 亿元** 计划指标 **139 亿元** 业绩缺口 **9 亿元**		40% 当年完成率

地产大数据平台-签约

签约排名

金额：亿元

北京　上海　福州　深圳　武汉

■ 实际完成　■ 计划指标　◆ 完成率

缺口分析

132 亿元

缺口金额

■ 金融　**30 亿元**
■ 去化　**30 亿元**
■ 未取证　**72 亿元**

项目A- 未取证20亿元
项目B- 未取证30亿元
项目C- 未取证10亿元
项目D- 未取证10亿元

销售去化率

北京　上海　福州　深圳　武汉

■ 期初去化率　■ 新供去化率

签约排名

北京　上海　福州　深圳　武汉

■ 实际完成　■ 计划指标　◆ 费效比

缺口分析

排名	渠道	报备客户	成交客户	转化率	渠道费效
1	分销	100	50	50%	33%
2	内部推荐	50	20	40%	22%
3	外展	200	20	10%	18%
4	朋友介绍	50	10	20%	12%
5	自然到访	82	41	50%	10%

销售去化率

1.项目A-	40%
2.项目B-	45%
3.项目C-	50%
4.项目D-	55%
5.项目E-	60%
6.项目F-	65%
7.项目G-	70%

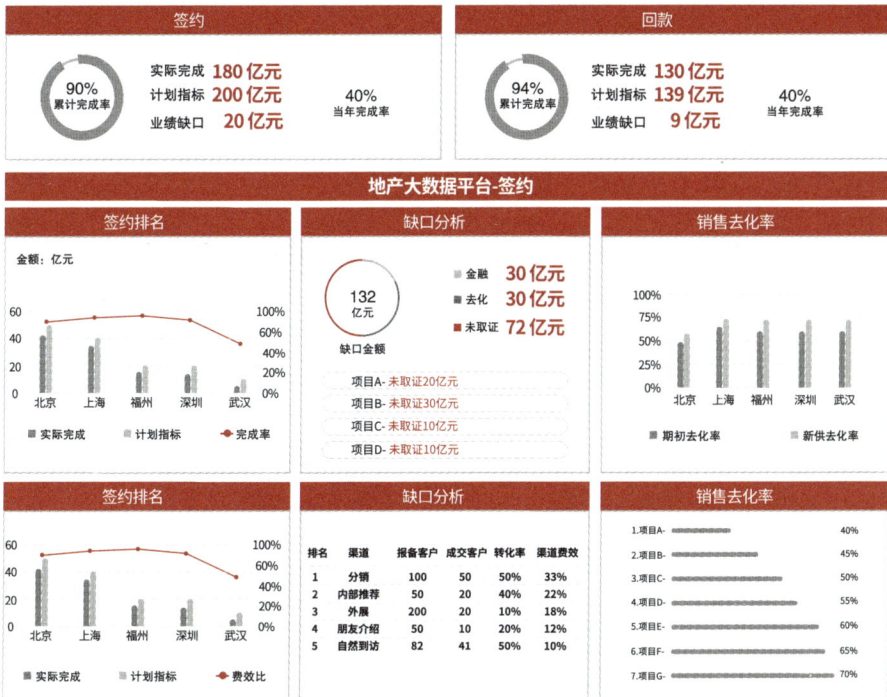

图 1-3-4　T 企地产大数据平台（签约）

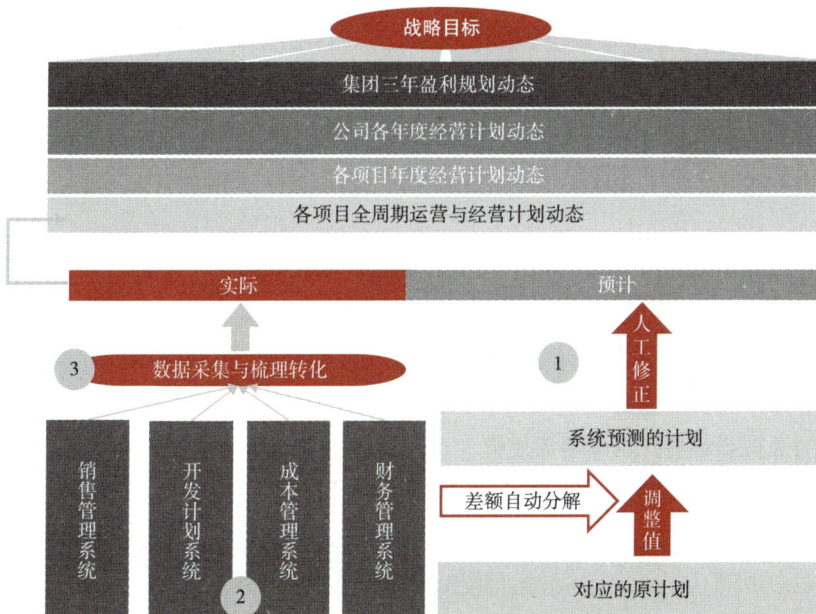

战略目标

集团三年盈利规划动态

公司各年度经营计划动态

各项目年度经营计划动态

各项目全周期运营与经营计划动态

实际　　　　　　　　预计

③ 数据采集与梳理转化　　　　① 人工修正

系统预测的计划

差额自动分解　➡　调整值

销售管理系统	开发计划系统	成本管理系统	财务管理系统

② 　　对应的原计划

图 1-3-5　S 企业务数据辅助动态决策的逻辑模型

①指标定义偏差大，导致口径不统一

很多企业的专业系统指标定义偏差大，导致口径不一、管理混乱。比如"货值"这个指标，在拿地、办证、开工、销售每个阶段的版本都会发生变化，企业往往没有厘清口径和逻辑，不知如何进行科学管理（图 1-3-6）。

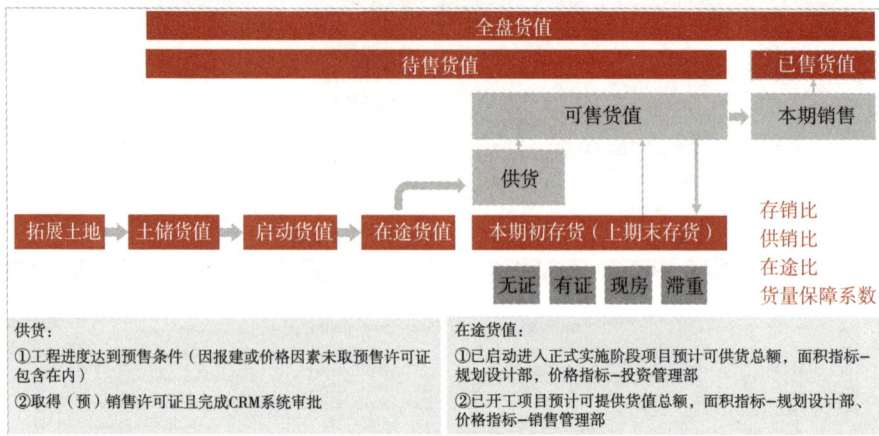

图 1-3-6　货值指标体系

②项目管理颗粒度不统一，缺乏基础数据（主数据）的梳理

在以往的业务系统中，业态、组团、产品、户型、销售期、建筑形式、楼栋、标段、开发期、经营模式、合作模式等，项目名称和项目管理的颗粒度都不统一，问题比较普遍，也不好管控。五六千甚至上万个数据，如果没有进行基础数据的梳理，建立数据化系统，企业很难管理到位。

③数据管理职责不清、缺少管控审核

曾经有房企因为数据管理和审核不清遭受了重大的损失。项目开发完成后居然多出 10000 平方米不可售面积，总部一直没有察觉。原因是成本审核时出现了目标成本的重大偏差，最后发现是设计版本的管理出了问题，10000 多平方米不可售面积造成了成本失控，直接影响项目的利润。所以，在不同阶段的不同版本中，每一个版本的数据要审清，不论项目规模大小，只要超过 500 平方米的偏差就启动预警。现在系统中，黄色标识代表审核通过，不同的指标在不同的阶段有不同的输入，利用现有智能系统，数据就可以做得越来越准确。

④城市数据不准确，无法满足投资部门需求

一些外部的大数据也需要在中长期的使用中进行处理，如某项目周边的城市数据、产品类型、时间、开盘的批次等，所有外部数据也要做一些识别。

（2）建规则：系统自动批量调整，提速增效

①提取数据，构建计算模型

建立大数据管理体系主要有3个步骤：首先提取数据，数据来源于十几个系统，数据生成主要考虑产品类型，包括住宅、商场、写字楼、酒店、养老、长租公寓、联合办公等；然后是数据使用，投资测算模型进行敏感性分析，做数据的监控、考核，帮助项目决策；最后做数据展示，用于运维监控、做看板、实时跟踪等（图 1-3-7）。

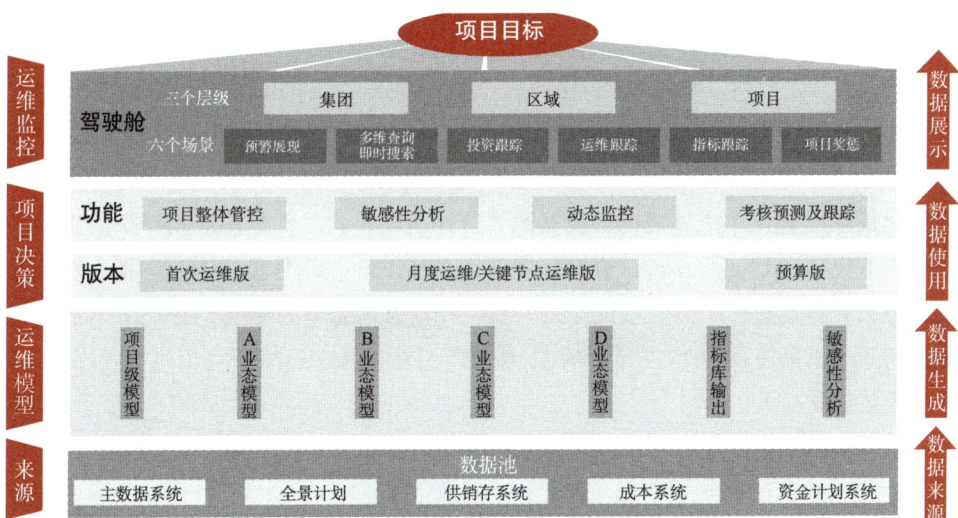

图 1-3-7 经营管理智能化框架图

②建立数据运算规则

大数据管理系统的核心是各产品类型的数据测算，以及动态的监测。现在很多房地产企业在拿地的时候还停留在 excel 表的阶段，下面报上来的数据会有参数，无法控制。一些比较注重算法控制的企业，在总部锁定了近 100 个控制指标，比如报批报建、放款周期、回款结构、总包付款、税费等数据，按照时间层面的模型比例自动统计。如果要调整，就要重新进行大量的沟通和测算（图 1-3-8）。

开盘延迟+去化周期延长
　　A. 去化周期延长三个月以上则重新排计划
　　B. 去化周期延长三个月以内

签约	回款
首开顺延	首开顺延
重叠部分不变	重叠部分不变
顺延部分往后均摊（11月、12月）	顺延部分往后均摊（第二年4月、5月）

示例：　　　　　　　　重叠区间　　　　　　　示例：　　　　　　　　重叠区间

原　1月　　2月　　3月～10月　　　　　　原　1月　　2月　　3月～第二年3月
　　40%　　20%　　40%　　　　　　　　　　　20%　　10%　　70%

新　　2月　　3月～10月　11月　12月　　新　　2月　　3月～第二年3月　第二年4月　第二年5月
　　　40%　　40%　　10% 10%　　　　　　　20%　　70%　　　　5%　　　　5%

1. 去化如需按组团或业态调整，则需对组团和业态逻辑做假设。　2. 添加系统货值验证：维持销售货值小于供货货值。

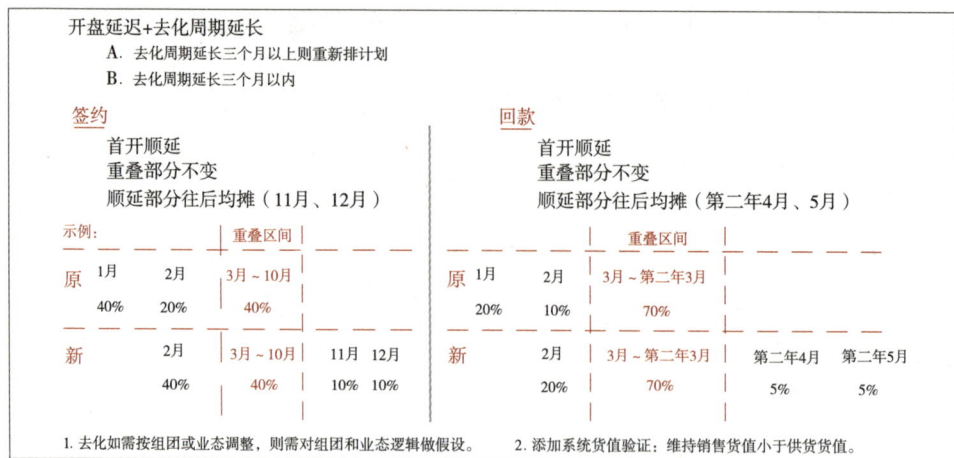

图 1-3-8　S 企项目经营指标运算规则（签约 & 回款）

　　假设有一个项目开盘延迟，去化周期延长，如何调整后面的数据？如果项目很多，手工无法完成，企业可以通过设计规则，系统自动生成，要确保每个项目的算法一致。

　　房企可以制定两种规则，如果去化周期延长超过 3 个月，就要重新排计划。如果去化周期延长在 3 个月之内，就按照"首开顺延、顺延部分往后均摊"的规则来处理。假设原来是 1 月开盘，第二个月去化 60%，3 ~ 10 月去化 40%。那么按照规则，项目开盘延迟一个月，变成 2 月开盘，开盘月去化率为 40%，3 ~ 10 月的去化率保持不变，剩下的 20% 在延后的 11 月、12 月中均摊，这样就可以迅速得出结果，避免人工重复输入。

　　回款同样要按照规则来调整。如果发生延期，那么 1 月份的回款推迟到 2 月份。未回的现金流就要均摊到顺延的月份中。假定 3 月到第二年 3 月这段时间主要受政策、行业的影响，和开盘没有太大关系，那么这段时间的回款比例保持不变。原来 1 月份的 20% 要分摊 10% 到 2 月份，导致 2 月份累计到达 20%。原来 1 月份还剩余的 10% 由第二年的 4 月、5 两个月均摊。未来全项目的测算工作要细化到这种程度。

（3）强应用：实时预警，智能测算

①智能测算：对项目奖金数额和奖惩时机做出预测

　　房企可以通过系统进行项目奖励的智能测算，对未来的奖金数额和奖惩时机做出预测。例如，某标杆房企在项目层级设定了 2 个奖项：一个是周转奖，与项目重要节点紧密相关，比如回款 30%、现金流回正、销售 95%；另一个是利润奖，跟净利润有关（1-3-9）。

图 1-3-9　S 企项目奖惩预测模型

从这两个奖项的奖金数量可以看出这家企业的关注点是周转率和利润率。但在利润方面给的奖金要更多一些。所以，集团关注的重点都是利润指标，包括股东毛利润、股东净利润等。

项目奖惩测算系统的展现路径主要通过监控看板，进行分层级展现（表 1-3-2）：

S 企区域奖惩跟踪测算表　　　　　　　　　　　　　　　　表 1-3-2

项目名称	历史奖惩合计			10月			11月			未来预计		
	首开奖	周转奖	利润奖	首开奖	周转奖	利润奖	首开奖	周转奖	利润奖	首开奖	周转奖	利润奖
项目A	3颗星				回款30%奖30W	回款30%奖45W						销售95%10W
项目B	5颗星				回款30%无奖励	回款30%无奖励		现金流回正罚30W	现金流回正无奖励			销售95%罚160W

项目看板：展现项目历史奖惩、当前奖惩以及后续节点的奖励预计；有【项目进度达到奖励节点】、【项目进度未达到奖励节点】两种展示方式。

区域看板：以项目为维度，展现项目的历史奖惩合计、当前奖惩情况，以及未来的奖惩预计；便于区域管理者及时获知所管辖项目情况，督促并跟进改善。

集团看板：以区域为维度，展现区域每一个奖惩类别的已执行情况，以及未来奖惩的预计。便于集团相关管理部门及时获知各区域未来的惩罚情况，督促并跟进改善。

②预测 + 预警：三级预警，确保经营指标落实到人、执行到位

项目层面的预警也能通过看板来实现，可以分为三个级别，分别是 0 到 1,1 到 2, 2 到 3。每个区域的一级预警、二级预警、三级预警有多少，与考核结果直接相关。企业要关注指标以及指标的标准卡位，将预警落实到不同的岗位和人，比如说货值变化小于 –3% 就是最高的卡位标准。这是对标准卡位的深度应用（表 1-3-3、图 1-3-10 ）。

S 企预警指标与阈值 表 1-3-3

预警指标＼预警等级	四级预警（最低等级）	三级预警	二级预警	一级预警（最高等级）
货值变化	0≥货值变化>-1%	-2%<货值变化≤-1%	-3%<货值变化≤-2%	≤-3%
股东毛利率变化	0≥股东毛利率变化>-1%	-2%<股东毛利率变化≤-1%	-3%<股东毛利率变化≤-2%	≤-3%
股东净利率变化	0≥股东净利率变化>-1%	-2%<股东净利率变化≤-1%	-3%<股东净利率变化≤-2%	≤-3%
股东净利润额变化	该指标不设预警等级，但显示偏差变化，不触发流程			
经营性现金流回正	1个月	3个月	4个月	5个月及以上
管控类别	弱管控	强管控	强管控	强管控

指标类别　预警阈值

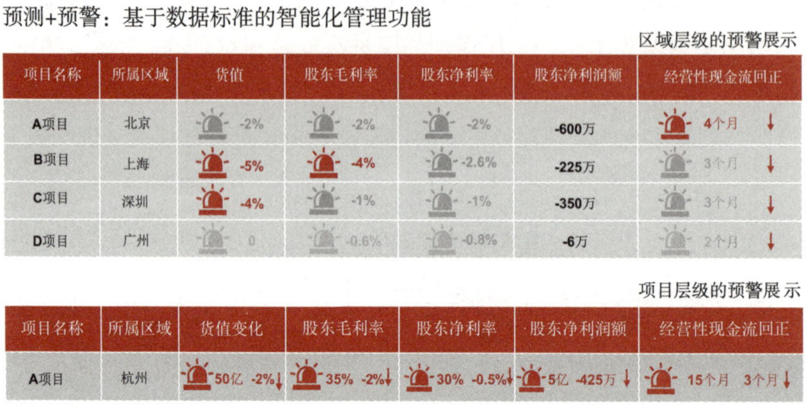
预测+预警：基于数据标准的智能化管理功能
区域层级的预警展示
项目名称 所属区域 货值 股东毛利率 股东净利率 股东净利润额 经营性现金流回正
A项目 北京 -2% -2% -2% -600万 4个月
B项目 上海 -5% -4% -2.6% -225万 3个月
C项目 深圳 -4% -1% -1% -350万 3个月
D项目 广州 0 -0.6% -0.8% -6万 2个月
项目层级的预警展示
项目名称 所属区域 货值变化 股东毛利率 股东净利率 股东净利润额 经营性现金流回正
A项目 杭州 50亿 -2% 35% -2% 30% -0.5% 5亿 -425万 15个月 3个月

图 1-3-10 S 企基于数据标准的智能化管理功能

③投资跟踪：投资承诺、测算指标、现实数据、预测数据，多版本对比及时纠正航向

投资跟踪即当时的投资承诺、投资测算，与现在数据存在多大的偏离。企业不仅要管好投资跟踪的指标，还要与现实版的经营数据、过往的数据和未来预测数据进行指标对比。图 1-3-11 为项目看板，左边是关键利润，右边是承诺的指标，包括承诺的供货、回款、签约，去化率和销售均价也需要关注。

企业通常要设计三个版本，对应三套规则：第一个是投资版，提供给投资部门线下使用，要快速奖励，快速预测；第二个是启动会版，最终对标的数据以这套为准；第三个是预算版，涵盖全部产品模型。

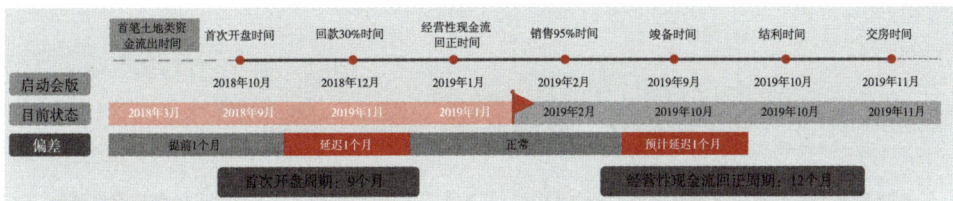

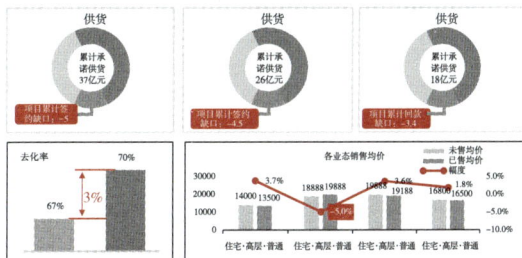

图 1-3-11　S 企运营过程跟踪

总　结

三大类型决策体系的管理创新，给我们展示行业里较为前沿的应用和探索。科学决策的基础：一是依靠大数据，二是依靠智能技术的应用，三是依靠场景化的分析测算。相信再过几年，这将是千亿元房企管理创新的核心竞争力。

｜第四节　经营监控指标体系规划｜
实现数据采集自动化、分析场景化、应用智能化

【导读】随着房企规模化的发展，企业经营管理监控的即时性、动态可视性、业务数据更新及时性、数据分析对经营已决策的支持性等已成为必需和必然。

1. 管理高度提升：从项目计划视角，上升到集团经营高度

基于项目视角和企业视角，重要指标的标准会出现明显的差异，管理执行层无法与集团决策层站在同一个层面上看问题。很多房地产企业实施战略管控，对项目的管控越来越弱，但随着项目管理成熟度的逐步提高，总部管理成为大趋势（图 1-4-1）。

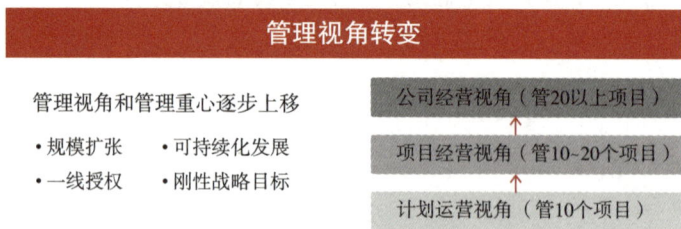

图 1-4-1　企业管理视角和管理重心逐步上移

基于公司经营管理的目标，如达到 3000 亿元的规模，企业要围绕利润、资金、资产结构这些核心的指标，明确每项指标的标准卡位。如果能够分城市、分区域，并按照不同的产品类型来细化，控制的力度会更大。接下来就是基于年度目标进行目标分解，以及做项目经营的管控，企业要结合现在的环境进行测算，过程监控要精准化、自动化。

分析做到场景化，跟随集团层面的分析和看板，跟随月度运营会、半年运营会进行重点匹配，反应速度要快，随时发现问题。

2. 全局性整体规划：从三大维度规划，实现五大管理功能

企业要从管什么、怎么管、如何管好这三个维度进行整体规划，以期达到经营标准数字化、经营测算自动化、经营分析场景化、经营管理智能化及经营监控可视化五个经营管理功能。最终实现房企经营管理的数智化，助力企业应对行业新周期（图 1-4-2）。

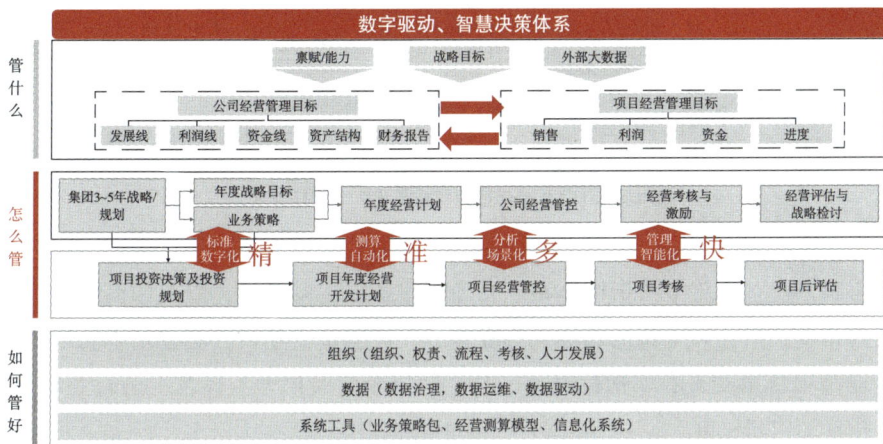

图 1-4-2　全局性整体规划框架模型

3. 管理重点突出：做好 4 项重点工作，确保核心经营指标可动态测算

进行数智化经营管理工作任务规划时（图 1-4-2），企业要重点做好 4 个大项的工作。

第一，制定项目经营指标及标准值。企业可以借鉴标杆的思路，查找自身差异和管理优势，今后需要重点管控和加强的地方，明确必须管控的标准卡位。

第二，设计项目经营测算的模型。投资模型、运营模型、财务模型的设计是否合理，这几个模型之间能否打通，企业一定要清楚。

第三，设计动态测算模型。明确预测的规则，才能实现未来销售的自动预测。另外，还要明晰未来的分析路径，理顺项目经营规划及管理的流程，总部层面和区域层面的管理事项进行有效区分，实现智慧化决策。企业还要建立经营分析报告体系与经营看板体系，区分动态和静态的指标，做好数据治理，保证数据的连通和应用。

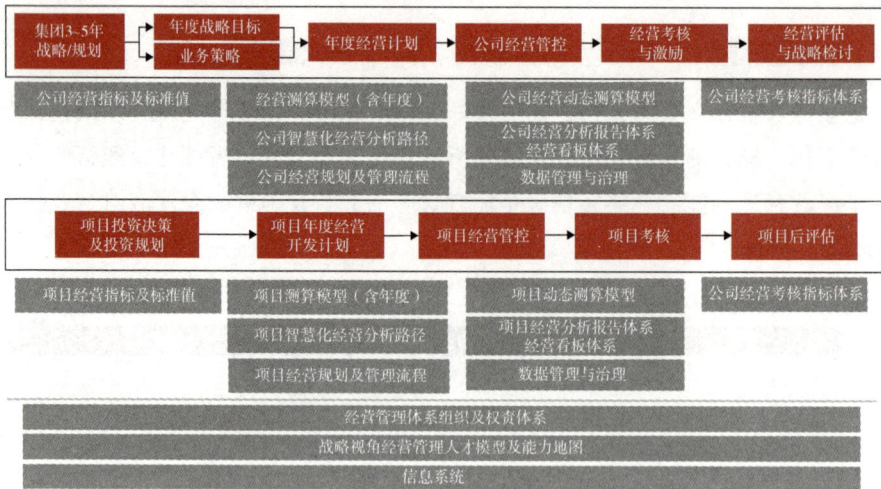

图 1-4-3　房企经营管理"数智化"工作任务规划

第四，建立经营考核指标体系。明确哪些指标需要考核，以及如何考核。基于考核的角度，指标和卡位的指标会存在偏差，有些基于项目，有些基于周期，如果从企业和项目角度来看，指标又不一样。所以企业要根据具体情况进行系统搭建，调整指标结构和权重。

总结

项目经营指标是公司经营指标的承接和基础，数智化管理既是企业经营管理精细度的集中体现，也是日常经营管理中最重要的手段方法。

牵引房企弯道超车的火车头

没有土地，就没有地位。但是土地项目可能是"蜜糖"，也可能是"砒霜"。

近年来，房地产行业环境更加复杂，景气周期更短，市场变化更快，竞争压力更大，资金压力更大，规模化管理更难。

这在投资拿地方面表现一些新特征：城市轮动，高机遇、高分化、高风险；管理决策更困难，区域更多、途径更多、业态更多、决策流程和指标更复杂。

5年前的投资方法，主要还是按一二线、高铁线、进新区的粗线条和大策略，但是这一轮下来，仅仅依靠空间思维就略显被动和乏力。

3～5年才能够用上一次周期性思维，现在已成为投资专业上的日常工具。强周期性战略下，恒大、万科、旭辉、融创、新城都提供了可圈可点的经典案例。

在内部的投资管理上，快速规模化企业、全国化初期的企业、主打城市更新的企业、城市服务型企业，形成了各有重点各有特色的管理特征。

相同的是，他们都更加注重经营指标测算模型的创新，提升投研质量，进一步提升投资拓展管理的科学性、高效性、精准性。

本章解读不同房地产企业在行业发展不同阶段成功拿地、成功穿越周期的案例，剖析投资拓展的规律、特点、核心管控要点，提供投资流程及决策管理的数智化解决方案，从而提高投资决策的高效与精准性。

┃ 第一节 投资战略 ┃

标杆企业强周期下的弯道超车

【导读】标杆企业之所以能持续发展、持续成为标杆，在投资战略上一定都有自己的独特之道

超周期拿地、逆周期拿地、火热期拿地、无周期拿地等几种特殊情况，需要特别的条件支撑，例如超常规的战略远见、超常规的资金安排、超常规的规划执行，只有极少数优秀企业能够执行。但正因为极少，具有创新性，非常值得学习。

其实行业常见的拿地策略主要是，顺周期拿地和机会型拿地。顺周期拿地就是跟随行业大势，上升期逐步多拿地，下降期逐步少拿地，高点和低点甚至不拿地，萧条期以保命为主。机会型拿地就是拿地机会很稀少，可遇不可求，跟周期关系不大。采用这类型拿地的企业往往是小企业，还在生存边缘挣扎。

顺周期拿地节奏感更强，要提前做好土地市场的预判，以便不断调整执行力度。拿地的纪律要求更高，严守保守型的投资测算体系，规避地王。

很显然，这种策略拿地的效能会低很多，至多获得行业平均利润水平。控制的核心在于执行的质量，以及高低点的节奏掌握，稍有不慎，就会掉坑里。当然，大部分企业都是顺周期拿地维持 80% 的拿地成功率就很不容易。

过于激进就会带来巨大风险，过于保守就可能被淘汰。如何掌控节奏，进退自如？

我们一起来看看恒大、融创、正荣、旭辉等知名房企，如何利用周期波动成功拿地。

1. 超周期拿地：恒大在热点市场行情开启之前，完成布局

超周期拿地，更多是对完整周期性进行大势判断，提前完成战略型布局，周期变化成为企业成长的驱动因素，而不受过度约束和控制。简单说，就是掌控周期，而不被周期掌控。玩好了，可以实现跨越性发展。玩不好，轻则经营困难，重则破产退出。

恒大是行业公认的战略布局与周期高手。3 亿 m² 超规模的低价土地储备，为恒大坐稳行业前三提供了充足的土地资源（图 2-1-1）。

这一切都源于它根据自身实力和行业周期变化，选择了最为高效的战略路径。2013 年，为了增加一二线城市的土储，不惜大举发行永续债；2015 年，行业对大势

不看好时，恒大 48 天上 100 个项目；2017 年在大家在争拿地王的时候，恒大迅速还掉了上千亿的永续债，降低了杠杆。

恒大的实际土储可能比目前的公开数据更便宜，因为恒大拥有大量的城市更新项目，并没有被纳入土储中。

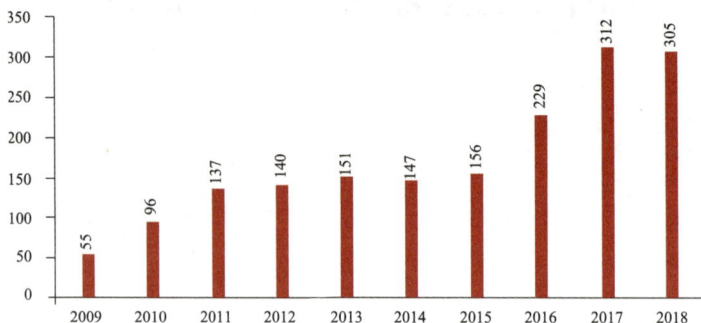

图 2-1-1　恒大近年土储情况（百万平方米）　来源：CRIC

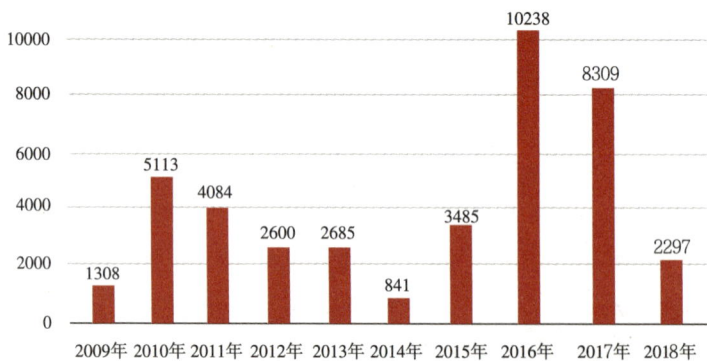

图 2-1-2　恒大新增土地面积变化（万平方米）　数据来源：恒大年报，箴言真语，中指院

（1）策略分析：前期顺周期，后期逆周期

2010 ～ 2014 年，全国房地产开发投资增长下跌明显，恒大拿地面积也是逐年减少，2014 年是最低点（图 2-1-2）。

2015 ～ 2016 年：逆周期拿地。

在其他主流开发商拿地增长意愿都很低的行情下，恒大超常规低价大量拿地，2016 年更是达到 10238 万平方米。土地储备完成了战略规模布局的要求。

截至 2017 年 6 月 30 日，恒大总土地储备面积达 2.76 亿平方米，累计平均成本 1658 元 /m²。"口袋有粮心中不慌"。充足且成本低廉的土储，是恒大能够规模化持续发展的核心原因之一（图 2-1-3）。

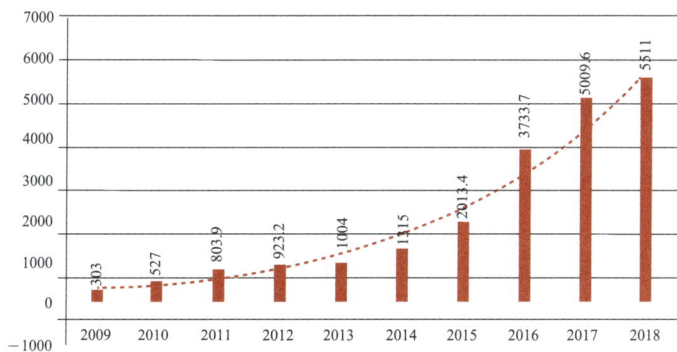

图 2-1-3　恒大近年销售额走势图（亿元）　来源：CRIC

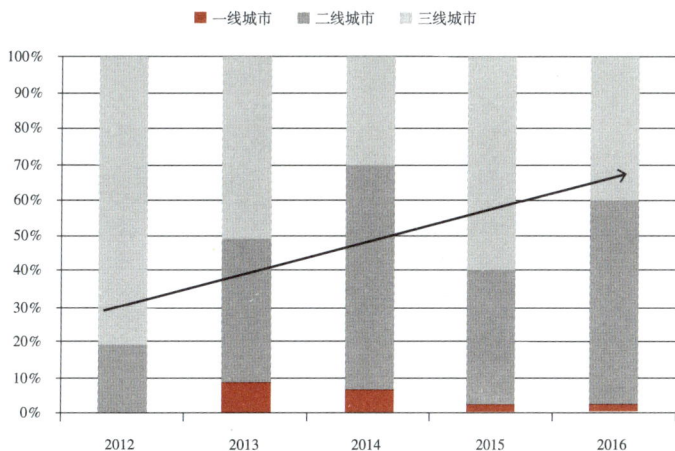

图 2-1-4　恒大拿地区域统计　资料来源：Wind，中信建投研究发展部

（2）布局分析：相比同行节奏，提前 2 年以上完成热点市场布局

恒大拿地时，目标明确出手坚决。从其布局来看，选择的是一条从二线进三线、再从三线回一、二线的轨迹。

2006～2009 年，选择二线城市的主流市场，避开一线高地价城市，完成原始积累。

2010～2012 年，快速避开二线主流市场，比同行提前 3 年完成三线城市土地的大规模储备（图 2-1-4）。

2013 ~ 2016 年，再次通过收并购和旧改等手段，逆势切回一二线。一二线城市布局节奏比同行快 2 年。

从二线进三线，再从三线回一二线，恒大拿地的逻辑基本是沿着城镇化高速发展轨迹和自身实力的变化进行安排，在一定程度上比市场启动节奏还要早，这无疑让它尝到了房地产市场变化的更多甜头。

二线时代：2006 ~ 2009 年

上市前的恒大，实力尚不足以与当时的巨头正面竞争。它采取从二线发力的策略，避免一线土地市场激励竞争。拿地成本低于一线城市，这使恒大快速站稳脚跟，实现原始积累。

恒大总裁夏海钧曾经在内部解释："2006 年是恒大全国扩张的时候，当时总资产只有 100 多亿元，如果只去到北京、上海，一个项目就把我们资产吃没了，所以 2006 ~ 2009 年进入全国的时候，我们首先选择了省会城市。"

下沉三线城市：2010 ~ 2012 年

2009 年，恒大在香港成功上市。以规模发展为主要目标，将二线省会城市战略下沉到了三线城市。通过在港股市场发行永续债等方式直接融资，恒大拿到了三四线城市大量的便宜土地。

2010 ~ 2012 年，一二线城市房地产市场发展过热，47 个主要城市开始力度空前的限购。随着城市化进程加速，三四线城市的房地产迟早将迎来发展期。但是当时尚未爆发，恒大抓住难得的窗口期，储备大量低价土地。截止到 2012 年，恒大三线城市拿地面积占比 80% 左右。

2015 年年底，受"去库存"政策刺激，三四线城市启动，部分房企才纷纷选择下沉三四线。而恒大已经提前 3 年完成了战略储备。

从三四线向一二线转型：2013 ~ 2016 年

现在的土地储备排名可能就是 5 年后的房地产公司排名。

2013 ~ 2016 年，回归一二线，让恒大完成了全国布局。面对全国城市轮动，坐稳了前三的位置。

到 2012 年年底，恒大全国 229 个项目中，仅有 6 个一线城市项目。一二线城市项目数量占比较少。

自 2013 年开始，恒大全国项目共 291 个，其中一二线城市项目数量占比提高到 45.4%，2014 年占比达到了 70%。

2016 年新购项目土地储备 10238 万平方米，一、二线城市新增项目数量占比为 59.6%。由于 65.7% 新项目通过转股或合作方式取得，新增土地储备成本下降至 1996

元 / 平方米。

一线城市土地供应面积有限，竞争激烈。恒大通过旧改、收并购、避开了一二线高地价的竞争，并拿到足够规模。2016 年底，恒大有 46 个大型项目分布在深圳，43 个旧改项目布局在深圳及临深地区。

由此，恒大在土地市场厮杀惨烈的 2017 年之前完成了土地储备的大幅提升。

新周期战略：土地储备负增长（2017 ~ 2020 年）

恒大 2017 年宣布，企业战略由高负债、高杠杆、高周转、低成本，向低负债、低杠杆、低成本、高周转战略转型。

2017 半年报表示，将在 2017 年 7 月 ~ 2020 年 6 月把土地储备总量控制在每年负增长 5% ~ 10%，相当于每年减少 1000 万 ~2000 万平方米。

降规模、降负债，恒大为了有效地应对房地产调控和 2018 年开始的经济下行。2018 年上半年，恒大净利润 530 亿元，成为新的"利润王"。

2017 年，恒大引入 1300 亿元战略投资，在两个月内迅速还清 1129 亿元永续债，同时为未来在土地市场上的腾挪更是创造了条件。据恒大公布的降负债率目标，到 2018 年末资产负债率下降到 60% 左右，2019 年末下降到 55% 左右。

2. 逆周期拿地：旭辉、万科在低谷期拿地分析

逆周期拿地，更多是萧条期和复苏期加大拿地力度，上升阶段加速兽房，回收现金。火热期和衰退期减缓拿地。简单说，就是波段炒作，逆势抄底。玩好了，就是完成惊艳逆袭，火鸡变凤凰。玩不好，雪上加霜，冬日难熬。

土地市场的在低谷期的一些规律特征（图 2-1-5）：

		衰退期	萧条期	复苏期	繁荣期
	地价/成交量	高转中	高转中	低转中	中转高
土地市场	心态变化	疯狂–分歧	悲观	进场	哄抢
	供求关系	供大于求	供大于求	供求平衡	供小于求
	安全指数	危险	安全		警戒

图 2-1-5 土地市场低谷期的规律特征

在衰退期和繁荣期往往会推高地价，拿地成本高企导致侵蚀利润的风险。

但是在萧条期和复苏期，市场上 80% 的开发商都会谨慎拿地。由于缺少竞争，土地招拍挂相对较为容易中标，成交价偏低。若时间安排合理，项目推盘时间可以与房价的上升阶段很好地结合，保证快速去化。

如何判断逆周期拿地的时机窗口？旭辉总裁林峰透露，"以厦门为例，地价比高峰期下降了30%，那么窗口期就出来了。如果城市经济基本面也没有太大的变化，那么这个窗口期就比较安全。"

（1）万科逆周期拿地（2018年和2008年）

2018年7月份以后，全国土地市场明显降温，万科拿地节奏明显加快。在规模型房企中，拿地较为积极。根据CRIC研究显示，万科逆周期拿地的特征明显（表2-1-1）。

万科销售、拿地分析　　　　　　　　　　　　　　　　　　表2-1-1

	销售金额（亿元）	销售面积（万平方米）	新增建面（万平方米）	拿地总价（亿元）	拿地销售金额比
2018年1～6月	3046.6	2035.5	2231.3	1171.1	0.39
2018年7～11月	2392.9	1563.6	2354.0	1462.0	0.61
2018年1～11月	5439.5	3599.1	4585.3	2640.9	0.49

数据来源：企业公告，中国房地产决策咨询系统（CRIC）

从投资强度来看，2018年上半年万科拿地销售比仅为0.39。而7～11月则大幅增加至0.61。

与其他典型房企相比，下半年万科拿地销售比也居于前列。可见，万科在弱市拿地也比大多数同行积极（表2-1-2）。

领头房企拿地销售（金额）比统计（2018年7-11月）　　　表2-1-2

企业简称	拿地销售比
万科地产	0.61
中海地产	0.43
保利地产	0.32
华润置地	0.52
龙湖集团	0.47
招商蛇口	0.38
旭辉集团	0.32
中南置地	0.15

数据来源：企业公告，中国房地产决策咨询系统（CRIC）

根据第三方研究，万科在 2008 年的拿地规律也是逆势拿地的典型。在土地市场萧条期以及复苏期，大规模购置土地。而在市场繁荣期，减少投入、谨慎拿地（图 2-1-6）。

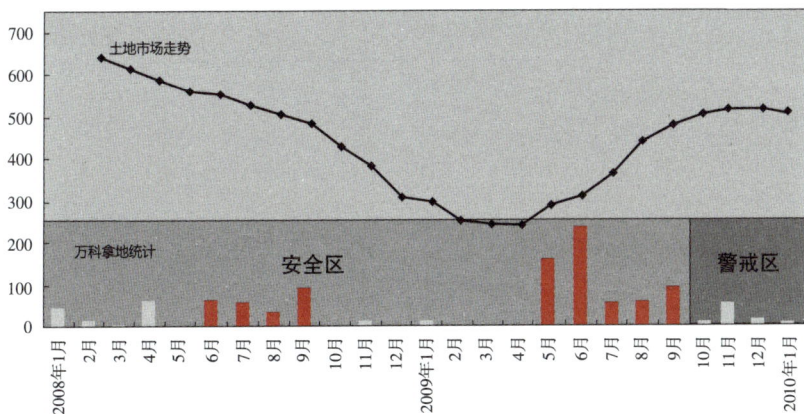

图 2-1-6 2008 ～ 2009 年万科拿地统计 来源：百度文库

万科在萧条期和复苏期的安全区内匀速拿地，共取得 39 幅地块，其中收购土地为 17 块，占比 43%。

2009 年 5 月、6 两月，房地产市场全面复苏。万科就以 90 亿元获得了近 400 万 m^2 开发体量的土地，楼面均价不足 2300 元 /m^2。7 月份开始，天价地王开始出现，万科拿地趋于谨慎。

万科在安全区内投入 180 亿元，占统计时段内所有投入资金的 71%。与规模相仿的保利和绿城相比，投入是最高。

而在警戒区内投入仅 75 亿元，占比 29%。这时土地成本已经上升到了 3495 元 /m^2。

（2）旭辉逆周期拿地（2013 年 5 月～ 2016 年 3 月）

旭辉的"逆周期"拿地法则在业内闻名。土地市场火热时少买地，市场转冷则多买地（图 2-1-7）。

来自同策的研究显示，旭辉北京曾提前做出判断：2014 年土地市场进入抢收期。"土地抢收阶段，我们不设上限。每一块地都会去研究看看有没有机会。"时任旭辉北京总经理孔鹏介绍说，"也正是长期进行了诸多土地市场研究，看了很多块地，旭辉才得以在 2014 年下半年至 2015 年上半年的市场周期性低谷阶段，集中拿下 6 幅地块"。此后，周边地价平均上浮了 30% ～ 50%。

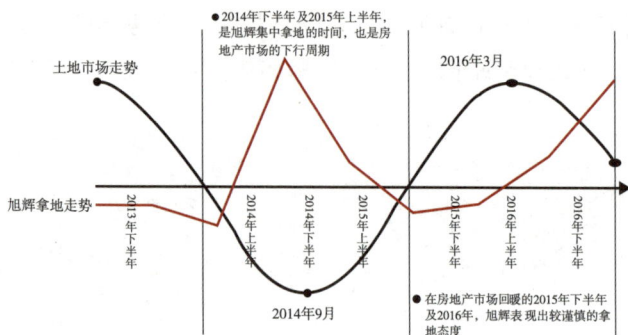

图 2-1-7　旭辉拿地与市场周期性趋势对比分析　来源：同策研究院

事实上，旭辉在北京市场不仅精准地躲开了周期高峰，还躲开了区域高峰，获取的地块基本在顺义、大兴等具备快速升值潜力的区域。

更重要的是，2016 年旭辉销售 643 亿元，北京市场就贡献超过 100 亿。"这 100 亿业绩的重大前提条件，就是旭辉北京在 2014 年到 2015 年上半年获得的一轮土地储备。"

旭辉集团总裁林峰表示，旭辉拿地之前会对土地进行 100% 的踏勘和尽调，所有土地都要经过战略、市场、财务三层漏斗的层层过滤，所以才能在土储市场收获颇丰。

2018 年上半年，旭辉表示，要紧密把握行业周期和城市周期的投资节奏，坚持"不错、不贵、不漏、逆周期投资"的原则，在新的周期低谷大规模拿地。

3. 火热期拿地：融创尝试兼并购，土拍市场绝不拿地王

火热期拿地，更多是指市场走热、竞争激烈阶段的拿地策略。玩好了，熨平周期、稳健发展。玩不好，火中取栗，烫手伤身。

融创孙宏斌认为，"地买贵了，谁都救不了你！"那些没踩准市场节奏、高价拿地的房企，未来两年会很被动。

拿了地王，一般都会死得很难看。来自网络资料显示，2016 年南京土拍，某房企以 2.2 万 /m² 的楼面价拿下区域地王，后来限价 2.5 万 /m²。扛着是死，卖了更是死。精装改毛坯、停工又复工、复工又收购。

两年前，苏州土拍。某房企以 3.8 万 /m² 的楼面价拿下姑苏地王，后来区域限价 4 万 /m²，项目荒草丛生。1600 万一亩的土地，拓荒成为 5 元 / 每小时的临时停车场。

（1）收并购：融创购乐视和万达项目

常见的拿地方式主要有：招拍挂、收并购、旧改、一二级联动等几种方式。其中，招拍挂（竞总价、竞自持、竞业态）是拿地最快、但是成本最高的一种。大量限定条件下，较多招拍挂项目已经是火中取栗。

2017年是楼市销量创新高的一年，也是土地市场交易量创新高的一年。招拍挂、收并购、城市旧改，土地竞争蔓延到各个拿地领域。

经过两年的并购大作战，中小企业手中的3亿亩存量土地也消耗殆尽。在新增土地总额限定的条件下，剩下的主要土地来源就是旧城改造，这里包括社区改造和工业改造，特别是一、二、三线城市。旧改方面以佳兆业为代表。

2017年，融创、阳光城及泰禾收并购金额占拿地总额比重分别高达78.1%、76.7%和68.9%，他们都是火热期拿地的典型。

融创收并购的拿地能力在业界无出其右。融创的核心能力就是，穿越周期谋成长。通过收并购，成功避开高价土地。2016年底，土地拍卖炙手可热，融创就悄然启动内部预警机制，不再参与公开土地拍卖，避免接盘高总价、高溢价、高单价的"三高"项目。

融创很少在公开市场招拍挂拿地。土地储备超七成通过并购获取，一二线土地平均成本仅为4470元/m^2。

"我们提高拿地标准，项目净利润率要高于15%，严格控制土地获取节奏和规模，以更多整合合作伙伴资源，以此减少投入。"融创总裁汪孟德强调。

融创是2017年补仓规模最大的企业。虽然甚少在招拍挂市场拿地，但融创通过并购重组的方式，共获取1.44万亿元的新增土地货值。最著名的就是并购了乐视和万达的文旅项目。

泰禾集团也是并购拿地的代表，从2016年开始，公司基本不参加公开市场（招拍挂），公司所获取的土地90%是通过合作并购，这两年的土地成本只有公开市场一半甚至1/3。统计显示，该公司土地拓展以并购为主，2017年上半年新增项目11个，其中10个项目是通过并购取得。

（2）招拍挂：关键是严守投资纪律

即使在招拍挂的正面战场，企业也要稳得住，不拿地王。投资不仅看一时赚了多少钱，抓住了多少机会，更要看风险，少亏多少钱。如果高点拿了地可能赚30%，也可能亏掉30%，但是如果低点拿的地只赚15%即可。从安全的角度来看，宁愿选择15%。

　　某企业拿地要求所获取的土地必须符合战略、市场、财务三个方面严格的考量和测算（图 2-1-8）。

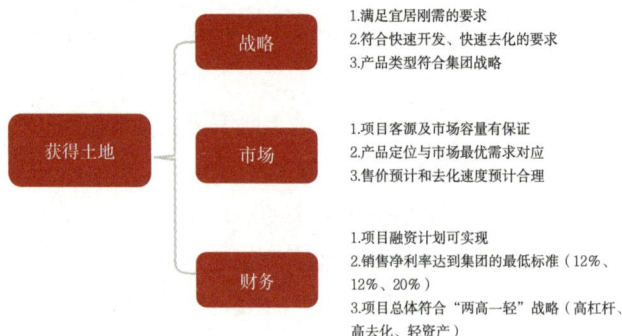

图 2-1-8　某企拿地测算模型

　　在市场火热的情况下，拿地的价格 2 万 /m²，预测周边的房价两年后可以涨到 3 万 /m²，觉得有利可图。但是如果突然限价 2.5 万 /m²，就会亏惨了。

4. 无周期拿地：新城控股投销比 5 年一路攀升

　　无周期拿地更多是基于公司经营发展与财务平衡的需要，长期保持较高的投资力度，严格坚守拿地指标，推动公司快速发展。其拿地策略，不会严重受到周期和波段的影响。

　　新城能够无周期高强度拿地，核心是有一套占据最优资源的逻辑。长三角布局，坐享最好的发达区域；二三线城市高占比，是在收割主流市场城市化红利。同时，一方面对中国城市化下一阶段坚定看多的信心，另一方面是合理地控制成本手段。从区域、城市、时间、成本四个维度都做足了全周期拿地的安全准备。

　　新城控股从 2014 ~ 2018 年，销售规模排名从第 25 名、第 19 名、第 15 名、第 13 名，一路上升到第 8 名。成为这一轮地产周期下最亮眼的一匹黑马。

　　2012 ~ 2017 年，销售额从 161 亿元增长到 1265 亿元，年均增长 137%，远超行业的 21% 平均速度。新城近三年销售额的快速扩张（图 2-1-9），得益于前几年积极的拿地策略。

　　与大部分房企的投资状态相比，新城控股有两个显著特征。

　　第一，投资拿地的强度特别大。2012 ~ 2017 年，拿地金额 / 销售金额占比年均达到 58.6%，高于前二十强房企的平均 35% 的水平（表 2-1-3）。

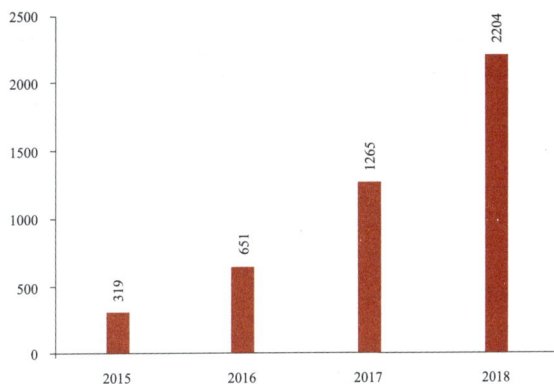

图 2-1-9　新城控股近年销售额走势图（亿元）

第二，其他房企拿地存在显著顺的周期特征，但新城是极少数的一家全周期全程保持较大力度的房企。即使在市道低迷的2014年，投销比仍然高达49%（图2-1-10）。

整体来看，2012 ~ 2016 年，投销比从 30% 一路上升到 82%，并未受到地产周期的扰动。到 2018 年，仍然保持 52% 以上的投销比。

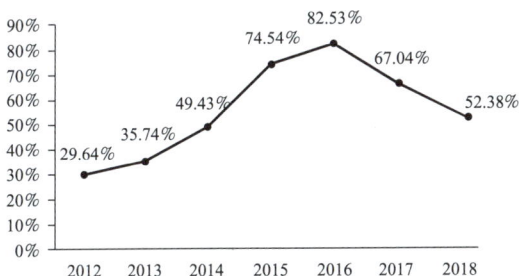

图 2-1-10　新城控股拿地金额与销售额的占比 资料来源：Wind，川财证券研究所

下文重点看看新城具体的投资策略。

（1）城市布局：以上海为中枢、长三角为核心的战略布局，坐享国内最发达区域的城市化红利

截至 2018 年，新城秉持着"住宅＋商业"地产双轮驱动的运营模式，完成"以上海为中枢，长三角为核心，并向珠三角、环渤海和中西部地区进行全国扩张"的"1+3"战略布局。

新城控股拿地指标与典型开发商的对比统计（资料来源：领易咨询 CRIC）　　表 2-1-3

企业名称	拿地金额 / 销售金额					
	2012 年	2013 年	2014 年	2015 年	2016 年	2017 年
中国恒大	33%	70%	17%	35%	55%	33%
万科 A	38%	63%	20%	38%	50%	50%
碧桂园	5%	16%	11%	27%	19%	75%
保利地产	49%	45%	32%	52%	47%	68%
华夏幸福	14%	19%	10%	13%	11%	20%
绿城中国	21%	35%	22%	19%	16%	36%
金地集团	15%	46%	32%	41%	23%	53%
龙湖地产	198%	107%	54%	59%	80%	73%
新城控股	29%	36%	49%	74%	82%	67%
世茂房地产	13%	63%	35%	37%	64%	87%
首开股份	18%	96%	28%	102%	67%	30%
旭辉控股集团	36%	111%	46%	98%	46%	101%
远洋集团	14%	4%	76%	35%	57%	103%
荣盛发展	35%	42%	10%	40%	49%	31%
华润置地	33%	60%	44%	70%	58%	60%
中国海外发展	28%	32%	29%	21%	18%	76%

注：因为取数口径问题，多数值各有偏差

在坚守以长三角为核心基础上，把握城市深耕布局机会，战略性进驻成都、重庆、西安、郑州等二线城市，已基本完成全国重点城市群、重点城市全面布局，产品协同和战略纵深逐渐落地。

作为大本营，2017 年,长三角地区新增拿地面积占比最高,达到48%。中西部地区、环渤海地区和珠三角地区新增拿地面积占比分别为 39%、7% 和 6%。

从具体分布城市看，苏州、青岛和常州为公司土地储备的前三大城市，土储面积分别为 612 万 m²、476m² 和 476m²，占总土储比例分别为 9%、7% 和 7%。

三四线的布局主要集中在长三角、珠三角等经济发达地区的强三四线城市，这些强三四线城市的市场改善型需求很大；中西部地区的布局，主要是在都市圈内。

重点看看长三角经济区的经济特质。

区域经济能级雄霸全国：2016 年，长三角区域的 GDP 总量达到 15.3 万亿元，占到了全国 GDP 的 20.5%，单从经济体量来说几乎等于京津冀和珠三角两者之和。

从经济增速来看，2001 ～ 2016 年，长三角 GDP 年均增长率达到 13.8%，2016 年仍保持 10.8% 的增速，高于京津冀和珠三角的增长率水平，长三角经济活力在三大城市群中可见一斑。

区域人口持续净流入：上海近 5 年来人口净流入持续放缓，向周边城市良性扩散，形成长三角区域经济均衡发展的状态。江苏、浙江、安徽三省近 5 年人口净流入分别达 100 万人、127 万人和 228 万人。

区域房价持续稳定增长：在强劲的区域经济背景下，长三角核心城市的房价保持着持续稳定上扬的态势。

（2）拿地结构：二三线城市占比 80%，抓住主流市场的周期性机会，并且进可攻、退可守

新城控股的土地储备是"1441"布局：一线城市大概在 10%，二线城市 40%，三线城市 40%，四线城市 10%。

广泛覆盖一二三四线城市，同时二三线城市占据 80% 左右的比重，这种稳健的结构能够抓住主流市场的周期性机会，并且进可攻、退可守。

（3）拿地力度：持续提升，抓住中国城市化进程阶段性机会

我们来看雪球财经对新城控股的一组公司调研访谈。

2017 年，新城整体拿地力度比以往有所提高，决策的出发点是要抓住这一轮机会。中国房地产市场虽然经历多轮调控，但依然整体向上。城镇化进程现在不到 60%，相较发达国家 75% 远未结束。一方面，从大环境来看，市场比较平稳，十几万亿的体量依然在；另一方面，大的开发商加速奔跑，市场份额在提升。公司积极获取土地，抓住机会。

2014 年、2015 年大规模拿地，是因为要发展、地价合适。当时布局的区域主要是苏州、南京两个二线城市，这两个城市地房比合理，净利率 8% 以上；而一线城市拿地困难，地价高，很多项目拿下来净利润率不到 5%。

从静态收益率来看，新城在苏州和南京拿了较多的地，最终受益明显。随后，一线城市的行情很快转移到二线城市，苏州和南京 2016 年销售贡献很大，2017 年毛利率的提升也主要源于这两个城市的很多项目。

（4）成本控制：通过两个手段有效降低成本

新城拿地成本低有一套核心的技巧。拿一手地，跟开发商合作，降低土地成本；拿二手地，收购比重增加，半年报是 30%。同时，区域经理有销售、拿地两个考核指标。通过这两个手段有效控制成本。

　　新城有两个比较著名的案例，一是新城上坤樾山，开盘 45000 元 /m²，现在 50000 元 /m²，当时收的是天安中国的地，楼面价只有 9000 元 /m²，晚一年拿地的项目楼面价高达 40000 元 /m² 以上。二是周浦，三月份拿地，楼面价 23000 元 /m²，隔两个月，楼面价高达 50000 元 /m²，拿地确实有一定技巧。

总结

　　房地产投资是周期性决策，是时空转换的艺术。投资总需要充分了利用时间与空间上的窗口期，以较低的成本和代价，稳步提升了公司实力和行业排名，构筑较强的抗风险能力。

｜第二节　周期机会｜

低谷期是中小房企拿地逆袭的最佳时机

【导读】中小型房地产企业需要在各种复杂环境中生存下去，就需要寻找和保持自己的"生路"。如何利用有限的资源，在低谷期拿好地，做好投资管理，会成为企业逆袭的神器。

拿地是房地产开发领域最为复杂、最为关键的一门科学，它涉及市场周期、城市轮动、区域分析、投资测算以及公司战略、产品线匹配、开发策略、拿地方式、投资管理等多方面。

经过多年的发展，常规拿地都已经有非常成熟的套路，这一章重点分析低谷期中小房企拿地的策略。

1. 转折点：2018 年，土地市场再次进入下行周期

进入 2018 年下半年，所有消息都在清晰地向人们宣誓：狂欢之后，新一轮的房地产下行周期开始了，房地产的冬天再次来袭。

（1）四大指标判断土地市场的走势

种种迹象表明，2018 年 7 月份开始，全国一二三线城市的土地市场全线显著降温。

①成交均价：三季度同比下跌 25%

2018 年 9 月，40 个典型城市土地成交均价为 4354 元 /m^2，环比下跌 2.6%，同比下跌 25.6%。一是因为土地市场降温明显，多个热点城市出现土地流拍现象；二是因为三线城市成交比重增加，大量低价土地成交拉低了成交均价（图 2-2-1）。

②溢价率：创 40 个月新低

2018 年 9 月，40 个典型城市土地成交溢价率 15.2%，环比下降 2.1 个百分点，同比下降 19.5 个百分点（图 2-2-2）。

这与地方政府提高起拍价和热点城市限地价有关。预计未来几个月 40 城土地成交溢价率将会继续下滑，按过去短周期规律来看，溢价率将会下滑至 10% 附近再企稳。

③土地流拍：全国近 1000 宗，超过 2017 年

2018 年下半年，流拍土地持续增多，成为全国趋势。

图 2-2-1　全国土地成交均价走势 数据来源：CRIC、易居研究院

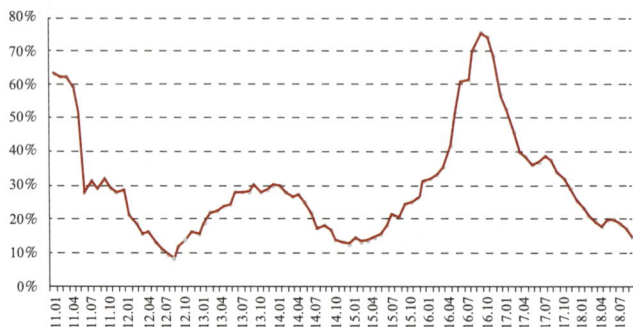

图 2-2-2　全国土地溢价率走势 数据来源：CRIC、易居研究院

7 月 23 日，上海市中心首现宅地流拍，无人报名。该地块周边有 4 条地铁线，距离 3A 级风景区上海和平公园不足 800m。这已是 2018 年以来上海流拍的第 3 宗宅地。

8 月 10 日，太原市区 8 幅黄金地块土地拍卖，起拍总价 130 亿元，楼面起价 3800 元 /m²，周边一手新房 12000/m² 起。同日，南京江北核心区两幅优质地块出让。但两次土拍结局全部流拍。

短短 1 个多月，安徽 7 城流拍 20 宗地。

④房企拿地：投销比大幅下降

投销比是房企当年拿地金额与当年销售额的比值，是衡量房企拿地意愿的核心指标（图 2-2-3）。

2017 年，百强房企投销比超过 0.9 的企业超过 20 家。

2018 年，投销比超过 0.5 的房企只有 6 家。

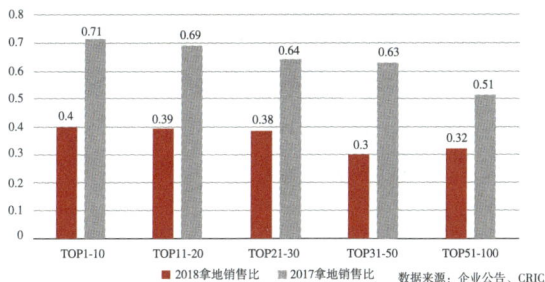

图 2-2-3　2018、2017 年 TOP100 房企拿地销售比

（2）土地市场遇冷的原因

①资金紧张：调控的紧箍咒收紧，开发商手中没钱

开发商的日子开始再度紧张起来。

目前，已有多家知名房企的资金链非常危险，拆东墙补西墙。也有部分房企因为拿地太猛和布局失误，现在高位站岗、如坐针毡。

股票市场，恒大、融创、碧桂园、泰禾等几十家房企都在回购自家股票，以期稳定股价。金融去杠杆的大环境下，投资者对房企未来的经营状况十分担忧。房企老板也觉得股价不能再低，需要出手干预了，哪怕是象征性的动作（表 2-2-1）。

房企回购股票（据不完全统计）　　　　　　　　　　表 2-2-1

企业名称	回购次数（次）	回购股数（股）	斥资金额（亿元）	回购周期
保利	8	26242	1.97	6 月 21 日 ~ 7 月 9 日
恒大	15	16053	33.6	7 月 3 ~ 27 日
碧桂园	12	9685	11.3	6 月 27 日 ~ 10 月 16 日
世茂	29	8526	18.1	7 月 11 日 ~ 10 月 24 日
佳兆业	31	5453	0.15	7 月 5 日 ~ 10 月 24 日
旭辉	8	2691	0.84	10 月 9 日 ~ 19 日
景瑞控股	7	1544	0.37	7 月 24 日 ~ 10 月 23 日
龙光	24	1483	1.3	6 月 28 日 ~ 10 月 18 日
禹州地产	3	400	0.11	10 月 5 ~ 19 日
奥园	1	368.8	0.2	6 月 28 日

企业经营上，中弘股份遭遇严重资金链危机，股价长期低于 1 元，被迫退市。部分房企资金链嘎吱响，格外让人惊慌。

因为销售回款作为项目预收账款被纳入监管资金，只能按进度提取，账上不能动用的钱越来越多，越大的房企账上越有钱、也许现金越短缺。水龙头慢慢拧紧，房企拿地的钱自然就会省着点花，火爆的土拍溢价率也随之下降。

开发商手里没钱，融资困难。原先房企可以通过各种融资渠道拿地，如今房企拿地的资金基本都是自有资金，从2018年上半年房企到位资金来看，按揭贷款和国内贷款增速都已经掉入"零增长"的负值区间。

从10月份开始，房企直接融资渠道放松。但是可以直接发债的企业进入门槛很高，只有不到30家企业具备资格。

②房价调控：进入新阶段，房价上涨速度得到控制

三四线城市棚改货币化安置收紧，开发商不看好后市。由于货币政策整体偏紧，一二线城市的房价也得到整体控制。

2018年8月初，有报道称"厦门地价相比2016年几近腰斩。相比2017年高峰期，岛内房价已经下降了1万~1.5万元/平方米"，一些评论文章更是直言厦门楼市"崩盘""神话"破灭。

二级市场上，通州等地降价被堵售楼处的现象多了起来。销售上，某房企漳州项目营销团队开始喝鸡血打气，说明市场真的不好了。四五线城市的营销又开始难了，市场越不好，销售员越有价值。

③土地拍卖：限制条件太多

对于部分地块，开发商确实没有利润可图，信心不足。

上海市中心的流拍土地附带要求：竞得方须配建建筑面积的5%作为保障房并无偿移交，自持不低15%作为租赁住房，无偿代建规划打虎山路、文体中心、养老服务中心、养老院、公共绿地等公共服务设施，整体持有营利性教育、社会福利等基础设施和社会教育事业项目用地。

出让文件还对户型进行了严格限制：中小套型比例不低于80%。项目住宅套数下限为800套。

即使竞得方以底价竞得该地块，可售部分楼板价将达到7.4万元/m²，与周边二手房7万/m²的均价并无太大优势。在市场冷却期，开发商都生怕套了进去。

④城市发展：城市骨架粗放发展得到控制

2018年初，国家发展改革委向各地发出《关于进一步加强城市轨道交通规划建设工作的意见》。国家发改委对申报建设地铁城市的地方政府预算、GDP的要求，提高到了2003年规定的3倍。同时，严控地方债务，增加了政府债务率指标。

不符合轨道交通"申报新轮建设规划条件"的城市一共有14个：南宁、呼和浩特、包头、昆明、西安、兰州、沈阳、哈尔滨、贵阳、太原市、乌鲁木齐、洛阳、南通、福州。城市骨架不可能大幅度随意延展，相对应的城市基础设施和房地产市场，都会受到一定程度的影响。

2. 低谷期的投资机会：地价下降、竞争小、交易条件宽松

土地流拍增多，供过于求，对于中小房企来说，也有很多机会。

（1）土地价格便宜

可挑可拣，捡到"笋盘"可能性大增。低谷期的地价比高峰期少50%都有可能。土地成本占到开发成本30%～50%，如果能够拿到便宜的地，土地持有时间可以长一点，开盘可以慢一点，利润可以高一点，资金压力也没有那么大。

土地的限制条款也会有所松动，让后期的开发会少很多限制条件。例如现在南京拍地，现房销售的拍地条款逐步取消，松绑解冻，鼓励拿地，项目的周转速度就会提高很多。

（2）竞争压力不再

2018年，土拍市场很多现象是流拍、无人报名、终止出让等。以下这种土地疯狂期的激烈竞争很少再出现。

2017年5月22日，浙江嘉兴的土地拍卖会，只卖8块土地合计出让面积近50万 m^2，却吸引750家开发商！这无疑创造了中国土地竞拍史上的新纪录，注定要被永久地载入史册！

2016年5月13日，南京国土局拍卖土地。经过88轮竞拍，SM公司以88亿拿下河西中G11混合地块，溢价47亿元，溢价幅度达114.6%，成年内总价地王。

2013年8月，武汉上演史上最"疯狂"土地拍卖，一口加价3000万元、竞价最多达487次、全场拍卖持续5小时。

（3）决策和付款条件更为宽松

土地市场火热的时候，大家要拼掌握信息的速度、决策的速度、付款的速度。

2017年大家都忙着找地，投拓飞虎队、司令部到处飞。看50块地、立项10块、拿到手1块，成功率50:1。

现在完全可以看300块地，立项10块，拿2块，成功率150:1。挑选的余地更大，质量更高，投资的成功率更高。

以前，看上一块地，上报集团审批，一周后这块地就被别人抢去。现在不用急，先晾着，压压预期，1个月后再谈。

以前，一般招拍挂的地要 30 天内付款，热门的合作项目要 1 周内付款。现在都可以商量了，拍地半年内付款也很正常了。

3. 基于行业发展周期化投资建议：降低仓位、聚焦上升波段、城市深耕

研判城市发展的大周期可以寻找 5 ~ 10 年的发展空间，而把握市场波动的中周期可以抓住 3 年内的成长机会，最后落脚到企业 1 ~ 2 年内的拿地、推盘节奏的小周期上。

切不可对抗行业和政策周期，盲目乱动，学人家快周转会更快出局、更快死亡。

（1）周期判断：城市轮动下，资金充裕与政策放松从一二线向三四线流动

每一轮牛市开启，都有两个显著的力量在牵引：充裕的资金和宽松的政策。

本轮周期的新特点是：从普涨普跌到分化。由于不再是大水漫灌，随着各地因城施策的调控效应开始释放，全国 70 城房价涨幅呈现板块轮动现象。

次级因素有四个：城市能量级的不同，供需关系的差别，资金的利用能力，政策的导向。资金就变成通过各种各样的渠道由房地产高势能的城市向低势能的城市无序流动。最终导致房地产市场的分化，有先后次序与城市轮动。

之前，上行周期同时上涨，下行周期同时下跌，尽管涨跌幅度有所不同。而在 2015 年之后，这一情况发生了明显改变：北京、上海、深圳等一线城市的房价上涨周期不仅领先于二三线城市，而且上涨速度也远远超出二三线城市。同时，各线城市的上涨节奏也发生了分化（图 2-2-4）。

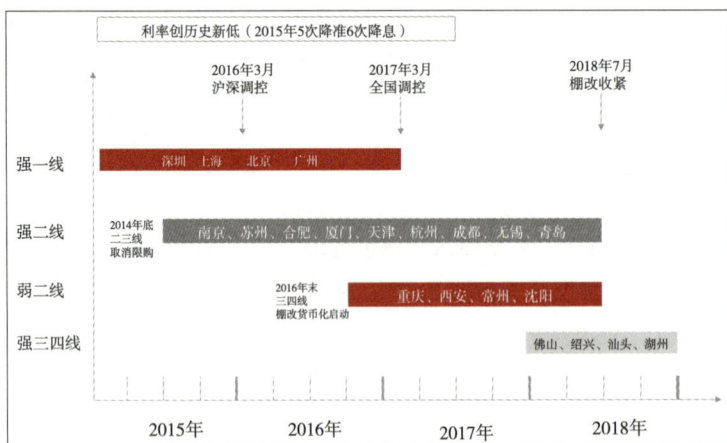

图 2-2-4　近年全国各类城市房地产市场轮动图　来源：爱德地产研究院

①时间节奏：

全国市场大，分城市、分区域进行周期分析，叠加和修正很有必要。东部、中部、西部，有半年至 1 年的时差，这就有半年的投资窗口期。一、二线跟三、四线之间，又有半年的时差，这也是投资机会。

以 2015 ~ 2018 年为例，部分标杆房企依次踏浪布局。

第一轮：2015 年一季度到二季度，以一线城市和四小龙为代表开始快速上涨，也迎来了持续的非常严厉的政策调控。

第二轮：2016 年年初开始，以杭州、成都、无锡、青岛这些强二线城市为代表，持续到 2018 年上半年。调控政策加码也在陆续进行，市场进入盘整期。

第三轮：2016 年年底开始的，以重庆、西安、常州、沈阳为代表，2018 年上半年的市场依然非常火热。

第四轮：2018 年初开始，像佛山、绍兴、汕头、湖州等一些强三四线城市为主开始发力。

②城市布局：

目前 80% 的房企全国布局，要瞄准三大经济圈。首先长三角经济圈，其次珠三角、再次环渤海，然后中西部经济圈。五大城市群弯弓搭箭，强势腾飞（图 2-2-5）。

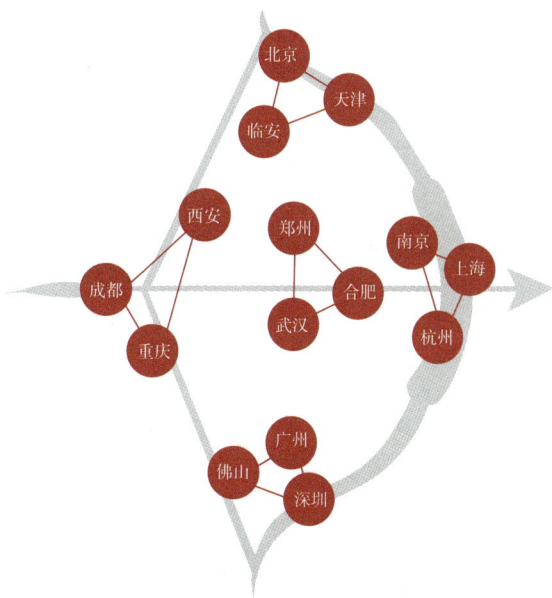

图 2-2-5　80% 的房企制定战略，都将离不开这张弓 来源：平安证券研究所

目前态势下，一线城市严控，操作空间较小，那是巨头们游戏场。过去 2 年楼市繁荣期，一线城市地比楼贵，同时执行严格的新房限价令，谁开盘谁亏。

二三线拉新框架，是主战场。坚持二线为主，不抢地。对于少数三线城市，可以作为有效的补充，主要考虑指标包括人口和经济因素、离省内第一大城市有一定距离的城市，去市区拿地。

四五线城市已过高峰，谨慎甚至退出。不建议小房企贸然去四五线城市拿地，虽然从更大的城市来，有资金和品牌优势，但是四五线城市没有产业和人口支持，市场需求来去一阵风。对于大多数中小企业来说，四、五线骤冷，风险太大。

（2）波段聚焦：复苏期和扩张期，波段操作

当土地市场明显冷却下来，各类抄底派悄悄入场。但他们的捕食方法各不相同。

大型房企早进入、晚退出，靠大规模广泛覆盖，获取尽可能多的投资机会。由于整体安全，小风险可以承受。他们从衰退期进去，到扩张火热期退出，获取大量低于平均价格的土地（图 2-2-6）。

这好比，同样是在荒原上打猎，巨头房企们相当于拥有机关枪，完全可以扫射，击打整条线。

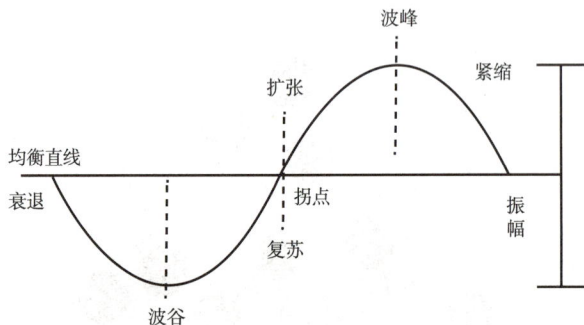

图 2-2-6 房地产周期描述图

而小型房企则要聚焦在复苏期和扩张期的上升期波段操作。由于波谷和波峰相对很难抓住和判断，所以这一波段可能会很短。但它最为安全，心理压力也没有那么大，虽然机会相对较少，需要付出更多的精力去捕捉好地。最低点的底部很难精准把握，太早进入还会面临一段下行期，给资金和心理带来巨大压力。太晚进入，可能丧失这一轮窗口的机会。

这好比，而中小型民营企业手里只有那么几发子弹，一定要用在关键时刻，精

准点杀。家底就这么厚，宁可少赚，不可多亏，不下牌桌就行。

（3）土储规模：地价飞涨周期结束，尽量降低仓位，贴地飞行

土地储备多少合适？够用3年、5年，还是10年、20年？是不是越高越好？

这取决于公司战略，如果是正常发展储备，3～5年的存量即可，因为发展过程中还会有新增拿地。这些存量储备用以调节土地饥荒和应对市场变迁。如果公司需要超常发展，那就需要应对公司销售业绩翻番的增长需要。按照目前的增速来看，以碧桂园、融创、新城为例，翻番的才算是超常发展。

不再新增土地的条件下，恒大、碧桂园的土地储备够用6年。万科够用4年，而佳兆业土地够15年的发展需要。

目前，较低的总储备可以有效降低土地持有成本。行业常见的土地储备规模是够用3～5年，迫于资金成本，未来较多企业会降低土储仓位，2～3年，将成为流行。10年前、5年前，土地成本很低，土地升值快可大量持有。恒大从2013年开始重仓一、二线土地，土地储备规模高达3亿m^2，楼面均价才2000元/m^2。而现在一二线新增土地价格多在6000/m^2以上。五年几乎涨两倍，恒大只要少拿地，利润率就可以大幅提高，降低负债。

现在地价和房价上升空间有限。主流观点认为，未来3～5年，平均涨价5个点即可。所以，应该尽快降低土地总储备，贴地飞行，瘦身过冬。

考虑到土地持有成本，需要提高周转率，部分房企不再大量持有土地储备，宁愿多持有现金。截止到2018年6月底，恒大现金余额达2579亿元，未使用银行授信2010亿元，充沛的现金流为恒大稳健经营提供有力保证。

（4）短期指标：不要太看重投销比和项目体量

对于稳健型中小企业来说，更多地捕捉阶段性的机会。根据行情的变化，更多地看风向，利用更精准的子弹，实现更大的杀伤力。

不要只看一年，要在整个周期里最优化配置资源。投销比更多是年度投资指标，但是周期模式下，要通过3～5年的长时间段看投资的力度和质量。虽然尽量追求项目运营速度，但是项目体量指标也不应该太刚性。主要看项目的现金流回正周期、利润率、开发进度等，不同城市不同标准。

跨周期大规模拿地，前提有2个。一是对城市轮动有精准的把握，全国范围内选地；二是牢守投资纪律，利润率的指标、参考指标、预测指标，都要保守、理性。

（5）城市深耕：拿好地，换好地，连成片

土地是小房企的安身立命之本。不想洗手出局，就要牢牢掌握土地资源。

一方面，优势互补，拿到地。小房企，可以依靠联合拿地、联合开发、大房企入股等方式，整合投资方的相关资源，还可以依靠本地的各种人脉和资源优势，为企业拿地和持续经营打下基础。简单说，就是靠本地资源、人脉和产业优势拿地、换地。

另一方面，把握城市更新和产业升级阶段的机遇，巧拿地。城市更新对存量空间资源进行潜力挖掘和优化调整，让城市发展方式由外延式扩张向内涵式增长转变。这个阶段，深耕本地的区域型房企具备独特的资源优势。

住宅用地方面，尽量要拿大地块、高溢价型地块。散地通过置换等手段连成片，大片地要在周边补充。产品类型也要向改善型方向靠，打开利润空间，尽量不要拿快周转型的地块，没有太多利润。

存量物业、工业用地等方面，可建产业园、写字楼等地产项目，通过重新定位、翻修等主动管理方式提高资产收益水平，提升资产升值的空间。

4. 投资风险管理：打造投资、融资、运营的良性互动

投资的风险管理可以分为三重境界：一重境界，掌握投资拿地冷热节奏；二重境界，做好投融资的资金匹配；三重境界，实现投、供、销一体化。

（1）境界1：掌握投资本身的冷热周期

投资部首先要发挥参谋部的作用，做好战略和周期性把握。投资团队要牵头周期性战略研究和机会窗口的研判，并通过区域、多部门协同，打通投前、投后全流程。主要做行业周期性研究，制定中长期发展战略，指导各区域拿地，重点地收并购项目，统筹各团队协同作战。

投资团队要进行1～3年的周期性研究，甚至负责制定新的3年战略。要与营销线1年内的市场行情，进行交叉分析。

投资部还要当好教练，严控区域跑偏和跟不上节奏。

旺市抢饭吃，淡市捡饭吃。10个、20个开发商去抢的地，你不要去抢；没人要的时候，精挑细选就容易赚钱。要有耐心，不要急，不要犯错。作为中型民营企业，资金有限，一定要坚持既有纪律。如果3年内只能投资100个项目，那么必须精挑细选。必须要进去的城市，合适的项目，搞联合拿地，实在不行的代建也要进去。

（2）境界 2：做好融资与投资的周期匹配

孙宏斌常说："很多开发商都会后悔两件事，地拿贵了，钱不够了。"

资本运作是命脉。2018 年，房企中报数据披露，上半年平均融资利率超过 15%。

高点忍得住，底部敢出手。否则，高点去拿高价地，带来亏损的风险。低点没有钱去拿地，还要各种各样的还债。一旦现金流断裂，不是项目亏损割肉，而是整个公司要倒闭、断头。即使 30 强都可能要挂掉。

能融到钱的时候，多融资，留得住。利息成本高企，每天一辆大奔开到海里去，也要忍得住。这时候，浪费的 10 亿元资金成本，在低潮期拿地可以帮你赚 100 亿元的土地红利。

中海、保利等很多稳健的企业把富余资金进行基金定投，赚取超越市场平均的息差。其最终目的是，储备足够的弹药，在低点时尽可能地抄底。现在很多项目土地款都要一次性付清，而且几乎都是自有资金，这时就发现现金为王的价值。2017 年融资较为容易，但是做短债长投企业，2018 年就会有很大麻烦。

拿地是在时间的维度里，空间与金钱的兑换艺术。

首先要借到足够多的钱

恒大的永续债曾在很长时间被资本市场诟病，但这背后却使恒大用融资拿到了大量低成本的土地。

2017 年前 11 月，阳光城新增土地货值 1525 亿元，明显高出同期的销售规模。由于花费大量资金补仓，阳光城的净负债率一度超过 250%。这种"手笔"源于阳光城在规模上的野心。阳光城先后从碧桂园挖来两大高管,还效仿碧桂园启动跟投机制。

克而瑞称，据不完全统计显示，2017 年 108 家房企境外发债合计 1993 亿元人民币，而 2016 年房企境外发债券约 626 亿元人民币。恒大、碧桂园、绿地集团等纷纷到海外进行发债。

借多少钱，跟土地储备目标相关，也与公司的战略相关。一般持续发展，年增长 30%，3 年左右的土地储备就已足够，资金成本也不会太夸张。但是，如果公司战略目标是 100% 的翻倍增长，土地规模至少得 5 年起。

关注持有期间的利息成本

先要能够挺过冬天。别到最后转让项目输血自救，卖出白菜价。

央企爱地王，这是房地产圈内很多人的共识。根据克而瑞统计,2017 年总价榜中,成交总价 TOP 10 的地块被央企占据七成。

2016 年的地王大潮中，半数以上的地王都是央企制造。只因为央企的银行授信额度高、利率低。央企国企 4%、5% 的利率，比民企 7%、8% 的利率有着太大的优势。

　　所以，对于民企来说，对资金的规模、利息、周期，都要有精密的测算。与之匹配的是，土地拿少、拿多、拿贵都不行。

（3）境界 3：稳健的大运营体系，持续造血

　　通过提前预判，新城、正荣 2018 年初就决定，2018 年上半年的基调是"快跑"。

　　抢供货、抢销售、抢回款。存货老货，尽量甩掉。事实证明，他们很好地把握了上半年的出货窗口期。

　　这就需要很强的大运营体系，产供销一体化，尽量轻资产。如果开发、销售、回款做不好，存货高企、造血困难，也会死得很难看。

总结

　　所有的大企业都是从中小企发展而来的，他们多数在数年前就掌握了周期性拿地的方法。对于中小企业来说，寒冬就是逆袭的最佳机会之一。如果在资金储备相对宽裕的情况下，低谷期的投资相对比较安全。这时，投拓比踏空更重要。

| 第三节　投资管理案例 |

不同发展阶段下，4大标杆企业的管控特点

【导读】通过对不同标杆企业投资管理体系及实践的解读，阐述房地产企业投资管理应有的关键控制环节。

在高周转运营思路指导下，房企投资管理体系设计应从招拍挂、收并购等项目着手，对投资管理流程、作业标准等方面加以改进，以加快土地拓展速度。

案例房企中，E企和F企以高周转为主；相对应的是G企项目以低成本、长周期为主。

快周转企业投资管理的共同点：

获取项目：以可快速获取的招拍挂、收并购项目为主；

可研阶段：可研分析时都将规划、设计工作前置，尽量形成精准方案，便于后期快速开发；

流程规范：明确规范区域、集团拓展的多类型项目和全流程重点环节；

作业标准：以集团为主导，制定符合高周转项目标准，规定所有环节的标准性文件，便于快速审核对比。

1. 快速规模化E企：减流程、控关节

E企物业类型以支撑快周转物业为主，约占96%。招拍挂和收并购项目可快速获取，快速开发。

管理流程主要特点：

流程设置简单：主要以满足可研及线上审批为主，决策节点设置少，简单的流程可使更多时间集中在可研上。招拍挂土地1个月获取，收并购土地5个月获取。

可研管理中规划设计前置：提前前置规划设计工作，尽力减少后期开发时间。

关注合作开发：对合作方进行管理，以合作开发的方式减少土地资金的支出。

企业发展背景介绍

自E企迁入上海，2015～2017年复合增长显著，2017年销售突破千亿，提前达到了原本预计2020年的目标，复合增长率达到了36.5%。2017年新增土地的储备同比增长138.2%。因此需要精简投资管理流程，以适应快速增长的拿地规模（图2-3-1）。

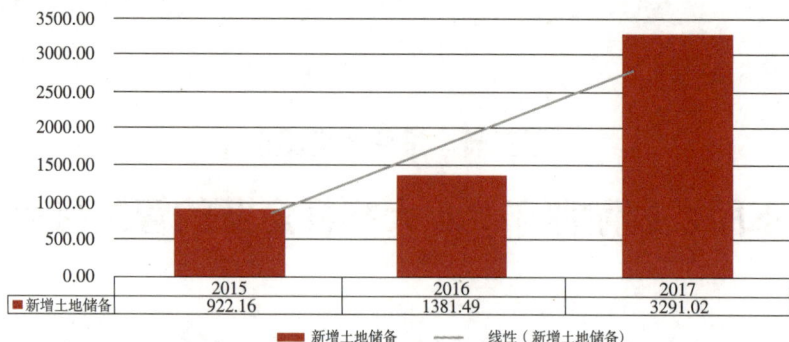

图 2-3-1　E 企新增土地储备趋势（单位 / 亿元）

（1）招拍挂：一次上会评议，简单高效

招拍挂流程重点是可研分析及评审，投资决策会议通过后，参拍拿地最终完成合同签订。一个月内完成土地合同管理登记，但实际上，从信息登记、审核通过到参拍的周期仅 10 ~ 15 天（图 2-3-2）。

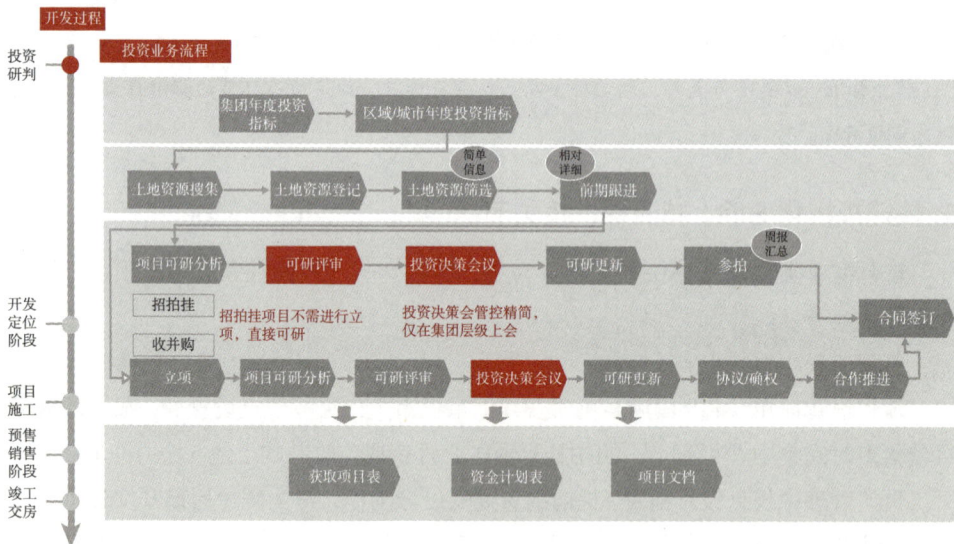

图 2-3-2　E 企投资全流程下的重点环节管控图

流程设置简单高效，为土地拍卖留足研判时间，高效推动项目进展（图 2-3-3）。

招拍挂业务流程特点

拍挂项目信息一经城市公司确认即可进入可研；项目仅上会一次；各阶段均可放弃，跟进项目需要记录最终数据。

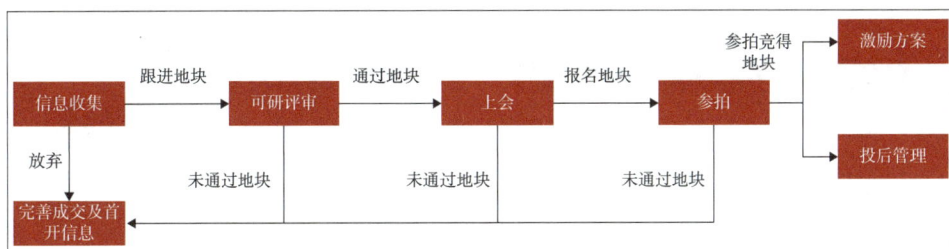

图 2-3-3　E 企招拍挂流程简析图

跟进标准

招拍挂项目跟进标准较松，主要跟进重点一二线以及部分三线城市项目，用地性质以居住、商住为主。

首先做土地信息收集，城市公司自行决定是否进行可研编制，再进行评审、上会，最后参拍。整个拿地流程上会只有一次，不像其他企业一样反复上会讨论项目可行性。

总体来看，招拍挂的时间非常紧，公告完成后只有十多天的时间。因此，前置工作十分必要，譬如向政府问询当年可能会出让的地块信息，公司会登记土地信息入库。在公告前后，再开展详细工作。因为时间紧迫，设置简单的流程是为了匀出更多时间撰写可研报告，积极推进流程。如果项目出现问题可立刻放弃，直接归存入档。

在评审中，有很多前置工作，从预评审、可研开始，所有部门都会参与。设计部门要求出具具体规划方案，包括 CAD 图。

（2）收并购：重研判，控风险，保收益

收并购项目还会加入立项审核，后续流程与招拍挂拿地类似。收并购项目流程周期约为 5 个月。合作项目会启动推进流程，包括资金规划、项目分类的谈判，根据已有的关键节点形成关键报表。

项目跟进前需经过信息审定、立项两轮审核，审核参与部门包括城市公司、集团。在土地跟进的过程中，项目信息不断完善，从城市公司、区域岗，再到总部均有相应审核。审核完成后项目才能启动立项，进行可研分析，对于收并购类项目上会之后，如果集团发现有问题，会要求重新把资料处理完善，然后再重复上会。反复上会，讨论项目可行性是风险把控最重要的环节；项目后期合作、确权跟进需有计划，避免风险后置，影响公司利益（图 2-3-4）。

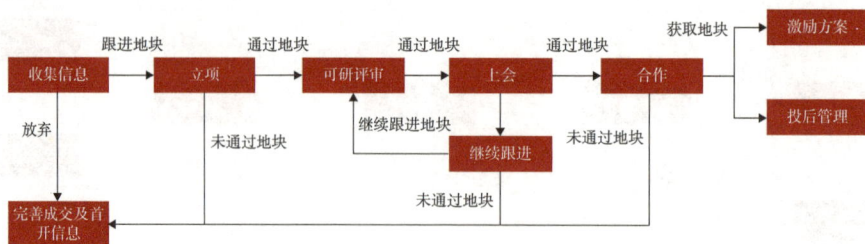

图 2-3-4　E 企收并购流程简析图

跟进标准

- 用地性质同样以居住、商住为主；
- 收并购方式以股权转让、资产转让为主；
- 考核收并购项目跟进的经济指标为项目净利润率以及自有资金内部收益率。

收并购流程需要城市公司和集团投拓中心的二次上会。其中第二次会议层级属于集团，但相关人员均须参与。

虽然流程精简，但审核上依然从严，主要是为了避免风险。管理架构也进行扁平优化，E 企只有集团公司与城市公司两级机构，将区域公司的审核工作都放到集团，流程也精简了。在相应管理规模上其他企业一般设置三个层级：集团公司、区域公司和城市公司。

（3）合作项目：明确节点，预判风险

为减少新项目资金占用的情况，所以 E 企 "爱合作" 在业内来说也是比较出名的。

设定项目合作计划，对合作项目问题进行跟进，明确推进节点，以预控风险。

记录合作项目权益比例、操盘，专业分工等数据，对合作方进行管理及评价，供日后项目进行分析（表 2-3-1）。

合作项目核心信息登记　　　　　　　　　　　　　　表 2-3-1

项目名称拓	展类型	（1）公开市场成交时间（2）协议签订时间	当前进展	待解决的问题节	点计划	操盘情况	操盘专业	收取包干营销费率	收取包干管理费率	营销操盘方	营销费用相关规定
xx 地块	招拍挂项目	2018.12.1	1.项目公司已取得营业执照 2.项目公司团队基本组建	需协调平台公司相关印章及证照	已开项目启动会；合作协议初稿提交各方	本公司摘牌，对方操盘	负责采招及前期	待定	待定	对方	未定

针对所有合作的项目，E 企制定了合作推进计划，包括具体节点、具体谈判的情况。拿地后，跟合作方之间协商分工都会做项目管理计划。因为 E 企对于

合作开发非常看重，尤其在高周转理念推动下，合作是快速进入当地市场的方法（表2-3-2）。

合作项目的专业分工　　　　　　　　　　　　　　　　表2-3-2

地块名称		xx 地铁
项目名称		x'x'x
规划建面		100,000
各方权益比例		A 企业 33%，B 企业 33%，C 企业 34%
操盘方		A 企业 +B 企业
并表方		B 企业
专业分工	财务	B 企业
	成本	B 企业
	营销	C 企业
	报建	A 企业
	设计	C 企业
	工程	A 企业
	行政	B 企业
	招采	A 企业
	客服	C 企业
	运营	A 企业
	物业	A 企业
	法务	A 企业

但纵观房企合作项目的实例，现在把项目管得好的也不多，E 企是第一个提出来说要管理合作方的企业，虽然管得比较松，只管流程中重要的节点。

2. 全国化初期 F 企：严标准、重审核、控风险

F 企投资管理的主要特点：

第一，集团设立投资规划管理部门，负责前期投资战略规划，研究城市潜力，设立准入白名单。

第二，F 企也以招拍挂和收并购项目为主。

第三，虽然走规模化路线，但其实际上还是从一个区域性公司转到全国性规模开发的企业，所以企业拿地虽然姿态比较积极，但和同行比较偏谨慎。在层级来说，除了立项、可研、评审，还有区域上会、集团上会，城市 - 区域 - 集团三个层级的项目决策制度和评审之外，还有一些额外评审工作，比如土地信息审查，然后集团投

资管理部还要做一次额外的复审，所以评审比较严格。

第四，F企拿地的过程中，各个环节都有详细规定，务必要求在限定时间内完成。

第五，对于非招拍挂项目，采用城市、区域、集团三级的拓展，以此增加项目获取机会。

销售业绩：2013 ~ 2016 年销售业绩增长较为平缓，2017 年销售业绩大幅提升，复合增长率约为 32%（图 2-3-5）。

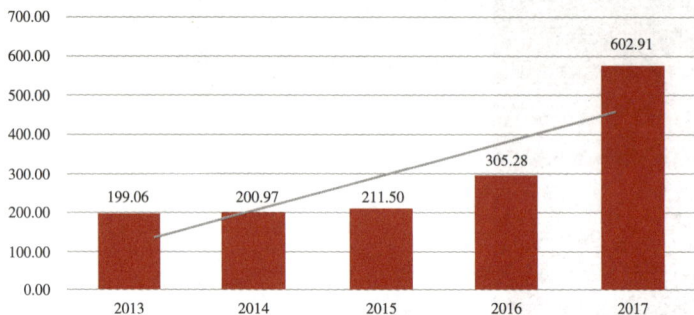

图 2-3-5　F 企销售趋势图（单位 / 亿元）

投资力度：2014 ~ 2016 年土地储备增长较为缓慢，2017 年土地投资力度加大以支撑企业高周转策略，投资管理制度也随之调整（图 2-3-6）。

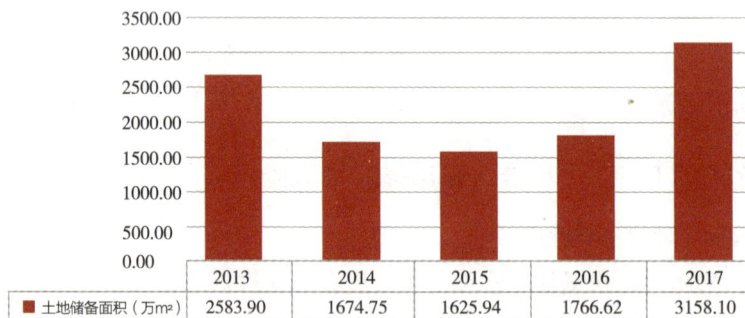

	2013	2014	2015	2016	2017
土地储备面积（万㎡）	2583.90	1674.75	1625.94	1766.62	3158.10

图 2-3-6　F 企土储面积图（单位 / 亿元）

（1）严控标准：城市清单，拿地标准

F 企可研阶段做了方案和规划的前置，流程规范上明确区域、集团可拓展项目的类型和具体流程。拓展流程的规范文件均有明确规定，包括内容、文档等。作业标

准方面，有各类型项目标准的要求。

F企通过设立投资标准来规范项目的选取范围，比如城市清单是从聚焦的城市群出发，每年大概选 50 座城市进行主要拓展。但从广泛拓展的原则出发，F 企也允许不在清单内的城市拓展项目，对这些项目它提出了一些额外要求。

例如拓展不处于城市清单中的项目需满足以下条件：

（1）在聚焦的城市群范围内；

（2）存销比处于合理区间；

（3）处于城市成熟地段；

（4）体量规模符合高周转、满足同创共赢；

（5）较高的项目收益率，即财务标准化（报告的内部收益率是要单独填的指标，这与已经定稿的项目筛选后即可确定）。

（2）内部竞争：跨区互拓，集团直拓

招拍挂项目由区域公司主导拿地，非招拍挂项目由城市、区域、集团三个层级拓展人员进行拓展，广泛搜集土地信息，以增加拓展项目获取的可能性及频率（图 2-3-7）。

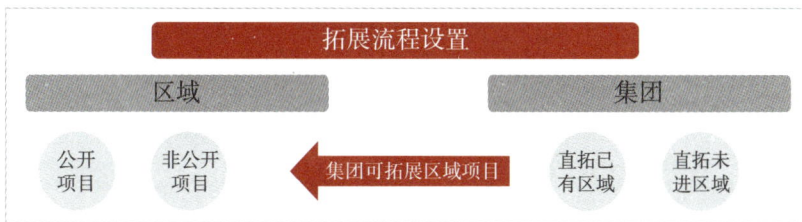

图 2-3-7　F 企拓展流程图

允许跨区域拓展也是目前很多企业的通常做法。但 F 企为了激活区域公司的拓展积极性，不仅允许区域间互相拓展，而且集团也可以拓展已有区域公司所在地的项目。

在合作方管理方面，F 企只做重点信息留存。

（3）流程把控：严格规定各阶段时长

全过程中，F 企对项目拿地速度设定了各个环节的要求，包括对招拍挂的前期筛选，具体来说，挂牌前 15 天要得到准确的信息；挂牌后两天拿到相应资料；立项 15 ～ 20 天完成论证；拿到项目资料之后两天要启动项目论证会。所有的关键环节 F 企均有具体时间节点要求。

F 企投资管理时点要求　　　　　　　　　　　　表 2-3-3

项目类型	土地信息搜集	区域立项	项目可研	区域投资决策会	集团复核	集团投资决策会
招拍挂	1.前置筛选：提前了解各地各期土地供应计划，开展意向项目的可行性研究论证；2.挂牌公告前 15 天获取准确的土地信息	1.获取信息 2 天内完成资料编制、人员、计划安排；2.资料递交 1 天内，决策是否立项	在项目立项后 15～20 天内完成论证并提交资料	在收到资料 2 天内组织召开	收到资料 1 天内	上报资料至集团 3 天内组织召开
非招拍挂	全面、及时	根据实际情况确定	根据实际情况确定	在收到资料 2 天内组织召开	收到资料 1 天内	1.上报资料至集团 3 天内组织召开；2.距离通过集团投资决策会超过 6 个月或期间市场发生重大变化，需重新上会

（4）风险控制：拿地五审

F 企在拿地前会根据城市清单拿地。项目登记信息做一定的审核；项目立项再次审核；会议评审阶段，区域评审、集团投资部复核，最后集团评审；所以拿地一共是 5 次审核（图 2-3-8）。

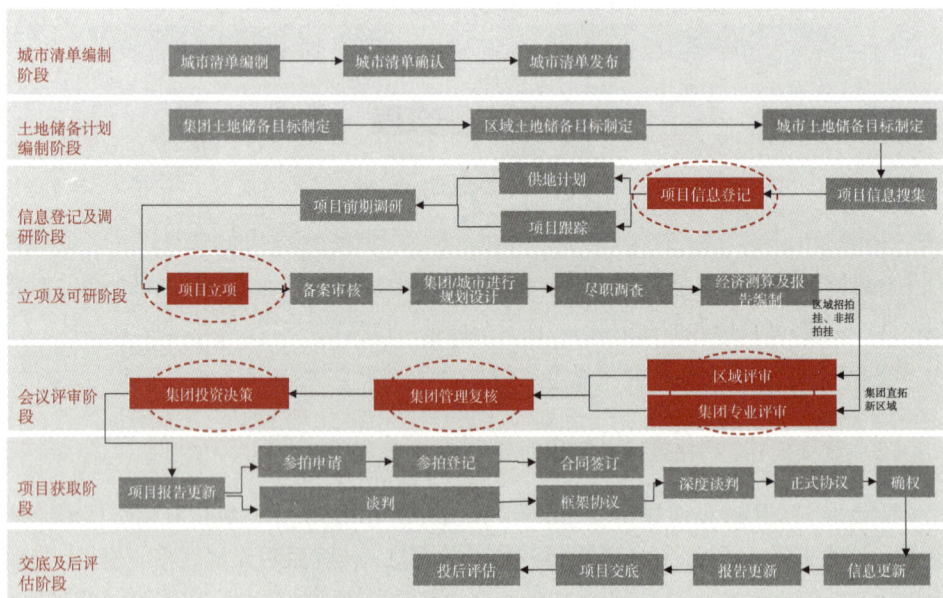

图 2-3-8　F 企投资管理业务流程图

3. 主打城市更新 G 企：聚焦核心指标考核，强化长周期管理

G 企投资特点：拓展低成本长周期项目为主，拓展项目多元化。

G 企是一个地区型的成长企业，长期以深圳为主，覆盖珠三角，主要经营业务是做地产开发，现在也有商业运营、物业运营、产业运营和金融业务，基本上多元化业务都是围绕地产业务开展。

G 企以珠三角为中心，辐射全国。G 企的架构分为三个部分：集团、区域、城市。集团和区域都配置了主要的专业部门，包括投资、财务运营、产品中心等。

城市公司覆盖部门设置也基本涵盖所有专业口。G 企主要进入的城市中，项目是由城市公司主导，对于未进入的城市，是由集团和区域做主导的。G 企会做基础信息研究，但是研究是由区域城市公司拓展员去做，不单独设置部门。

整个过程中也采用两大决策点，区域的投资评审和集团的投资决策会。

（1）管理现状：尚未严格构建标准化

由于 G 企地产拓展项目多元化、各地项目政策不一致、标准体系建设不完善的原因，导致 G 企投资管理出现不规范、不一致的情况，具体体现在以下两方面：

①项目多元化、流程规范少、作业标准简单。

• 项目类型、项目操作方式未区分，集团内部对项目类型未统一。

招拍挂、收并购、城市更新与财务输出、代管操作方式都未认定项目类型。

• 各区域公司、城市公司投资流程不一致。

G 企主要核心拓展项目为城市更新、产城融合项目，跟进时间较招拍挂、收并购类项目长。由于城市更新、产城融合各地政策不一致，集团公司对投资流程体系未形成标准化，各区域、城市公司投资流程各有差异。

• 未完全形成项目的标准表单。

由于区域、城市公司间的管理差异，各公司间对项目数据表单的要求也不一致。集团对于项目标准、文件资料有简单规定，但区域根据其具体情况对于项目标准、文件资料有更具体要求，因此集团作业标准未完全统一。

②管理聚焦：决策点，跟踪点与标准化。

投资决策：由于核心项目跟进时间、投入时间长，开发规模大，因此，项目投资决策过程结果对于 G 企控股来说十分重要。

节点跟踪：项目周期长、各区域情况不一致，集团对项目具体情况跟踪相对滞后，因此重点关注提升节点管控。

投资标准化：由于区域、城市对于项目类型、投资流程、投资资料的差异，关注标准化建设与统一管理。

（2）城市更新：聚焦前期经济指标考核，逐步强化流程周期节点管理

城市更新是对城市中某一衰落的区域进行拆迁、改造、投资和建设，以全新的城市功能替换功能性衰败的物质空间，使之重新焕发活力。

①城市更新项目：明确两类项目标准、跟进条件

• 城市更新项目跟进条件：

i 对于未列入城市更新计划项目：

需要对项目情况进行研究，结合土地规划部门意见，综合判断更新单元划定的合理性和可行性；更新方向需明确，在相关合作协议中对更新方向未达预期情况进行明确约定；需对拆迁可行性进行评估；合作（转让）方案基本明确，责任部门须就交易对价、交易模式、交易流程和盈利模式等方面与合作方（转让方）达成初步意向。

ii 对于已列入城市更新计划项目：

项目前期资料齐全，手续完备；专项规划审批可行性评估；项目公司法律及财务风险可控；需对拆迁可行性进行评估；合作（转让）方案基本明确，责任部门须就交易对价、交易模式、交易流程和盈利模式等方面与合作方（转让方）达成初步意向。

②跟进标准：考核经济指标，聚焦投资决策，强化节点跟踪

主要考核经济指标如下：

净利润率、自有资金内部收益率、动态投资回收期；

净利润率指标大于 12%；

自有资金内部收益率大于 20%；

动态投资回收期低于 10 年，6～7 年为最佳。

城市更新、产城融合和特色小镇，这三个主要类型的共同特征是流程比较长，跨一级土地开发、二级土地开发，项目规范难以标准化，因为三者各地方政策都不一致，对流程标准化和作业标准化来说影响不少。所以现在"造新城"的特点就是难管、周期长，做投资管理应该聚焦于投资决策的阶段，就是具体拿地评审的阶段。

另外的难点是节点跟踪，因为节点时间跨度太长，有一些重要的事项可能出现漏项，比如拿了一块地竟然最后没有去开发，所以这些节点都是需要系统进行管控的。

（3）收并购：明确跟进条件、考核经济指标

①收并购项目跟进条件：

i 所并购公司股权须在 50% 以上，或者拥有相关地块的实际控制权和最终处置权；

ii 待收购标的公司法律及财务风险可控，获得相关证明文件或第三方法律及财务尽调报告；

iii 项目土地权属清晰，手续完备；

iv 根据项目条件，初步进行了项目强排方案及市场与产品定位分析；

v 经济测算完整、准确；

vi 并购方案基本明确，责任部门须就交易对价、交易模式、交易流程等与出售方达成初步意向。

②主要考核经济指标：

i 净利润率、自有资金内部收益率、动态投资回收期；

ii 净利润率指标大于 12%；

iii 自有资金内部收益率大于 30%；

iv 动态投资回收期低于 4 年，1～3 年为最佳。

按照获取方式分，收并购、招拍挂、城市更新和其他，收并购里面就是单纯的收并购项目，按照招拍挂的类型划分，有普通的招拍挂项目，产城融合和特色小镇属于协商类大规模资源的拿地，最后走招拍挂途径。值得关注的是，该类型的财务指标其实和均衡型房企趋同（图 2-3-9）。

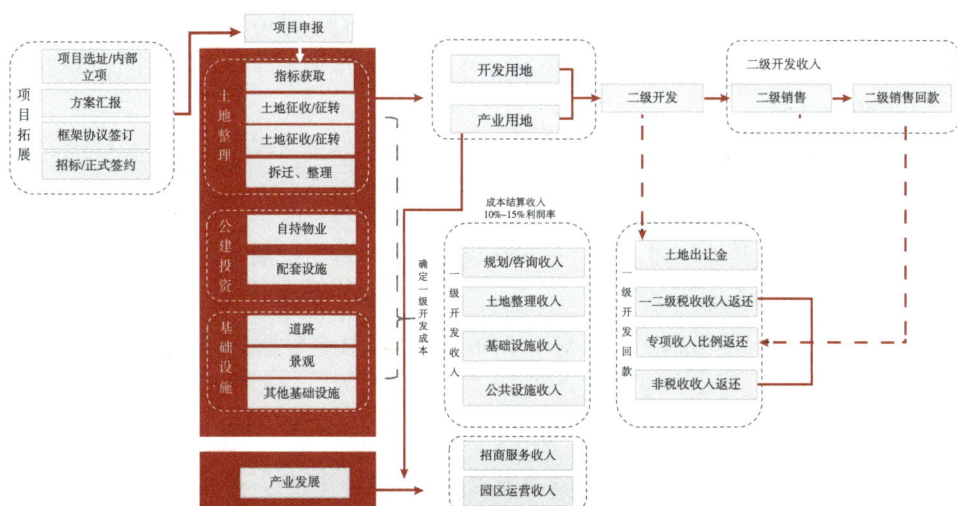

图 2-3-9　G 企产城融合业务流程图

4. 城市服务型 U 企：经济测算模型创新，提升投研质量

U 企属于地区实力较强的大型房企，2018 年进行品牌调整，将定位由传统房企提升为城市服务企业。U 企注重品质与创新，因此对于投资业务上也要求投研质量与投资手段的创新。

（1）U 企投资管理特点

• 投资项目多样化，重点关注中长期项目签约与长期项目转化为短期项目的进程；

• 梳理投资管理制度，对投资项目设定跟进标准，以防止投资项目与企业战略之间出现偏差；

• 对投资测算、经营测算进行标准化、一体化管理，为此梳理形成标准产品数据、标准投资假设；

• 充分利用信息化手段，实现投资过程标准化管理、投资测算控制性管理，并实现投资测算数据分析。

对于城市研究管理部分，一般房企均关注宏观数据、城市经济、人口、配套数据、潜在土地供给数据等数据分析，数据获取方式往往依赖于研究人员数据搜寻与外部的数据购买等方式。普遍研究人员数据搜寻工作耗时久，购买的外部数据面临土地供应数据不够准确的问题。

面对两大难点，U 企通过信息化手段构建了战略城市的城市地图信息化系统，通过宏观、经济、配套数据外部购买，土地数据通过自身投资人员定期进行土地信息搜集、踩盘。踩盘后将信息输入城市地图信息化系统构建土地信息库，以解决效率和准确度的问题。

（2）拓展类型：确定三大类型项目准入标准

U 企拓展项目类型较多，包含招拍挂项目、收并购、短期小镇项目等，长期项目即为城市更新类项目。

该企在业内有"小万科"之称，对于不同项目类型，U 企根据企业情况设置可落地、可执行的准入标准。

短期类项目（含招拍挂项目），见表 2-3-4。

对于短期项目拓展的考核按照计容建筑面积和货值来进行统计，货值占比 70%，个数占比 30%。

长期类项目，见表 2-3-5。

U 企短期拓展项目准入标准图   表 2-3-4

区域	跟进拓展项目面积及货值标准
区域内一线城市	拓展项目计容建筑面积不少于 11 万 m²，货值大于 39 亿元，对于极一线城市货值大于 50 亿元
区域内二线城市	拓展项目计容建筑面积不少于 17 万 m²，货值大于 33 亿元
区域内一线周边城市	拓展项目计容建筑面积不少于 22 万 m²，货值大于 33 亿元
区域内三线城市	拓展项目计容建筑面积不少于 33 万 m²，货值大于 22 亿元
主力拓展其他区域城市	拓展项目计容建筑面积不少于 33 万 m²，货值大于 30 亿元

U 企长期拓展项目准入标准图   表 2-3-5

区域	跟进拓展项目面积标准
深圳	取得规划设计条件的每个项目计容建筑面积大于 11 万 m²，未取得规划设计条件的项目用地面积大于 55 亩
区域内主拓城市	已取得规划设计条件的项目计容建筑面积与短期项目类似，如果未取得规划设计条件，用地面积大于 165 亩
主拓华中城市	已取得规划设计条件的项目计容建筑面积与短期项目类似，如果未取得规划设计条件，用地面积大于 165 亩

同时除硬性条件外，U 企设置了条件排除合作、法务上的风险，例如：①合作对象确认为直接权益主体，不能为居间方；②签订的框架协议需设明确的排他性条款；③合作对象为政府部门则需明确项目选址意向。

短期小镇 / 产业类项目（表 2-3-6）

U 企小镇项目准入标准图   表 2-3-6

区域	跟进拓展项目面积标准
区域内一线	用地大于 1600 亩
区域内其他城市	用地大于 3000 亩
深圳	用地大于 800 亩

对于产业类项目需明确合作方或谈判方应为政府部门，或是与政府部门签订合作协议的企业、平台公司，另跟进项目应确定已划出具体项目范围。

根据项目类型特点以及企业对投资管控的需求，U 企管理的关键环节不同、管控部门也不同。

（3）经济测算模型创新

对于土地拓展管理方面，U企更加关注经济测算的准确性，因此U企进行了多方考量。在梳理之前，U企测算面临着两大问题：①投资拓展人员多、专业能力不一致，对于测算使用数据把握、测算表格使用能力不足，导致测算结果不准确；②考虑到项目投前、投后数据变化、相应的经济指标也随之变化，各阶段需要动态测算进行对比或对接。基于这两个问题，U企在项目梳理经济测算模型时，进行了三项创新：

梳理标准项目库、设定标准投资假设库

为了与企业经营、项目经营进行对接，同时为投资阶段经济测算提供数据，U企在运营中心牵头下构建了标准项目库。该标准项目库根据企业产品情况划定标准产品线，规定各产品线可分产品档次，设立了产品业态结构、项目分期假设、项目单方造价、项目去化、项目回款节奏、项目贷款假设等标准。

在构建标准项目库的基础上，梳理并确定项目投资假设条件，譬如地价分摊原则、土地溢价规则、面积分摊原则、成本分摊原则、各项费率、融资规则、自持物业分摊规则等。

通过构建标准数据库，投资人员在经济测算时对投资数据、假设的选择更为准确，也确保了投资测算结果准确及解决后续与运营数据的对接问题。

梳理标准模型，进行动静态敏感性分析

由于U企拓展项目包含招拍挂、城市更新、短期股权等项目，经济测算中使用版本较多，造成不同类型土地经济测算对比实际上不在同维度。因此考虑上述问题，在进行经济测算梳理时，U企将多个项目类型、自持、销售多个操盘方式的测算整合为统一版本，以满足指标比对需求。

在实际经营过程中，项目随时会发生进度、销售价格、成本等变化。为量化影响，U企在统一测算模型基础上进行敏感性分析，不仅包括常用销售价格、成本静态分析，同时也包括进度、销售节奏等动态分析。通过动静态、双因素的敏感性分析，投资人员对全生命周期进行项目情景模拟和分析，得出对现金流和经营结果的影响，为投资决策提供进一步辅助支撑。

利用信息化工具实现投资测算可控可预测

由于线下EXCEL表存在数据、逻辑控制不严的天然缺陷，U企采用构建信息化系统的手段，通过信息化系统实现线上标准数据库构建、测算输入、测算结果输出、分析以及版本管理（图2-3-10）。

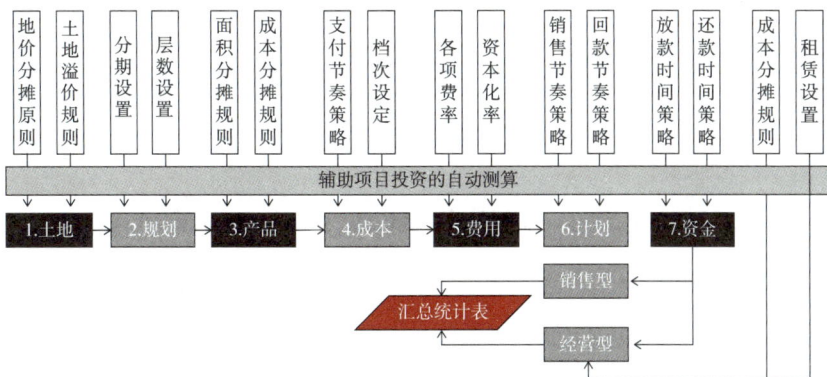

图 2-3-10　U 企投资测算信息化流程图

测算系统使用人有集团、城市投资拓展人员等。在具体使用过程中集团负责构建投资系统标准数据库。根据集团发展的情况，将数据库设置为城市可扩展、业态以及业态下所属数据可扩展。城市投资拓展人员在使用过程中可调用数据参与测算系统中各个模块运算。

另外，测算系统的构建限制了选用测算数据及随意修改测算逻辑的情况，从工具层面改变测算结果精度。

总结

四类不同企业给我们展示了与自身发展和战略向匹配的投资管理策略。城市服务型企业的产品类型最为复杂，需要考虑因素最多，关键是要守住经济测算的底线。城市更新为主的企业，理所当然要加强长周期下的管控短板。而全国化初期的企业与快速上规模的企业，他们的投资管控又各有重点。企业高管可以参照自身特点，进行有针对性的借鉴。

| 第四节　管控升级 |

新形势下，地产行业投资的管理核心

【导读】投资管理经常被称为地产企业的"生死线"，企业要"活下去"、要"做大做强"，必须在投资管理上有"章法"

1. 风险增多：市场多变与城市分化

近 3 年，全国 300 个城市土地交易面积在 8.5 亿～9.5 亿 m² 之间，交易量变化在 10% 左右，整体较为平稳。但是暗流之下波涛汹涌，供需结构变化导致土地投资市场风险增大。

（1）市场风险陡增：火热期亏损多 低谷期流拍多

近三年的供销比从 1.32 逐渐降至 1.18，土地市场逐步火热，开发商争相抢地现象频发上演，全国"地王"层出不穷，土地市场逐渐进入非理性状态（图 2-4-1）。

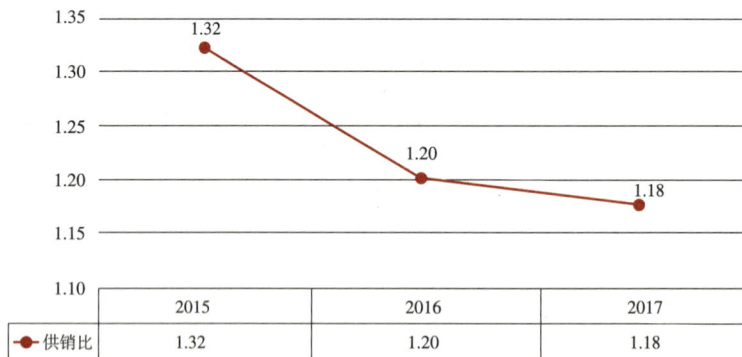

	2015	2016	2017
供销比	1.32	1.20	1.18

图 2-4-1　2015～2017 年全国 300 城市土地供销比趋势 数据来源：中国指数研究院

2018 年 8 月开始，受经济进入下行波动区间和房地产调控加强的双重影响，土地市场骤然降温，土地交易供销比上升至 1.55，较多土地出现流拍。

供销比变小，拿地竞争激烈，一不小心就会拿到"地王"或者亏损项目。供求比变大，说明很多土地可以选择，可能还有更符合战略和更高利润率的项目可以去拿。而这都需要从集团层面进行计划管理和过程管控。

（2）城市分化严重：不同城市的拿地风险各有不同

一线城市土地供应限制条件较多，竞拍规则、竞拍资质条款复杂，土地市场竞争日趋激烈；二线城市土地市场分化，土地供应"因城施策"；三四线城市整体项目利润率可能大幅下滑。这就要求投资管理除了要根据市场变化及时调整拿地方向外，还要管控具体的拿地指标。

2. 规模压力：要求高频次、严标准拿地

为实现相应的土地储备量，投资业务部门每年需要跟进大量土地的上会工作，有规范投资管理的需求。

除了 M、E 企等 TOP 10 房企更快壮大之外，规模化加速的企业越来越多。近两年提出冲千亿目标的企业至少 50 家。还有 F 企等从地区走向全国的企业，土地储备也要保证逐年上升。为保证土地储备的充足性，土地储备成本占销售收入比例较高。

土地储备是销售额和货值的基础，出于对销售目标提升的要求，投资部门需要增加土地储备的拓展规模，以满足企业的快速运转和扩张。

市面上高周转企业均以 35% 或者 40% 复合增长率为目标。假设 5 年 40% 的复合增长率，如果初期销售额是 239.4 亿元，那么到第 5 年它要实现将近千亿的目标，达到了 919 亿。

土地存续比参照快周转企业数据取 4，15% 的年房价增长率，计算每年土地储备情况如下（表 2-4-1）：

土地存续比模拟计算表　　　　　　　　　　　　　　　　　　　表 2-4-1

时间	第 1 年	第 2 年	第 3 年	第 4 年	第 5 年
销售额（亿元）	239.4	335.16	469.224	656.9136	919.679
销售单价（元）	6000	6900	7935	9125.25	10494.04
销售面积（万 m²）	285	485.7	591.33	719.89	876.38
土地储备（万 m²）	1140	1942.96	2365.34	2879.54	3505.53

如果换算 50 万 m² 建筑面积单项目，第 5 年企业需要拿 70 个项目。为了达到这个土地储备，需要进行大量的土地拓展和上会，按照上会项目 20 个通过 1 个的比例，以拿到 70 个项目来算，相当于一年要上会 1400 个项目。

综上，一是对高周转企业来说，存续比有较高要求，第二是高存续比对拓展业务规模扩大、拓展业务开展压力均呈陡增态势。

所以，投资管理压力剧增，面临高频次、严要求的管理趋势。

（1）扩张型 M 企：五年来土地四倍新增，投管压力陡增

对扩张型企业来说，2015 ~ 2017 年是一个土地储备明显上升的过程。M 企近年来企业排名不断上升，企业 5 年复合增长率达到 40.31%，远超老牌房企，2017 年销售跳跃式增长。

其土地储备作为规模化发展的重要支点，也呈现了高速发展的特点。具体来看，M 企 2012 ~ 2014 年土地储备较为平稳，但 2015 年土地储备面积较 2015 年陡增 38.8%，2015 ~ 2017 年平均增长率则达到了 60.2%（表 2-4-2）。

M 企土地存续比统计　数据来源：M 企年报　　　　　　　　　　　表 2-4-2

时间	2010	2011	2012	2013	2014	2015	2016	2017
土地储备（万 m²）	3072	3529.92	5323.2	6937.92	7593.6	10539.84	1539.84	27055.68
销售建筑面积（万 m²）	576	659.52	733.44	1529.28	1850.88	2066.88	3597.12	5823.36
土地储备存续比（年）	5.3	5.4	7.3	4.5	4.1	5.1	4.4	4.7

2013 年土地储备的存续比持续下降，成为 M 企补充土储的重要动机。高周转企业要实现销售快速增长，必然要扩大拿地规模。

（2）战略储地型 E 企：2018 年投销比高达 85%，拿地规模节节攀升

E 企近年注重做大规模。企业销售额 2017 年破千亿，提前完成 2020 年业绩目标（图 2-4-2）。

E 企土地投资态度积极，2015 ~ 2017 年土地储备节节攀升，2017 年土地储备增加到了 3291.02 万 m²，3 年平均增长率达 89%。

土地储备对于企业规模化、经营快周转化十分重要，实行高周转策略的企业土地储备面积不断提升，同时为保证土地储备充足，需要不断增加土地成本支出比例。

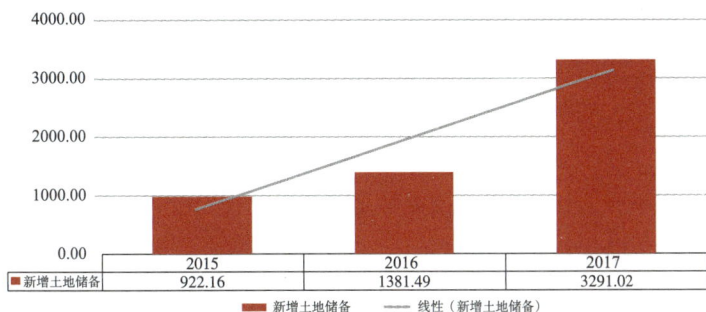

图 2-4-2 E 企新增土地储备趋势（单位 / 亿元）数据来源：E 企年报

查看 E 企年报可以发现，土地成本的支出占当年收入的比例极高。随着高周转战略的执行，土地支出占比仍在增长中，其他高周转企业也基本在 70% 以上（图 2-4-3）。

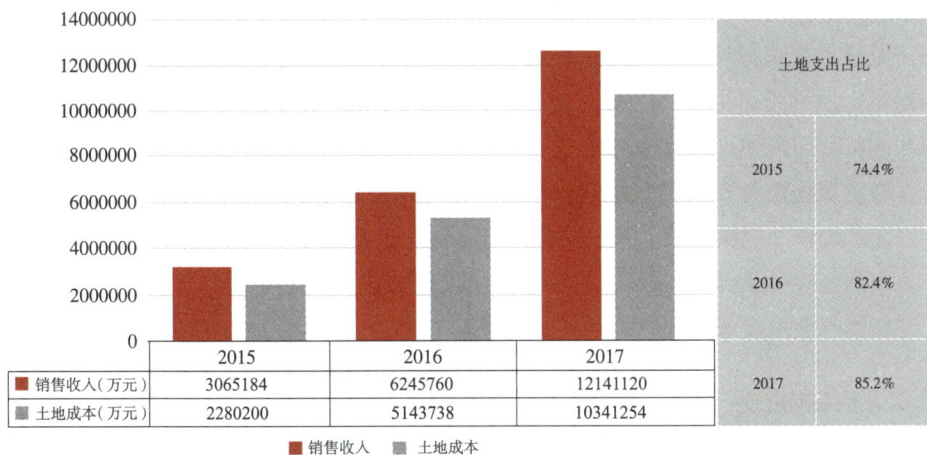

图 2-4-3 E 企销售收入与土地成本对比

3. 应对方法：目标、架构、流程全面梳理

大部分房企投资管理都是近两年才启动权限梳理和管控梳理，仍存在组织架构不清、岗位权责不清、流程不规范、项目标准不明和标准文件不清的问题。

房企规模化发展过程中，投资管控常见的问题如下：

①组织架构不清：组织架构建设未考虑实际情况，部分区域公司实际为城市公司，造成职能及工作内容不清晰。

②岗位权责不清：投资部门内部未定编定岗，投资管理人员负责区域及事项不清，造成投资工作推进滞后。

③流程不规范：未对投资流程进行规定或投资流程规定过于简单，造成项目未按流程跟进。

④项目标准不明：未按照企业战略情况对各区域设定获取项目标准，导致跟进项目不符合高周转战略规划。

⑤标准文件不清：未规范投资各环节的标准文件，导致各区域递送集团的项目指标不一致，无法快速决策。

房企投资管控要点通常要做以下几个方面的梳理：

第一，从战略的角度上做梳理，包括企业的投资目标是什么？拓展类型是什么？

第二，架构梳理，包括企业投资架构怎么设定？投资的权责怎么划定？

第三，流程梳理，包括企业的业务流程怎么设计？标准文本及规范要求。

（1）战略梳理：做好规模目标与利润目标的取舍与平衡

经营重心选择规模发展，还是利润提升？投资和企业的运营战略息息相关。房企制定土地储备目标时，应根据企业当年的战略倾向调整目标值，大致分为侧重规模和侧重利润两种。

侧重规模的特点是销售跳跃式增长，土地储备也是急速增加的，投拓的考核目标以建筑面积和测算货值为主，主要看土地储备的情况。

利润型企业为了追求更高的利润，积极拓展多元化拿地渠道，控制拿地成本。土地拓展考核不仅考核地块数，还重点测算利润、权益建面、当年转销售比例。

（2）架构梳理：根据投资战略确定管控层级与管控要点

规模型的企业组织架构要求运作高效，对于中型企业来说就只有两个层级，总部主要设置专业部门，城市公司主要布置投资、营销和工程部门。整个拓展都在城市公司投资部，其他一些具体可研工作需要城市公司的投资部与集团配合，进行编制后报审。

大型企业架构分为三级：城市、区域和集团。城市公司设投资和其他的专业部门，区域也会设一些专业岗，集团只有投资、发展、产品中心和风险管控。具体执行是城市投资公司专注土地拓展，各部分的专业研判由城市其他部门完成，区域和集团不做专业研判。

利润型企业主诉求是实现相应管控。对中型企业来说，总部、城市公司同样设立相应的专业部门。拓展时城市公司投资部门主要负责拓展项目，营销、成本负责配合，一并进行可研报告的编制。编制完成后，在上集团前城市公司内部需要进行一轮评审，然后上会。最后到集团，需要在各个专业部门进行直线同步评审，评审完再进行第二次的总部投资决策会。

（3）精准预判：提升投资预判质量，投后评估更精准

以往地产公司拿地之前进行相对粗略的经济测算。拿地之后，召开土地定位会、开发会来论证项目详细定位、设计、排期。

在高周转的背景下，房企往往会在前期投资时期即投入各专业力量进行设计等工作的排期，同时进行精准测算，确保项目获取后直接开工。

除后期工作前置外，企业通常将拿地版的投资测算指标作为考核指标，运营中进行对比以提升收益。

比如 M 企，在投前阶段，由营销、设计、成本、财务等多板块对项目进行投资规划方案审核，并经区域或集团两个层面严格预判，将相应规划工作前置；拿地后，以投资测算指标作为投资责任书与后续运营结果进行比对。

部分标杆企业的投资责任书是集团重要考核之一，项目人员需要与运营进行对接。因为规划等工作的前置，投资预判准确性要求很高，投资的业务人员务必与规划、设计、成本及营销做好协同工作。

综上，规划设计等工作前置，对投资预判时准确度要求提升，投资业务人员更需做好协同、决策工作，要求投资部门提升管理、专业能力，精准可研，基本满足拿地即可开工，争取后续评估经济指标达成前期目标。

（4）资金提效：通过合作开发和多元拿地方式，提升资金效能

高周转核心本质是要求资金快速周转，以期能通过相同资金支持更多项目，因此资金规划重要性上升。在高周转压力下，投资业务在拿地时既要考虑项目可行性，同时也要重点考虑如何减少拿地资金集中支出，实现资金利用最大化。当前房企已形成了多种方式进行投资资金规划，随着时间推移，今后还会有更多变化方式出现。

减少同一时间资金的支出，房企投资业务部门通用两种方式，一是合作开发的方式，新城、泰禾及金科常用；第二种方式如碧桂园的多元拿地，拓展多类土地实现地价低支付或晚支付，如特色小镇、产城融合，通过政府谈判可以实现低地价或晚支付。例如，以大规模资源投资与政府谈判，X 企曾拿过一个游乐主题的产城融合项目，以低于周边项目 1500 元每平方米的价格，排他性中标。与政府沟通后不仅突破了城

市规划的指标，还可以延后支付部分款项。

（5）周期加快：缩短拿地流程，更高频次寻找好地

在高周转对周期压缩的指导下，投资业务部门拿地面临项目拿地周期缩短及公司拿地速度加快的要求。

标杆企业平均招拍挂拿地周期从原来为 1 个月缩短为现在的半个月。企业项目之间获取的间隔时间也在缩短，2017 年某十强企业每天参拍 2 块地。

总结

强周期性投资战略、严格的投资测算模型、相匹配的投资全流程标准化管理是新形势下必须重点关注的环节。战略方向是先导，测算模型是核心工具，流程管理是落地手段，缺一不可。

第三章 ｜ 新运营

强管控强执行，全专业提速，全公司协同，助力快周转

近年来，地产行业环境更加复杂。景气周期更短，市场变化更快，竞争压力更大，资金压力大，规模化管理更难。

这对计划运营提出更高的要求：快开、快建、快销、快回款。但是，百亿级的运营，上升到千亿级甚至万亿级，它管理的规模半径，计划协同和业务数据的复杂性、及时性，应用场景的具体分化，都上升了一个大台阶。

地产企业规模的快速增长及行业集中度的日益提高的新环境下，规模化高速发展成为各企业的生存之道，围绕动态经营结果、实现企业战略发展目标的新运营管理日益成为地产企业内部管理的必备武器。

传统的计划运营以项目管理为主，管好质量、进度和成本。新形势下，万科、保利、中铁等企业发展出新玩法，进一步管好项目经营目标，管好企业全面经营计划。

计划节点、经营指标的全面指标化、刚性化以及动态预警预测，推动运营管理进入强管控强执行的新阶段。全专业提速、全公司协同，推动项目和企业快周转。

本章介绍了不同发展阶段的企业，如何成功运用数字化运营管理工具，达成企业运营管理目标，总结出地产行业新运营管理的6大实施要点。

┃ 第一节 标杆案例 ┃

计划运营管理的 3 种典型模式

【导读】从 500 亿元到 5000 亿元，不同发展阶段、不同规模的房企相匹配的新运营管控模式

我们通过行业研究，结合标杆企业实践，总结出房企计划运营管理的 3 种模式：一种是把项目计划管好，万科、绿地、金地都采取了类似做法；第二种是把项目的目标管好。除了管好项目的事，还要把目标也管进去；第三种是把公司的所有计划任务包括项目开发计划和与项目无关的职能计划一起管，可以称之为公司全计划管理（图 3-1-1）。

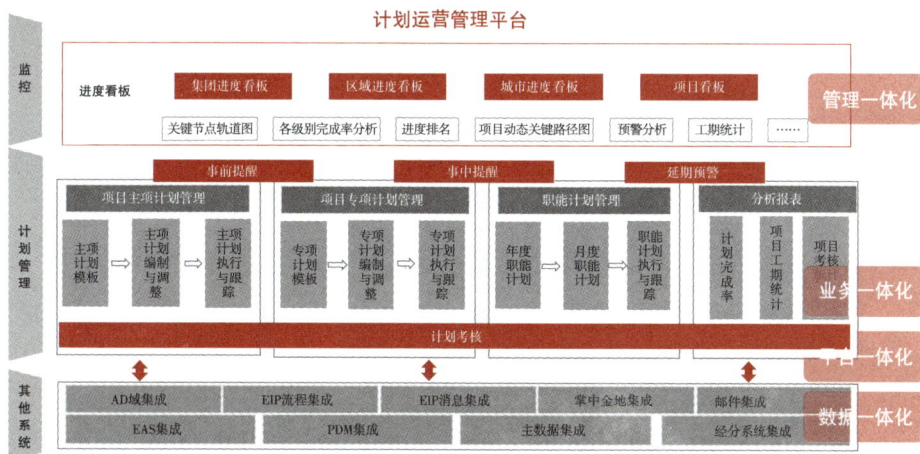

图 3-1-1　房企项目计划运营管理平台 4 个一体化

1. 节点管理模式：2000 亿元级 F 企的项目计划管理

对于拥有多项目类型的房企来说，实施有效的计划管理很难，比如住宅、产业、养老、公寓、商业等物业都有各自的开发计划模板，制定标准、编制计划、执行计划、汇总目标、过程监控都存在困难，也难以做到及时预警，绩效考核也不够准确。

房企在集团层面的进度管控通常侧重主要工作的完成进度，对于城市、区域公

司要求他们要管好每一件事，就需要一个能对计划编制、预警、执行、分析的要求清楚、标准统一，能促进所有人员协同、监督执行和高效运营的计划运营系统。

该房企采用"项目计划管理＋计划考核"的运营模式，管好项目节点计划，整体框架和流程有 4 个重点：首先，围绕项目整体开发计划，通过模板来协同编制 3 级节点计划；然后明确每个任务模块的主办人，确定任务责任体系和任务的审批流程；第三，做好跟踪监督，由预警来推进计划，然后统一考核标准，让考核透明，实现多维度结果分析；最后通过大运营保证项目的有效运作（图 3-1-2）。

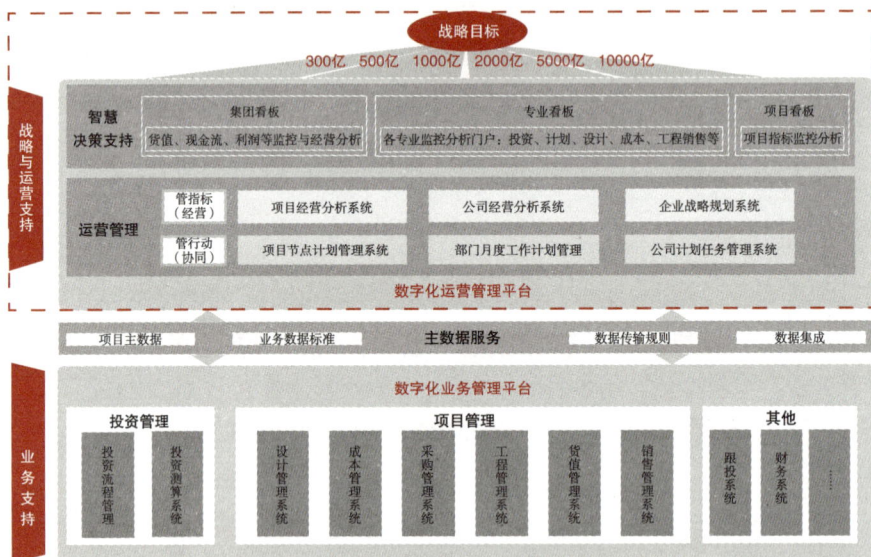

图 3-1-2　爱德数智数字化平台整体框架图

（1）编制主项计划，固化模板并通过系统导入快速落地

房企可以固化计划模板，并通过系统导入快速落地项目节点计划。房企应设计计划任务模板，不断沉淀、完善，并将其标准化和固化。在编制节点计划时，可以将住宅、商业、办公等不同类型物业关键时间节点输入系统，比如摘牌日、开工日、计算工期等，系统会自动计算出项目的整体计划。再通过 EXCEL 计划模板编制后直接导入系统执行，匹配 EXCEL 计划模板中人员与岗位对应关系。

该企业对审批流程的责任划分非常清晰。审批时限 3 天，如果不审批就自动打回。因为如果领导不审批，是主办人自己不催办的责任。

同时，审批流程的确认人可以为多，如果 5 天不审批自动通过。因为确认人一般为下游接收单位，自己不确认是下游单位确认人的责任。

当计划调整时，不同版本的计划可以快速对比，查看计划的工期、开始时间、结束时间、负责人、级别的差异性，让管理者能及时察觉版本变化，针对变化的内容进行调整。比如，A 版本相比 B 版本增加了工期，计划完成日期出现了调整，每一次计划出现调整，系统会自动判断调整的级别是否影响关键的节点，突出显示变更的任务，这样对管理者判断计划是否要调整以及调整多少就很清晰。

（2）自动分解项目计划，三个汇报保障执行落地

计划编制完成之后就要执行，项目计划会自动分解，明确责任划分，统一计划执行口径，构建包含主办人、审批人、确认人的任务审批流。在项目节点计划管理中，计划的执行可以通过三个汇报来完成：

①进度汇报。即根据任务完成情况，在系统中填报为"完成"，任务对应的审批人、确认人需要对任务的完成情况进行审批确认。

②风险汇报。若任务不能按时完成，需在任务结束日期前填报为"延期完成"，并填写预计完成时间。过去，风险汇报在计划管理中都是事后分析，当某个节点已经超期、没完成或者出现问题时，才汇报风险。现在系统能做到事前的风险汇报，项目到了某个关键时间点就开始做出预判，比如一个任务的进度到 70% 时就会提醒责任人预判任务能不能准时完成，如果不能，预计完成时间节点，应该采取的措施，通过将任务管理进行了提前预警，真正体现了风险汇报的价值。

③成果汇报。按照任务的完成标准将关键性的成果上传并描述说明。

（3）跟踪监督，构建多维度动态预警机制

运营管理部门随时进行执行的监控、预警、分析和考核等相应工作，跟踪监督是计划节点管理中很重要的工作，直接推动计划的落地。房企可以通过建立 5 个重要的机制，来完成节点计划的监控、预警和推进。

①不同的颜色、图标直观展示任务当前状态

在节点计划中，为项目完成的状态设置颜色图标，比如按时完成是绿色，延期完成是红色，中期预警是黄色，延期未完成是红色，通过颜色图标可以很直观展示项目当前的状态。

②构建完善的红黄灯预警机制

房企可以建立红黄灯的预警机制，为项目节点设置黄灯和红灯的触发条件，比如节点周期小于 10 天，那么在节点完成前 5 天发出预警，小于 5 天的工期任务启动

之前直接发预警；最迟在节点到期当天或第 2 天填报的，如未及时填报，系统将自第 3 天起按延期处理，予以亮红灯并扣分。同时，系统对预警级别进行明确，黄灯出问题了应该哪些人跟进，比如说一级节点要到执行总经理，二级、三级到运营负责人就可以了，系统会自动判断。

③ "中期＋联动" 预警，预判并协同处置

房企可以设计一些中期预警节点，在任务到达这些节点时就要及时填报预期完成情况，这个所谓的中期预警是针对任务执行人，在执行过程中是否按期完成进行预判。值得注意的是，预警机制有联动效应，因为计划有协同性的，一个任务出现了风险之后，系统会自动关联后置的相关任务，比如前面的任务已经出现延期风险，后续关联任务的责任人要提前做好准备，使企业的管理从单一点变为网状的协同。

④ 任务变更自动推送相关责任人

当任务发生了调整，不同部门、不同操作人员手中可能有不同版本的 EXCEL 表格，调整后的计划不是每个人都仔细阅读，仔细看也难以从中发现改变。通过计划节点系统，一旦发生任务变更，系统将与具体责任人相关的任务直接推送过去，比如说任务的时间从 8 月份提前到 6 月份开工，系统将一份完整的变更清单推送到负责人，便于及时调整任务节奏。不仅完成预警机制，而是预警与协同的机制。

⑤ 运营能力分析，及时发现问题

房企定期通过报表对计划执行情况进行分析，很直观地对运营能力进行对比和分析，及时发现问题，及时纠偏。

将不同的项目主项计划完成情况进行比对，这个指标是每一个项目计划数，应完成任务数和未完成任务数以及达成率。通过项目红灯数、到期任务数的明细，帮助管理者分析团队的运营能力，查找分析问题出现的原因后再做提升。

总之，项目计划节点管理的跟踪监督，除了将已经出现风险的任务及时汇报和协商解决办法，还有对即将到期的任务进行预警，相关责任人是否准备充分，是否存在其他问题需要协调、帮助，这时 "亮灯" 不是惩罚，而是群策群力解决可能出现的问题。

（4）内置考核规则，实时打分更准确

设置科学的绩效考核规则也很重要，房企可以为每个任务赋予一个分值，规定相应的标准分，比如一级节点是 20 分，二级节点是 15 分，三级节点是 10 分，根据每项任务的完成和延期情况进行扣分，有助于辅助管理者进行绩效评测。考核输出的分数可以是个人，也可以是部门，实现多维度综合评估。

绩效考核的关键点是分任务和分阶段实时打分，相较以往项目做完或者年底再来评价，这时考核容易加入印象等主观因素。所以，正确的做法是把所有的分值赋予每项任务，按标准考核，结果才令人信服。

在完成上述 4 个重点工作之后，房企可以通过计划的执行和预警情况进行计划方案的调整，不断完善、规范项目计划节点管理，保障整个管理流程良性运转。

2. 目标管理模式：3000 亿元 H 企的经营目标管理

项目计划管理不仅要管好事，更要以经营眼光来考察项目和企业的经营目标和完成情况，从行动层级升级成指标层级管理，使管理更细致。真正全面的运营管理，一定要管好目标，把项目的关键指标管好。评判项目是否健康，关键要看核心指标。比如现金流回正时间有无发生变化？资金缺口是多少？管理的核心目标就是管控项目的健康度。通过设定、监控各项关联指标的完成情况，来指导企业更精准的前进。

目标计划管理模式满足"公司 - 城市 - 项目"的管理架构，通过"项目计划 + 项目经营目标"管理，辅助目标达成。这种管理模式的核心是制定项目经营计划，围绕着项目经营计划进行管理，再通过经营监控分析，推动经营计划和指标的有效完成。保利、龙湖、中铁置业等知名房企，其项目计划管理的一个重要内容就是将正在运行的数据输入投资测算模型，将项目指标进行动态监控以及预测预警，提供各类监控数据和结果，辅助集团进行管理和决策（图 3-1-3）。

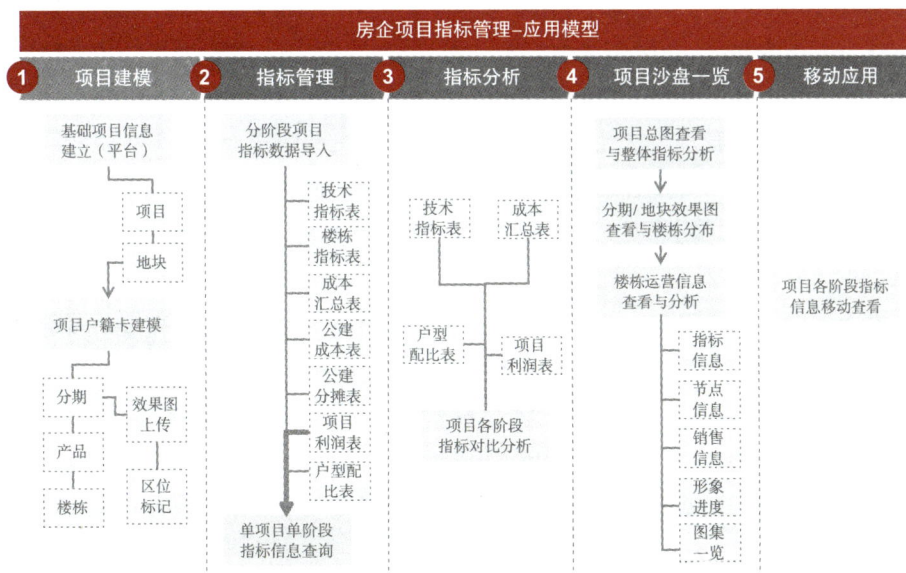

图 3-1-3　房企项目指标管理应用模型图

具体来说，目标计划管理模式的核心内容有两个：第一个是目标计划管理，让目标算得清、算得准、算得快，第二个是过程中进行动态监控。

（1）目标分解：让目标算得清、算得准、算得快

目标计划管理的逻辑是将所有的项目目标汇总到区域公司，再由区域汇总到集团，通过目标分解落实到岗，通过岗位工作职责将企业的目标与健康指标管好。

①建模型：行动计划 + 目标计划，一手管行动，一手管目标

首先要建立目标计划管理的模型，包括 2 个部分：其一是管项目节点的计划，重点管控进度，比如供货计划、生产计划、销售计划、回款计划、结转计划、成本支出计划，可设置项目的三级节点计划，形成各个工作任务的清单；其二是管理各类指标型计划、各项基础数据的目标计划，也可以称为经营型计划，比如资金计划、成本支出计划，都是围绕目标和指标的计划。

在这个模型中，管理项目节点的计划就像一个行动计划，管理指标的计划就是目标计划，一边管行动，一边管目标。各类型的计划比如成本、生产、供应、回款、销售、融资、结转计划等等，结合起来进行联动管理，最后输出很多组合性的监控指标、财务指标和监控指标，来保障整个项目的顺利运作。所以，设计"行动计划 +目标计划"的模式有 2 个目的：第一，在项目的前期策划时明确目标价值，比如以哪种方式操盘，价格、成本、利润是多少，开发进度如何等，最终输出核心指标；第二，动态监控时，同样依靠这个模型输出动态指标的差异和变化，然后判断哪里出现问题，及时采取解决方案。

②定计划：经营视角切入，多版本比对辅助精细化管理

目标节点计划管理是从经营视角来制定目标，更关注资金、回款、现金流等经营指标，再通过项目计划管理总控节点，用专项计划辅助专业精细化管理，用年度计划管理经营目标，用月度工作计划管理计划分解执行，这样就能让目标计划管理落实到位。

在企业的运营管理中，财务指标是很重要的内容，财务部门站在资金视角评估钱够不够用，资金池能不能保持企业的正常运作，管好回款、投入、融资这 3 项和钱相关的事。如果站在经营的视角来进行目标计划管理，那么在制定资金计划的时候，供货需要生产计划，之后要有资金成本支出计划，销售、回款和融资的计划是资金流入的计划，这些计划要能够统一协调管理，才能保障资金循环顺畅，企业经营不出问题。

不同版本的指标要能够实时比对，比如拿地时的投资版，项目启动会后的启动版，

每个月的月度版，通过不同版本之间的对比，了解现实与目标的差异。通过这些版本输出的数据协助企业进行各种分析，包括项目整体管控的指导性分析、敏感性分析、动态的监控、预警、考核等，支持预警展现、多维查询、运维过程等工作场景，为项目服务，保障项目目标的实现。

目前，有的房企已经能够编制包括各专业在内的项目经营计划，并将这些计划合理对接后输出相关指标，包括年度的销售额、回款、面积、营业收入等。在实际操作中，可以通过移动化来把这些直观指标一层层地落实到分期、分批、楼栋的规划，后期陆续增加现金流、投资回报率的联动计算，目标计划管理就会变得非常细致。

（2）动态监控：预判、修正风险，提供最优解决方案

系统可以让动态测算成为可能，实现数据的自动采集、自动计算、自动展示，赋能一线，提升团队分析力，进行动态测算、动态经营分析、模拟测算、战略测算，对风险预判、经营指标分析具有很重要的作用。

①预判经营风险，提早发现问题

系统进行动态风险识别，随时了解某个项目上哪些指标出现问题。举例来说，如果回款30%和现金流回正的指标要延迟一个月，那么系统就会计算出动态的现金流空缺。比如在6月、7月发现，如果按照这个进度，计划原定于10月1日实现现金流回正的目标会无法达成，代表着10月期间会出现资金的缺口。

②修正经营风险，提供最优解决方案

在预判风险之后，接下来就是分析管理动作，要补充多少资金，何时补充最合理。上面的例子中，6月在系统中预判10月会出现资金缺口，但是7月、8月并不一定是贷款的最佳时期，可能在9月15日之前把贷款放进来去补资金空缺，这样的利息支出最少，系统会根据指标输出管理动作，提供行动建议，指引后续的一些决策。

风险预判之后还有一个重要工作，即将把这些出了问题的指标修正好之后进行敏感性分析。即整个项目小组要做一个综合性的方案，明确接下来要做哪些动作才能够让项目损失最小，或者保障项目利润。

在上面的例子中，现金流回正的时间要推迟，原因可能是生产进度减慢，那么可以让销售部门先推一些高价盘，或者加快一些推盘速度，实现加速回款。现金流回正的延误往往会出现在开盘后，销售部门可以通过价格上涨来做动态的调整，何时涨价，上涨幅度，才能让资金空缺前移或者推后，成本部门的付款节奏又是否略微放缓，系统可以实现多部门的联动计算，制定最优的解决方案。

管理者可以借助系统梳理出哪些要预警，之后都有相应的方案提供参考。通过信息化的系统辅助，让企业整个运营管理更精准。

3. 公司全面计划模式：500 亿级元 I 企的公司计划管理

全面计划管理模式就是房企将项目开发计划与部门的年度、月度管理职能计划一起管理，是最全面的计划管理模式，满足"公司 - 事业部 - 项目"的管理架构，以计划管理为核心，让职能计划与项目计划共同落地。项目计划管理的是项目的运营能力，部门的年度、月度职能计划管理的是各部门、各中心的运营能力，将项目开发和部门职能同时管好，企业整体的运营能力提升，业绩相应增长。

全面计划管理模式的框架大致分为 5 个层级：第一层级是 3 ~ 5 年的战略规划，这是制定所有计划的基础；第二层级是根据战略规划制定的企业年度工作计划，产生年度发展战略（战略目标、发展目标等）和开发目标计划（销售目标、回款目标等）；第三层级是根据年度发展战略制定出各部门年度职能计划，根据开发目标计划制定出项目开发计划；第四层级是项目开发计划分解为月度工作计划，分为特级工作计划、重点工作计划、次重点工作计划、一般工作计划；第五层级是周工作计划，作为月度计划的细化和辅助（图 3-1-4）。

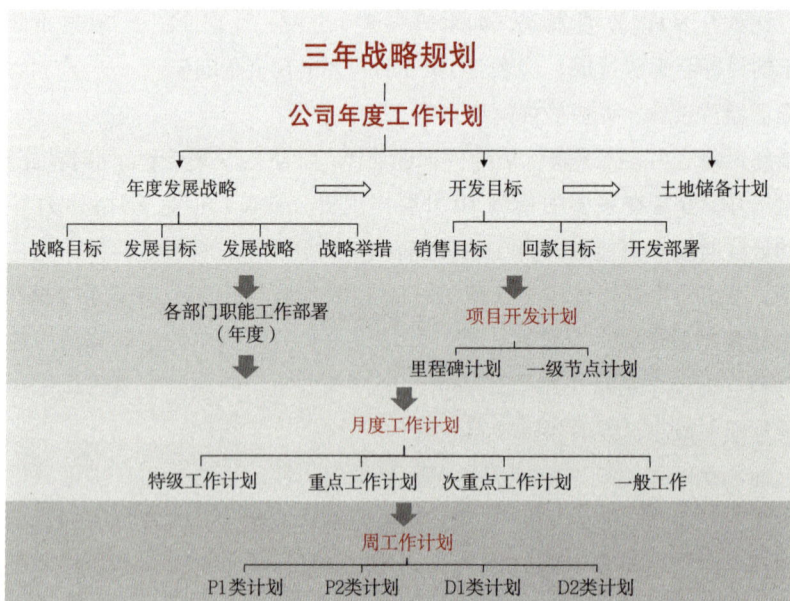

图 3-1-4　全面计划管理的 5 级管理模式图

全面计划管理模式的实施要点主要有以下 3 个。

（1）统一计划模板规范，计划全周期管控

首先，规范修订开发计划模板。原来只注重完成时间，现在设定计划开始时间（开始时间前 7 日，系统发出任务需要启动的待办提醒），明确计划到责任岗位，体现计划节点级别，完善管控节点数量，如新增车库封顶、车库砌体完成、项目启动会、项目后评估报告等节点。

其次，制定项目专项计划和部门职能专项计划模板。依据项目开发计划，制定设计、招采、工程专项计划模板，并形成各自职能部门的专项计划，使得上下游部门专项计划更好的衔接，尽量减少或避免项目开发过程出现扯皮推诿现象，影响工程进度。

第三，规范月、周计划模板，从开发计划强制分解，系统自动统计计划完成情况，规避计划执行上报漏项。

（2）项目计划控制所有关键节点，自动分解到月度计划

制定项目开发计划时要控制所有关键节点，其中包括摘牌、获取土地证、进地等里程碑节点，以及签订土地出让合同、项目启动会、售楼处开放等一级节点。项目开发计划按项目编制，部分项目分地块编制开发计划进行监控，录入计划运营系统进跟踪填报，再根据计划结束时间录入月度计划进行考核。计划自动分解到月度计划当中，避免由于计划记录偏差导致监督部门与责任部门计划数量不一致。

月度会议在每月月底或者月初定期召开，公司部门经理及以上人员都要参加。会议先由部门第一负责人对本月未完成的计划做表述，再阐述本部门下月需要完成的计划，如果过程中其他部门需要添加任务，由运营负责人协调并在系统中直接记录计划并发布。月度计划完成率由系统统计，导出作为绩效考核依据，月度计划内容强制分解到周计划落实。

（3）开发和职能工作统一管理，赋能部门经理

全面计划管理模式有一个很重要的特点，即召开月度会议的时候将企业所有部门的工作统一管理。区域、城市公司开月度工作会时，首先考察、评估各个项目，通过系统查看项目计划完成情况；第二是看各个部门的工作情况，除了相关的工程部、销售部、设计部之外，还包括招商零售部、产品研发中心、财务部、资金管理部、投资拿地部。

因为涉及的部门和内容太多，所以月度会议分层级召开。不同层级的负责人关注重点不同，集团层级的管理者主抓全局性的重大事件和节点，区域、城市公司可召开各个专业线会议，部门也要管自己的工作，相当于为部门经理进行了一个赋能，除了项目之外，其他工作也一起管。前面的计划运营管理是为每个项目总和项目团队进行赋能，此是为每个部门经理和各个专业线赋能，前面是保障项目目标，这个是保障公司目标，这样就能把所有的事管得有序。因此，全面计划管理模式并不单纯为了管理，而是为了提升各部门的运营能力。

此外，企业层面继续深化运营管理，除了要管好各个部门，还要继续扩展，比如客户管理，如果企业有商业运营公司的年度、月度的运营和职能工作、财务指标管理等，都可以在全面计划管理中进行扩展。

总结

企业能力要同时提升项目运营能力、部门或专业运营能力，那么企业的计划管理就不仅仅站在项目的维度，而是站到全公司层面的维度。如果站在企业运营层面去看计划管理，企业要赋能于项目和部门的运营能力，把行动管好才能保证目标达成，保障企业的整个工作推进。

┃ 第二节　计划管理 ┃

让战略目标开花结果

【导读】新形势下，地产新运营管理是围绕企业战略目标，在企业经营全过程，对全业务线条的目标、任务和实现的管理。

目前，房地产企业处于行业的大转型期，要想做到又好又快的发展，除了产品标准化作为支撑，出色的团队能力作为匹配，还需要运营管理作为保障，让房企在前进道路上快而不乱。

房地产企业的运营管理围绕经营目标和项目计划展开，以运营绩效为目标，以计划为主线，以成果为标志，以关键流程为支撑，以绩效为驱动，通过规划、实施跟踪、评估及改进形成闭环管理，最终确保经营目标实现。

房企在实际的运营管理中，首先要改变视角，要以现金流等经营指标为着眼点，建立运营管理的框架和流程，再根据自身战略目标和侧重点设计科学的计划管理模式，结合数字化、信息化的技术和平台将运营管理快速应用。只有把每个环节都落实到位，房企才可能实现真正的大运营管理。

1. 房企运营管理的沿革过程

房地产企业的运营管理可分为 3 个阶段：

2001～2008 年是管理规范化阶段。当时房企管理普遍比较粗放，专业能力不强，重点是通过组织和流程的规范化，提升绩效和专业能力，这个阶段行业的学习榜样是万科。

2009～2014 年是规模化、高周转阶段，房企追求快速发展和规模发展，重点是通过计划实现业务协同，通过运营实现高周转和规模发展，这个阶段行业开始学习龙湖的三级节点管理和碧桂园的高周转。

2015 年至今是大运营阶段，房企在基础夯实的前提下，开始从现金流、利润等财务指标角度来关注企业运营，更关注企业经营指标，监控现金流运转情况和货值、利润的变化情况，用综合指标体系来实现大运营。对于追求规模化发展的企业而言，现金流型项目运作模式是最有力保障。

2. 围绕企业战略目标，搭建运营管理的运作框架

现在的运营管理，已经不是 2009 ～ 2014 年所关注的计划节点和进度管控，而是要从企业战略层面去搭建体系，把计划、目标、行动串联起来并互为指引，为整个企业的方方面面提供运营管理服务（图 3-2-1）。

图 3-2-1 爱德数智数字化平台整体框架图

（1）定目标：盘家底，制定前期运营计划

首先，企业要有自己的战略方向和目标，然后进行自身评估，了解目前的存货，正在批建的项目、土地储备，以及明年要拿的土地。完成"盘家底"之后，企业要根据评估结果排出相应的运营计划。

要运作好一个项目，前期的运营计划一定要排清楚。制定前期运营计划要关注以下内容：开始生产时间、可以供货时间、货值完成时间节点和回款进账时间。这是项目的前期计划，与原来的计划运营三级节点计划不同，也有房企将其称为项目经营计划。

制定了战略和项目经营计划后，下一步要输出几个关键指标，比如货值、货量情况，收入、利润、成本支出情况，现金流的指标，以评估项目是否健康，投资回报率，这都是运营阶段的一系列必备目标。

除了运营计划，有些企业还要设计年度目标，将每年的目标"切片"来进行管理。

企业制定整体目标之后，将目标分解并锁定到项目上，每个项目设定应该达成的目标结果汇总后，即为企业总体目标。

（2）管行动：通过运营会议实施考核目标完成情况

定完目标之后，还要保障这个战略目标能够达成，接下来要做的就是管行动。即通过月度经营会、季度经营会甚至年度经营会不断复检、考察、评估供应情况有无问题，所有的生产进度和销售计划是否正常，货值是否正常，现金流是否健康等。从目标维度查看是否存在问题，以保障企业的目标可以正常完成，降低经营风险。

通过一个目标很难做好一个项目，因为其涉及六七个专业，如果按照三级节点计算，共有上千件事需协同管理，都管好才能保障所定目标的达成，所以还有一个重要环节就是管行动。

对于项目来说，管行动的核心就是管好项目的事，让项目上各专业的工作有效协同，然后把目标转换成行动节点，去保障目标达成。管行动可以再次细分为几个级别，比如有的要管好项目，有的要管好项目节点计划，有的房企还更进一步扩展到管好公司的整体工作计划、部门工作计划、个人工作计划。

（3）业务支持：信息管理系统为各业务提供支撑

要把目标和行动都管好，还需要为各个业务部门提供数字化系统的支撑，比如销售部门数据多、更新快，需要销售管理系统支持销售数据的运作。其实，每个部门都要有专业的管理助力，比如拿地的部门，一年要找几百块地，每宗地通过详细的业务流程去推算、审核、审批，查找投资漏洞，需要专业的投资管理系统。拿到地以后还有设计、成本、采购、工程、销售等业务管理系统来协助各业务部门管好业务工作，再到后面是财务部门的财务系统，各个部门都需要专业系统支持，为业务形成助力，保障目标的达成和运营的效率。

3. 新运营管理体系落地的 6 大实施要点

企业搭建规范、高效的计划运营管理体系，将目标、计划执行到位，真正让计划运营管理系统动起来、快起来、好起来。企业要抓住以下 6 个要点：

①纵向一体化：计划化整为零，经营、协同、执行一体化运作

首先，将项目运营目标和企业管理计划进行分解，形成三级计划和三级节点，一级计划（节点）管公司（经营），二级计划（节点）管部门（协同），三级计划（节点）管岗位（执行），构建覆盖总部、区域公司、项目部、协作单位多层级的协同计

划管理系统。

借助信息化技术，可以将大的计划和系统分解为具体的小工作单元，既能保证项目分解没有漏项，也能做到分解后的目标、节点满足执行和控制的要求，在公司、部门到个人纵向链条上实现经营、协同、执行的一体化运作。

②横向集成化：职能计划、项目计划有效融合，各部门集成管理

横向的集成化管理让公司职能管理计划体系与项目计划体系有效融合。第一，项目开发计划、职能计划和阶段性成果能通过系统实现有效继承，使月度任务目标不偏离；第二，编制职能部门的月度计划时，系统自动将年度职能计划分解、导入各部门月度计划，支持行政、财务、投资、商管各条线的集成管理。

③管理协同化：对接各专业工作界面，进度预警移动化

各个层级、部门、专业建立工作接口，用任务驱动，实现前置任务提醒。企业通过软件衔接各个层级部门、各个专业间的工作界面接口关系，以计划为龙头运筹协同，提高效率。系统还可以根据输入的计划信息，自动提醒相关责任人启动任务、填写进度报告，还可以通过手机移动计划 APP 实现预警提醒、进度提醒，随时完成进度填报。

④管理标准化：快速建立计划模板，输出标准化成果体系

企业快速建立计划模板，依据不同的项目类型、区域和业态，将任务级别、计划工期、责任岗位等细分项清晰呈现，同时结合项目计划，梳理阶段成果清单。信息化系统让企业更好地统一管理流程、技术规范和建设标准，输出项目和工期的标准化成果体系，提高快速复制的能力。

⑤管理可视化：通过图表、颜色、标识进行实时监督和分析

系统可以生成多样化的地图、表格，通过数字、颜色等多种表现形式，协助计划运营管理数据的实时监控与分析。在项目开发计划执行总览表中，系统设置不同的标识和颜色来反映各级节点的计划执行情况，通过照片、图片来直观展现项目的现场形象进度，通过汇总图表对各区域、各部门、各岗位的工作计划完成情况，及时掌握全局、调整策略。

⑥驱动绩效化：自动评分、排名和分析

信息化系统可以为项目计划、经营计划匹配绩效分值，通过预警、评分、绩效分析来驱动计划运营。系统根据任务的级别以及重要性设置考核基准分，通过软件实现自动根据项目进度，提醒执行计划和填报进度，实时发布进度风险预警，同时对项目、部门和岗位的任务进行考核评分，最后对计划执行的结果进行自动排名和分析。

4. 信息化应用：基于战略目标构建业务框架，自下而上推进信息化

新运营管理是一个庞大的系统工程，其有效实施需要技术和平台的支持，管理的信息化是保障计划运营体系运转的重要工具。企业应该将 IT 系统和数字化进行有机结合，通过 IT 规划、搭建计划运营信息化体系来支持企业的运作。

数字化管理要管好目标、行动和业务，但是信息化的建设是自下而上推进的，企业往往最早上线的是财务系统，然后是销售系统，采购、工程、成本系统再逐步上线，现在设计系统也逐渐进行了数字化、信息化的升级，投资拿地也在通过数字化去管理。

每个部门都在开发和应用自己的业务系统，通过统筹所有部门工作的计划管理，围绕企业、项目个人的计划管理，逐步做到各业务线和部门的统筹管理。项目计划和目标计划都相互关联并逐层分解，所有部门管好相关的事，整个链条都为了完成目标而运作。有了清晰的结构和运作机制，才能让每个部门、每个岗位做好自己的工作，让计划协同、跨部门的协同更有序、更清晰，才能对目标进行有效的控制，最终达成企业的战略目标，这就是大运营 ERP 框架的规划。

（1）分上下两层进行 IT 的整体规划

前面是基于战略目标来进行业务规划，接下来就要进行整体的 IT 规划，看看信息化怎样对业务提供支撑。在企业大运营的背景下，IT 的整体框架可以分成上下两层：上层做运营支持，主要是管目标、管行动、助业务，下层做业务支持。

上层：运营支持

数字化运营和数字化业务管理属于上层，比如通过数字化、信息化来管理目标，包括战略目标的测算、公司的经营计划和经营分析、项目的经营计划和经营分析。管好行动就是在管好项目的基础上，做好项目和企业计划业务的任务协同。此外，系统还可以提供各类看板、自动监控、智能分析等功能，协助企业进行智慧决策，这都属于运营和战略支持的内容。

下层：业务支持

下层就是各个专业部门，提供各种专业的系统来支撑业务的完成，还有下面的主数据 OA 平台作为支撑。

（2）根据运营的侧重点决定数字化管理的内容

不同企业在实际的运营管理中，数字化管理应用的内容和程度都不同，有的企

业管的全,有的企业管得少,有的企业管的侧重点不同,企业对运营管理的定位不同,对数字化管理的要求也相应不同。

有一类企业的管理者认为先解决难点和痛点,主要原因是在这两个方面着重实施数字化,所以这类企业侧重于管好项目计划,比如上海万科、绿地、金地、保利以及下属子公司,未来都将扩展到全面计划管理。还有一类企业是要把项目和一些考核目标管好,如中铁置业在管好项目计划节点的同时也对一些目标进行了管理。这两类企业的管理重点目前都放在项目层级。

还有一类企业,如中铁建工集团、正商等采用的是全面计划管理,将运营管理的范围和视角放在了整个企业层级,这些企业的高层和运营部门对计划运营高度重视,要求除了管好项目的事,还希望将绩效考核等所有非项目的工作通过信息化管理来完成。

总结

一个好的运营管理系统不仅能满足企业和项目现有计划、目标的管理,还要具备扩展性,适应不同的信息化要求,比如系统和预算、工程建设整合,连接地产代建模式,还可以拓展商业地产开放、运营的计划管理,还有全面监控的模式。根据企业和运营管理的不同要求,系统可以进一步加强项目和企业的行动协同,完善关键节点和进度的监控,保证经营目标的达成。

设计提速与产品力提升的加速器

新形势下，设计管理在地产企业已经从纯粹的专业性工作成为项目开发运营效率提升及企业产品力打造的核心动力之一。

近年来，地产行业环境更加复杂。景气周期更短，市场变化更快，竞争压力更大，资金压力大，规模化管理更难。

这给设计提出了更高的响应需求：更快周转、更大规模更多区域应用、更高的用户口碑和质量安全。

快周转要求项目设计提速，核心是缩短"拿地—开工"的周期。我们结合标杆企业的成功经验，针对设计启动时间、出图、协同、报批、流程、决策等设计优化点，总结出"七快"设计管理新体系，帮助房企更好地将技术和管理相结合，实现设计管理的提速和提质。

更大规模更多区域应用、更高的用户口碑和质量安全，则要求更多的产品创新、更多的设计创新、更高的设计标准化、更深入的设计标准和资源的利用和分享效率。

当前，融创、金地、首创等标杆房企的通过管理标准化和运营标准化，有效激发设计人员创新的积极性，采集设计数据信息，建设集团统一设计数据库，高效利用和分享设计标准化创新成果，从而让项目开发更快、设计资源利用更充分，助力企业运营能力大幅提高。

本章从理论到实践解析了如何实现设计管理工作的高效率、高质量，如何通过设计工作的标准化管理、设计成果数字化建库、设计资源共享机制建立等数智化手段，成功打造企业的产品力。

| 第一节 |

设计提速七把快刀

【导读】设计工作周期长的问题，一直影响着地产项目的开发节奏和运营速度，为此从实战总结入手，我们给出了直接推动设计提速的七个利器。

设计管理贯穿房地产开发全程，特别是在"拿地－开工"这段时间里，设计管理的效率和质量，直接影响整个开发周期的进度。要想开发提速，就一定要缩短"拿地－开工"的周期，归根到底是让设计提速。

设计提速的核心主要有三个：第一是重新梳理设计流程，合理调配设计时间；第二是挤掉设计周期中的"水分"，通过过硬的专业技术和科学管理，去除冗余，提升效率；第三是借助新技术提升设计质量，减少变更与反复，因为质量的提升本质上也是效率的提升。

我们结合标杆企业的成功经验，针对设计启动时间、出图、协同、报批、流程、决策等设计优化点，总结出"七快"设计管理新体系，帮助房企更好地将技术和管理相结合，实现设计管理的提速和提质。

1. 介入快：设计早启动，拿地前完成规划设计

房地产项目开发流程主要包含三个阶段：第一是土地决策阶段，第二是开发决策和技术决策阶段，第三是技术实施和生产施工阶段。房地产企业可将第二阶段前置，与第一阶段同步进行，通过改变项目流程的关键线路来压缩总工期。

设计前置是"拿地—开工"阶段的关键，要让设计周期可控，房企要做到以下三点：

（1）所有设计工作前置，内部立项即开始设计

项目内部立项后即可开始规划设计工作，为了保障设计工作又快又好地完成，房企要特别注意以下要点：

第一，提前了解清楚当地的规划设计要求及要点（要特别重视容积率、日照分析、建筑间距、商业比例等指标），保证不踩政府红线；

第二，由营销、设计、成本及财务等多部门进行规划设计方案分析，严格按照当地规划要求进行规划设计，避免后期因方案修改影响进度；

第三，在规划方案出来后，为避免拿地后受政府影响导致方案出现反复调整，影响报批报建及开工时间，在摘牌前就要提早预报方案，基本要求是通过规划部门预审批。

标杆房企 B 企为落实集团及区域提高项目运营效率的战略要求，区域本部及各成员公司均成立了涵盖相关专业人员的前置工作小组。根据集团项目运营前置加速的要求，各一线成员公司新发展项目要在城市地图、细分客户的基础上，实现项目的客户定位、产品解决方案前置、成熟产品项目要前置客户定位、规划方案及单体方案选型、标准化产品项目要完成前期客户定位、规划方案及单体实施方案选型。

另一家标杆房企一般在项目选址和土地收购阶段就开始进行规划研究和初步设计，内部规定在土地获取前 25 天要提交集团主席签字确认规划方案（含总图）及展示区范围终稿。该企的一般项目概念设计当天即可完成，多数项目可以在获得土地使用权后数日开工。获得土地使用权证照后，立刻进行 50% 以上土地面积的开发，项目到预售期平均只要 7 个月。

（2）同步开展勘探工作，为桩基出图打好基础

在设计前置启动的同时，房企要同步开展地块勘探工作，尽快了解地质情况，预判地质风险，为桩基选型和出图确定前提条件。在具体实施中可参考以下两个步骤：

①参照周边地质情况，快速了解目标地块的地质情况

房企需要尽可能取得周边建筑物地质勘查资料及相关工程资料，为基础设计提供参考，也为前期工程提供依据，这样就可以有效提高设计和前期工程的进度。

②先初勘后详勘，第一时间出具地质勘查报告

一般情况下按先售楼部、后展示区、最后货量区的原则完成地勘，如果地质条件较差，房企可以先行初勘，第一时间确定基础施工形式，规划及现场条件较完备情况下直接详勘。通过对目标地块的地质报告进行分析，工作人员将地质勘查报告第一时间提供给设计院出桩基图。

（3）建立战略合作设计单位资源库，快速选取

房企在没有建立完备的产品标准化体系前，应该选择与产品类型合适的设计供方战略合作伙伴，充分利用他们的产品库来快速填补空缺，对加快设计进度有事半功倍的效果。

在具体操作中，房企可根据自身特点对设计单位进行分类，比如建筑方案设计、施工图设计、室内设计、景观设计这 4 大类，然后分别寻找与市场连接紧密的设计

公司并建立战略合作，这样在拿地前就可让战略合作设计单位提前介入，对地块进行规划布局，确保前期设计尽量提前启动，为拿地后的快速开发做足准备。

通过上述 3 点，房企能将设计工作大大提前，将房地产开发流程的起点向前大幅延伸，为后期的施工打好充足的提前量。一些龙头房企可以将设计前置做到极致，在土地获取前 40 天就开始前置设计工作，开工前 7 天提供地勘资料，拿到地就开工，当天完成图纸第二天去报建。

2. 出图快：依托标准化，一个月完成施工蓝图

碧桂园的规模化和高周转在行业中独树一帜，"摘牌当天即出图"的说法一度引发热议。其实，碧桂园"一天出图"是指"规划图"而不是"设计图"，因为规划图要提交政府部门进行审核，实际碧桂园在正式拿地前就启动地块同步跟进和前期策划了。即便如此，能快速出具规划图也足以令人惊讶，快速出图的背后是完备的产品标准化体系作为支撑，所以即使当天出规划图，也不会对项目的设计质量产生影响，反而能提前暴露可能出现的风险，提早解决。

我们结合标杆企业实践，提出以下方法，帮助房企完善产品标准化体系，实现出图的"快、准、好"。

（1）增加对营销、成本、采购的适配性，让设计标准有效落地

需要注意的是，产品标准化并不是设计部门的单一输出，还必须适配营销、成本、物业、法律、财务等多个要素，这样才能让设计标准快速落地，并在后续环节形成有效推动力。

某扎根深圳的标杆房企在标准展示区、标准会所、标准住宅单体、建筑类材料部品库、建筑类通用标准等 9 大方面形成了标准化应用手册，在每一大类标准下面还有更细化的标准分类，比如装饰类通用标准提供了精装标准模块设计标准，将住宅类产品划分为尊贵型、领先型、改进型等 6 个等级，并对应 6 个级别的设计标准和参考造价，便于各类产品设计快速落地。

该企通过战略采购和标准化已经能够较好地控制部分材料，但也会遇到一些不可控状况，比如展示区整体造价偏低致使园林软景难以达到设计要求，这就要求采购要提前了解各地苗木市场；装饰用大面积石材，就要求设计、采购和施工单位一起看大板，保证石材效果。通过多部门介入，产品标准化适配性更强，设计标准能更好落地，大幅提升设计效率。

（2）分地区、分气候，建立差异化的标准化产品库

标准化是某龙头房企实施快速规划设计的基础，为了高效开展设计工作，该企拥有超过 6000 人的设计院，开创性地根据地域特点建立了海量户型库，将经过无数次修改、经过市场考验的成熟产品纳入户型库，其中，仅仅是美墅类的经典户型就多达 400 多款，面积段涵盖了 80 ~ 1000m²。而且几乎每年都会更新户型库。由于每个城市的气候特点、客户需求、面积计算方式都有不同之处，还依据不同气候、地域习惯等因素而分类建立户型库，让差异化的快速设计成为可能。

（3）案例：全面贯彻标准化，一个月完成施工图

为缩短前期设计周期，位于上海的某房企要求各地的项目严格采取标准化的方式来操作：针对刚需及改善客户，要求选择标准化产品，区域范围内全面快速复制，特别是同一区域，如果客户定位相同，必须选择标准化产品。另外，为保障展示区尽早完工，要求展示区采用已有标准户型，这样可以做到套用原有土建、安装施工图纸和装修图纸，节省设计、采购和招标时间。通过标准化后设计周期平均缩短一半以上（表 4-1-1）。

标准化前后设计周期对比   表 4-1-1

项目		标准化前（天）	标准化后（天）
规划施工图		57	14
市政施工图		15	8
结构图	别墅	27	14
	多层	34	18
装修图	别墅	44	3
	多层	30	19
水暖电图	别墅	3	1
	多层	4	2

该企能够在拿地后 1 个月内完成全部施工图，其中的关键有两个：一个是充分利用标准化套图，要求启动区户型、样板房精装修设计直接采用套图制，出图时间不得超过 15 天。另一个是快速完成试桩及桩基图设计。7 天内完成试桩图，12 天内出试桩报告，15 天完成正式桩基图。如需自行勘探，则要求土地获取后 6 天内由勘探单位提交中间报告，供设计进行桩基复核，10 天内完成详勘报告，进行试桩图设计工作，10 天内完成试桩图并开始试桩施工，15 天出具正式桩基图。同时上部结构施

工图按照前期报批报建时间要求进行出图，并且要求拿地后 30 天完成全套施工蓝图（图 4-1-1）。

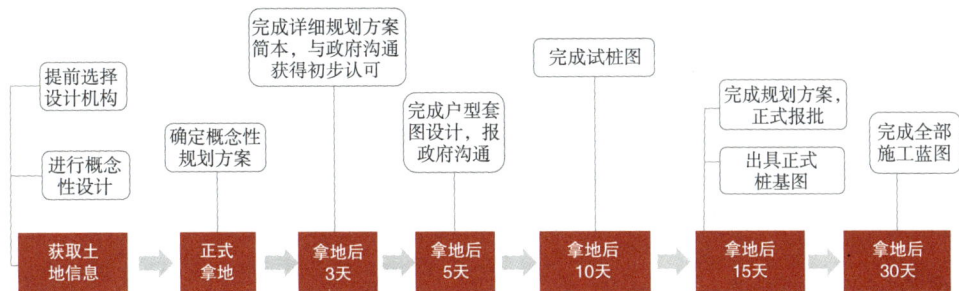

图 4-1-1　各施工节点出图

3. 协同快：双并联设计，齐头并进快速推进

过去，房企的设计流程是单向的串联方式，即拿地—设计—策划—景观—室内，每个环节的周期叠加就会非常长，而且中间缺乏有效的沟通协作，还会导致设计方案扯皮、变更，进一步延长设计周期。如今，规划设计流程应该形成立体化、整体化的设计思路，由单向串联向双向并联演进，规划、建筑、策划、景观、室内等各项设计工作"齐头并进"，尽可能提前将各种设计内容整合，以达到高效、有序的设计结果。

并联设计体现在两个方面，一个是各项设计工作的同步开展，另一个是设计和其他部门的协同与穿插。

（1）规划设计与景观、装修设计同步开展

在项目内部立项时，概念设计即启动。在方案设计阶段，方案设计、扩初设计、施工图设计的过程中，景观设计、专项设计甚至部品、装修等设计工作也可开展，在施工图设计、景观设计等大类下，各细分板块的设计工作也可以并联设计，龙头房企可以做到几项、十几项设计工作同步实施。

（2）设计与营销、报建、招标部门的多维度协作

要有效提升规划设计的效率，除了设计环节内部的并联启动之外，还要加强设计与营销、报建、采招三大部门的协同。

①制定设计与营销的专业计划，分解实施更有效

在设计之前，营销部要通过分析城市或区域的土地规划，了解当地客户的实际需求与支付能力，从而锁定客户群，最后制定产品定位及产品建议书，以指导设计。目前，不少房地产企业通过制定设计和营销职能线的专项计划，对工作任务进行分解，明确各工作任务的时间、责任，协调设计与营销部的工作，可有效提高这两大部门的协同效率。

②提前梳理报建敏感点，缩短设计与报建周期

房地产项目建设过程中，涉及大量的图纸送审和证照办理，设计成果要通过当地政府职能部门的审批，但目前区域公司的设计大多由集团总部直接管控，区域公司报建部门负责办理证件。因为不熟悉当地的法律法规及相关标准，设计部的成果往往通不过审批而需要返工，对项目开发进度造成较大影响。

为了解决设计与报建的协同问题，标杆房企 S 企对以往设计在报建工作中出现的问题进行了针对性的分析与总结，并系统梳理出几十个"开发项目报建敏感点"，以争取缩短设计周期和报建周期。如方案阶段，要注意项目名称应与公司规定的统一名称相吻合，在整个报建周期中争取项目名称不变；在初设阶段，要注意消防设施配备，初设文件与已审批方案指标的一致性，节能审核等；在施工图阶段，要重点关注施工图审图机构出具的审查合格书，查看合格书编制标注，审查机构印章、设计单位印章等。

③设计协同任务纳入招标计划

按照项目开发正常流程，设计先定稿，然后采购部门根据设计部提供的招标图纸、设计样稿进行招标采购，如果设计部无法按时提供设计样稿或设计超出采购预算，一方面招标采购工作会产生延误，另一方面设计部门要根据实际情况进行图纸、样稿的修改，耽误时间。因此，房企在制定招投标专项计划时，要把重点放在企业内部跨部门的横向协同，比如在制定招投标计划时，就将设计部、成本部、工程部应该协同的工作都纳进计划中，并明确了每个部门的任务完成时间与责任人，有效地推进了招标采购工作的进度。

4. 拿证快：提前沟通、备齐材料，平行申报更高效

在项目施工前，有大量的图纸、证照需要报批报建，这些工作看似程序化，却可以造成设计反复修改、长期等待、延误开工等严重后果，反过来说如果准备充分、处理得当，也会大幅缩短审批周期，实现快速设计、快速开工，对缩短施工前周期很有帮助。

我们结合标杆企业具体做法，给出几点建议：

（1）三条报建主线平行申报，缩短报建时间

房企可以建立以取得项目立项批文、工程规划许可证、施工许可证为三条不同阶段的报建主线，合并或平行各个阶段的报建任务，编制行之有效的报建计划，缩短报建时间。

（2）了解区域政策差异，提前准备好报建材料

不同城市、不同片区在规划、消防、人防、质检、环保等多个房地产开发环节的政策可能都存在差异，因此，必须要熟悉当地市、区、镇各级政府部门的相关政策，提前做好各个报建单位的资料准备工作，不因具体资料的完备、标准问题影响报建进度。

（3）做好和主管部门的沟通协调，确定具体执行方案

做好与政府人员的沟通，方便后续工作开展，特别是规划方案先与规划部门沟通调整好，比如在地块立项10天内完成规划设计方案编制，协调政府相关部门召开规划提报会，获得政府的规划支持。同时，设计与相关部就报批报建的注意事项进行沟通，预判报批报建工作中可能会遇到的问题及难点，制定具体执行方案，确定哪些工作可以提前进行，哪些工作可以穿插进行。房企可根据具体情况引入当地报建专员，提升报建速度。

（4）办证材料一次性提交，积极协商争取后补

施工图纸提前送到建设部门初审，提前准备办理国土证、立项、用地规划许可证、工程规划许可证、施工许可证等材料并送件。与此同时，提前通知施工单位准备报建所需的配合资料并积极协助完成一些与政府相关的手续。

正式提报后，最理想的状态是摘牌当天就补齐文件办理施工许可证。如果达不到理想目标，房企应尽量跟政府协商将资料后补，如立项、环评等，或与建设部门商量好签发预开工证的模式。特殊情况下同政府沟通就基础图进行报建，确保摘牌后能够达到基础施工的"最低底线"。

5. 流程快：设计管理节点化，逻辑顺了才能快

设计成果的完成时间直接影响房地产开发的报批、施工等后续环节，因此对总

体设计进行计划、进度管理十分必要。总体设计的编制在各专业设计时间基础上，保证下一步设计成果需求部门的时间节点。

总体设计计划要形成相应的时间合理穿插，主要目的是让各专业形成有机结合。

（1）以摘牌前 15、10、5 天为节点，编制里程碑计划

某龙头房企要求一旦获取新项目（以投资策划中心发布的项目获取信息公布日为准），即启动里程碑计划，区域上报及集团签发工作（不考虑收地拆迁、高压线迁移、工商变更、规划未定、土地抵押等情况）。要求项目首要负责人在拿地前半个月完成里程碑计划编制，前 10 天上报区域运管部门，组织区域的营销、财务、客户关系管理、工程技术、招标、物业管理等相关部门负责人及相关工程师进行评审，并提出修改意见，在摘牌前 5 天经区域总裁审批通过后，在摘牌前报集团运营中心审核。促进实现各项目"拿地即开工"。

根据项目推进的不同阶段，该房企将主项计划编制分为：

定案版主项计划：即从"拿地前 2 个月或定案通过之日"起至拿地日期间所执行的主项计划，主要侧重拿地前前置工作项的完成。

审定版主项计划：即项目获取信息发布后正式经集团审批通过并执行的主项计划，主要侧重于拿地后实施工作项的完成。

（2）概念性规划设计汇报前要关联单体方案和景观方案

进行概念性规划设计的汇报节点前，要产生建筑单体方案单位（甚至是施工图设计单位），还要产生景观方案设计单位。因为设计单位关注点不一致，如建筑方案设计单位更关注单体形态，而景观设计单位更关注单体外空间，目的是使他们在听取规划汇报时都联系设计，更能发现规划问题。

（3）景观设计与管网施工设计节点要有并行和交叉

景观设计中的方案、初步设计的时间节点一定要与小区管网综合的方案、专业管线施工图的设计节点发生联系，因为在室外可能存在大量的构筑物，比如雕塑、院墙等，很可能与某个管线的井发生冲突，实际上相当于两个设计并行发展，增加会审的环节。

（4）设计进度计划要详尽，对应各阶段设计成果要求

编制的进度计划应尽量详尽，而且具有可操作性，并且要对应各个阶段有设计

成果的要求，比如在景观方案设计中，"深化景观方案设计"阶段的进度和成果要求如下：8月1日~8月21日，深化调整景观方案设计，调整初步确认后的规划设计方案及户型平面，提供初步意向立面和景观彩图资料；8月22日汇报景观方案；8月23日~8月25日，公司内外部对方案进行评审并反馈意见；8月26日~9月5日，根据反馈意见调整景观方案；9月6日~9月7日，确认景观方案。

6. 决策快：优化决策点，提高设计成果审批效率

前期重要设计成果的决策确认也是影响设计周期和整体开发速度的关键，决策慢的原因主要有3个：第一，很多企业前期调研能力不足，缺乏自身的市场分析模型，委托外部机构调研，又难以对其成果做出准确评价，导致设计决策依据不充分；第二，很多企业还存在决策主体不明确、决策流程复杂等问题，导致审批难、决策慢，前期设计成果出现经常性的反复，从而延误开工进度；第三，房地产项目设计环节工作涉及营销、设计、报建、造价采购几个部门的协作，如果是区域公司的项目设计，还涉及总部对区域公司项目运营关键节点进行决策、审批，环节复杂繁多，决策周期过长，导致整体审批效率低下。

要提高设计成果审批、决策的效率，房地产企业可适当对繁多的决策点进行优化：

（1）各个设计阶段的要求先明确，正确输入才有正确输出

设计任务书就是设计的输入，充分的设计输入是起点。方案设计阶段应聚焦于政府规划、产品定位、领导意图，设计任务书的输入主要应包括决策层规划意见、营销部门提供的产品定位、物业公司和客服部门提供的客户建议、开发部门提供的政府征询意见、预算部门提出的初步成本建议以及项目现场管理部门提供的勘测报告等；初步设计和施工图设计阶段的重点在于报批反馈意见、成本要求，设计任务书的输入则主要应包括前面的设计成果、报批过程中获知的反馈意见、预算部门提供的细化成本要求，以及项目现场管理部门提供的配套设备设计要求等。

（2）决策"有抓有放"，提升审批效率

房企还可以通过合理授权、重点管控管理办法，提高审批效率。一线具备总部认可的决策资源后，大部分专业决策事项下放到集团专业线和区域公司来进行；一线决策资源不足时，总部协助集中决策，总部主要对风险点进行管控。这种"有的放矢"的决策方式，保障了决策质量和效率。

（3）拿地即评审，短时间做出全面把控

销售额超过 5000 亿的某标杆房企内部已经形成了一个高效和科学的决策体系，在比较短的时间内作出全面的把控。

首先，从跟进某个地块开始，区域内部评审就随之启动。一旦确定跟进某个地块，信息就会录入其内部系统，区域的横向部门包括设计、工程、运营、营销等都会从专业角度同步对此地块进行横向研判，包括选址、市场等各方面。

其次，在横向部门进行研判形成意见后，区域内部会召开预审会，讨论项目的可行性、存在的风险和后续应该注意的问题，经过区域管理、横向部门的专业评审后，项目才上报集团。

随后，集团里专门负责对接该区域的人员现场考察地块，然后集团层面的各个部门再次评审。这意味着每个项目报到集团的时候，已经经过了严格审查，在集团再次考量之后，如果可行，才会再上报到集团投资决策委员会，由高层做出最终决策。整个过程虽然时间很短，但每个项目都会经过多轮评审。

7. 质量提升快：管理精细化 + BIM，实现优质设计

我们研究发现，设计管理的"快"与"好"是相互依存、相互促进的，一方面提速需要管理精细化、流程管控、技术根基等方面的支持，否则想快也快不起来，另一方面，房企提升了管理水平，重塑了流程，改善了协同机制，让设计减少变更，决策更为顺畅，各环节连接更为紧密，在设计质量提高的同时自然也缩短了周期。

具体来说，设计质量的快速提升需要从管理和技术两方面入手：

（1）优化流程、决策、协同等环节，用管理提升质量

房企要加强管理的精细化，对流程、决策、协同等方面进行优化，提升设计质量。

①前期市调要详尽，提供分析模板准确又高效

前期市调要对当地市场格局、客户特征、消费水平等关键要素进行详尽调查，为设计、营销提供重要资料。房企可以借助第三方调查机构进行前期市调，对外部调查机构进行有效管理，保证调查结果的准确性。万科在进行项目前期定位时，一方面会提供自身分析模板和模型，要求合作单位据此展开定位研究，另一方面对成果强调要基于调研和分析，不追求概念上的先进性，通过这种方式保障外部单位成果质量，既发挥外部单位的主观能动性，又与自身对客户的需求和理解有机结合。

②细化标准化体系，保证高品质复制

第一，先试行，再改善。总部设计中心应该结合各地区公司地域特点，先整理出标准化样本，在各地区试行，一段时间后统计使用效果，并根据使用过程中出现的问题进行改进完善。

第二，细化标准化体系，实现高品质复制。分区域选择优秀的设计公司给予配合，共同研究、开发符合当地政府规定的标准化产品，每种类型的开发产品从户型、立面、构造节点、建造做法都建立标准化体系，让各区域在应用中做到高品质的复制。

第三，定期评估，动态更新标准化成果。在方案设计各阶段应采用标准检查表进行检查，未按要求标准化要进行申报说明，申报说明意见在该阶段设计前一周内反馈，集团进行审查通过后进行标准化预备案，作为非正式标准化成果。标准化预备案确立原型并整理成果后提交集团审查，审查通过后编号入库，进行标准化成果版本更新。更新版本每年发布，补充成果每半年发布，设计技术管理规范每年不断升级与更新。

③建立前期工作小组，推进设计与多部门协同工作的落地

为了更好地解决设计与营销、报建、招采等部门工作脱节、反复调整的问题，房企可以建立前期工作小组，来推进设计与多部门协同工作的落地。

首先，要明确工作职责，可由公司拓展或营销部门高层亲自挂帅统筹前期工作，担任组长，各部门负责人及项目专业人员作为成员，负责统筹前期工作，深入研究市场，精准策划，优化项目设计。

其次，制定清晰有效的工作机制，每周定期汇总具体内容进行研讨，议定解决策略并遵照执行，重要节点召开专题会，必要时组成跨部门小组联合办公，同时对分管领导考核里程碑节点，对参与部门考核主责总控计划节点。

④设计成果多方会审，减少设计变更

首先，合理组织评审会，把相关业务部门以及领导召集在一起，对设计成果进行把关，核对设计要求或建议，以压缩不同部门、不同领导对设计成果的评审时间。设计方案或施工图应根据量的大小提前2~3天下发参与者，提高评审会效率；选择权威人士担任主持人，提高各参与部门重视程度的同时，要在出现争持意见时决策拍板，避免长期争执影响效率。

其次，提供设计输入的部门以及领导都应参与核对，把控设计要求或建议是否体现。必要时，还应邀请外部有关专家参与。最后要形成评审纪要，这样做可以提高部门重视程度，并且为日后设计分析总结提供素材和依据。各个评审会都应有详尽的评审意见记录，并要求签字确认。

⑤流程控制紧扣关键节点，及早发现、解决问题

在设计过程管理中，要依据设计进度安排结合阶段成果的深度要求及设计项目的关键节点进度计划，关键节点由设计管理部门组织检查，必要时可组织各部门参与研讨，碰到不确定性问题时应征询规划、消防等主管部门意见，尽早发现问题，提前解决。

（2）引入 BIM 建筑信息系统，用科技提升质量

目前，国家和地方政府陆续出台相关政策和标准，推动 BIM 在房地产上的应用发展，万科、龙湖、碧桂园等龙头房企都已建立 BIM 团队，并应用到实际的设计和建造中，成为未来质量、效率提升的新抓手。

可视化：BIM 让设计师将以往线条式的构件形成一种三维立体实物图形展示出来，让各方随时得知实际的建造成果。

可协调：房地产开发往往要求分布在不同地理位置、不同专业的设计人员同时展开设计工作，BIM 可根据模型进行管综、校核，还可基于模型解决例如电梯井布置与其他设计布置及净空要求的协调等。

可模拟：在方案论证阶段，使用 BIM 评估设计方案的结构、视野、照明、安全、色彩及规范的遵守情况，对建筑局部细节仿真和推敲，迅速分析设计及施工中可能出现的问题；通过数据对比和模拟分析，辅助施工总控计划、采购计划等，提出不同解决方案，并找出优缺点，迅速评估建筑投资方案的可行性、成本和时间。

可优化：建筑策划阶段可随时查看初步设计是否符合要求和满足设计依据，通过 BIM 连贯的信息传递或追溯，更好地进行工程设计、施工方案、现场排布等工作的优化，比如在设计与深化阶段通过管综出具综合管线图、精准预留预埋图、碰撞后的优化报告提资等，大大减少以后详图设计阶段修改设计造成的周期延长和巨大浪费。

可出图：可经过建立本地化、企业化的构件库、三维标注构件库，以模型规划原则和剖切原则，实现即时的三维模型出图，使真正基于 BIM 三维界面的三维设计与出图成为可能。

总结

在缩短设计周期的同时保证质量不变甚至提高，非常不容易做到，龙头房企能做到极速设计、快速开工，必然是多种方法用到极致，各环节衔接严丝合缝，需要在人员、规模、管理等方面具备深厚基础。对于很多管理基础相对薄弱的房企而

言，要实现设计早启动和产品标准化还需要较长时间，可以把内部管理精细化作为发力点，重点放在设计与报建脱节、设计资源库建立、决策流程优化等问题的解决上。具备一定规模和管理水平的房企，可以在设计前置和产品标准化方面进一步优化，龙头房企应该积极拓展维度，发展 BIM、人工智能等新技术，突破现有提速局限，将设计提升到新的层面，进一步推进产业升级。

| 第二节　产品力提升 |

标杆房企的设计标准化

【导读】通过诸多企业实践案例，深入解读不同规模企业通过设计标准化提升产品力的最佳实践。

1. 产品标准化：3000 亿 J 企的设计成果高效共享

以高周转著称的北京 J 企，坚持区域聚焦和高端精品发展战略，在京、津、沪、渝、杭拥有多处不同发展阶段的项目。定位高端且能坚持高周转，这是 J 企与其他地产公司最大的不同。

源系、府系等超级 IP 效应的高端精品产品线，以高产品售价、高去化率、高端精品的品牌形象成为独特的"名片"。

对于 J 企而言，产品线支撑了其业绩和规模的快速增长，但在一定程度上，标准化的复制率决定了其设计效率。

（1）核心问题：资料分散缺乏安全性，分享率低资源难平衡

J 企虽拥有强大的设计团队，但由于项目不断增多，加之高周转战略，其本身对于设计有着很强的诉求。整体来看，J 企目前存在两方面问题。

①系统类：安全差，资料分散，存档不统一

成果安全性：成果资料安全性保障措施欠缺，核心资料泄露情况不易控制。

资料易用性：集团 / 区域发布的研发类制度公文文件不便于查找和使用。

信息录入维护：信息化系统较分散，存在需重复录入的情况，且需要多系统频繁切换使用。

成果存档难：各区域资料存档方式不统一，项目资料缺乏统一平台。

②业务类：分享率待提升，成果归档慢，资源难均衡

项目经验分享：区域间优秀项目经验分享以线下为主，经验分享效率有待提升。

数据统计效率：研发类数据采集流程有待简化（如标准化复制率等），数据采集效率有待提升。

设计成果保护：项目资料归档及时性低，人员离职造成项目资料遗失情况频现。

设计资源把控：对于设计资源使用不均衡的情况难以及时发现并进行调控。

（2）平台规划：促进经验分享，提升采集率

J企对于设计方面的需求，核心诉求是解决产品标准化后的共享问题，通过统一平台推广优秀做法、设计，供旗下 12 个区域设计部门复制。

①打破传统模式，促进优秀项目经验分享

J企以往低效率的项目经验，通常是通过电话、邮件等方式进行单线传输，缺点是传输效率低、信息易泄漏。

为提高优秀项目分享效率，通过设计管理平台，从建筑、景观、室内、快建、示范区等专业维度沉淀优秀项目成果，各区域上报由集团统一审核发布，任何区域均可在此平台上寻找合适案例（图 4-2-1）。

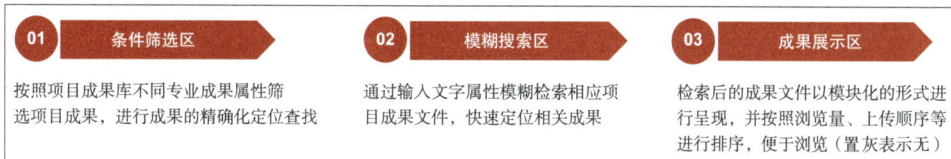

01 条件筛选区	**02** 模糊搜索区	**03** 成果展示区
按照项目成果库不同专业成果属性筛选项目成果，进行成果的精确化定位查找	通过输入文字属性模糊检索相应项目成果文件，快速定位相关成果	检索后的成果文件以模块化的形式进行呈现，并按照浏览量、上传顺序等进行排序，便于浏览（置灰表示无）

图 4-2-1　产品选配

以东南区域为例，创新力极强，在产品标准化体系完成后，按照建筑、景观、精装、快建（工业化）、示范区进行内容沉淀，其中建筑细分楼型平面、立面、部品部件、技术模块、技术做法等模块；标准化应用方面结合互联网运营方式，借用"淘宝选购"方式，勾选预计选择的项目户型、部品部件等，并通过统计的方式辅助后续统计复制率。

通过"条件筛选、模糊搜索"在平台上搜索资料，可快速查找到相关成果。通过这种方式，进行高效的成果分享，也可提高优秀项目分享效率。

此外，除集团强制要求分享的内容外，其他内容各区域还可设置权限，其他区域需要时申请下载权限。

通过这样的机制，改变以往零散的、个人间的分享，不仅利于区域间的相互了解，更利于工作的开展，方便优秀项目分享，提升工作效率。

②打通信息互通，提升指标采集率

通过设计平台，打通项目一线与集团／区域平台的信息互通，使得管理指标得到高效统计，信息得到有效传递，提高设计控制力。按照建筑、景观、室内、快建、示范区模块推广标准化研发成果，并通过在线选配应用实时生成方案，加快方案设计速度，提升复制率统计效率。

项目一线人员

进度：按照项目设计计划，流程化开展项目设计工作，按节点填报计划完成情况。

数据：借鉴优秀项目经验，选配标准成果，快速复制项目设计方案，自动统计并上报项目复制率。

成果：按照任务节点上传项目成果文件，及时沉淀项目资料。

区域平台

进度：可视化监控项目设计进度，即时掌握项目设计进展。

数据：发布区域标准化标准，自动汇总项目复制率，上报区域复制率。

成果：有效沉淀区域内项目成果资料。

资源：平衡项目资源选用。

集团

进度：自动统计节点达成率。

数据：自动统计区域复制率。

成果：汇总项目成果资料，发布优秀项目经验供全集团分享。

资源：公示优秀与不良设计资源，辅助一线选用。

③项目管理：打通集团主数据系统

项目管理是设计管理最核心的内容，其中包括项目的基础信息、设计计划管理、地铁轨道图、地块规划指标、项目指标（规划指标、业态指标、楼栋指标）、项目楼盘表、户型信息、地块设计费用、分期设计费用、供方管理、资料管理、产品配置管理、材料清单等。

在这个模块中，涵盖了项目所有的基本信息，并与集团主数据系统进行结合，通过此模块信息填写即可在系统中同步项目信息。

其中，项目的计划模板与轨道图模板相互对应，无须符合前后逻辑关系，仅需有时间属性即可。

④计划协同：保障主项计划信息一致性

通过可视化轨道图呈现与计划达成率统计要求，同时保障设计类主项计划信息的一致性，与计划运营这条线协同工作、提升工作协同效率（图4-2-2）。

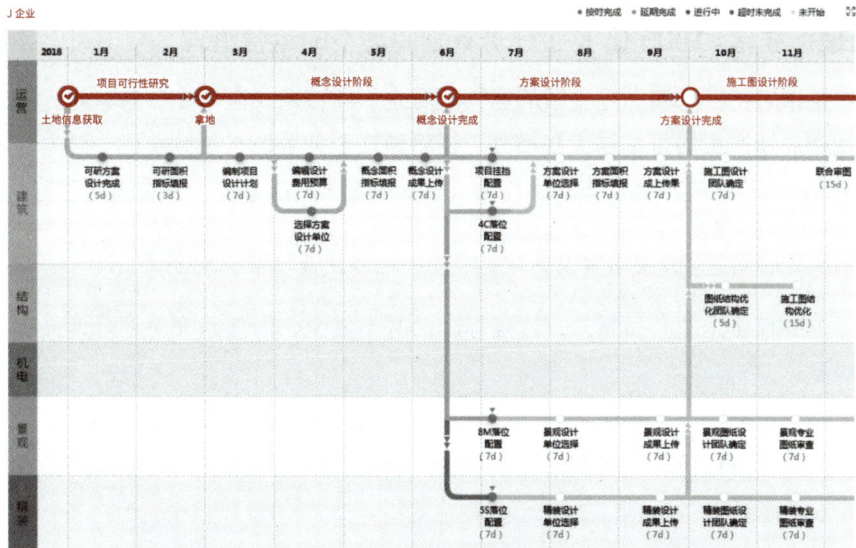

图 4-2-2 设计计划节点图

⑤设立供方库：把控设计资源均衡使用

供应商库中包含合作供方库，并通过报表展示供方的相关信息，如合作项目、合作时间、合作内容等。

设计供方在过程中的选用，无论是招标还是执委，都可关联到库中，选择后提交审批，也可查看供方的完成执行情况。

将设计资源信息细化至主创团队，通过设计资源应用与评估，即时掌握设计资源（主创团队）的使用流量及服务质量，提高设计资源强度平衡的把控性。

⑥建立论坛：支持在线交流，增加互动性

通过分板块的论坛形式对经验类、技术类、专题类等问题等进行便捷交流与互动，促进经验互动与沉淀。

板块划分：交流平台按照板块分为热点动态、技术交流区、工作交流区、集团工作区等（在模块上限范围内可扩展）。

交流互动：可通过实名/匿名的方式进行图片、文章、问题等内容的发布、点赞、评论、收藏等功能；未来将通过用户活跃度和贡献来生成个人积分。

通过统一的平台，J企的设计条线实现了沉淀、分享、管控、交流四大功能，为支撑该企的高周转战略起到极大的作用。

2. 管理标准化：1000 亿 K 企任务计划驱动下的运营管理

K 企作为扎根深圳立足全国的标杆型房企，项目遍及全国主要省区市，除传统住宅和商业地产板块持续扩大规模外，还将地产业务版图扩展到美国。随着企业规模的扩大，G 企早有产品线意识，已形成独立的 8 大产品系列，并在多地建造。

（1）核心问题：成果积累未转化为经验，难以快速标准化复制

K 企虽有独立的产品系列，管理标准已基本健全，但尚未完全迎合产品标准化的发展要求。

单一的成果库，可解决产品设计成果的积累问题，但成果缺乏结构化的分类与分析，尚无法真正转化为经验，更难以进行快速的标准化复制，无法满足企业规模化扩张发展需要。

（2）主要诉求：产品线标准化 + 项目管控 + 跨部门数据口径统一

基于产品管理部门现阶段业务模式下的需求，K 集团明确提出以项目数据管理、计划任务管理、费用管理、资源管理、研发成果管理与项目成果管理六大核心模块作为本阶段产品设计管理信息化建设的主要内容（图 4-2-3）。

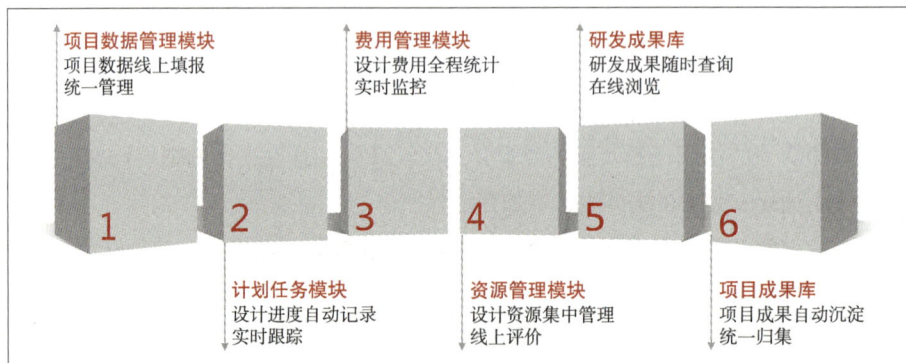

项目数据管理模块
项目数据线上填报
统一管理

费用管理模块
设计费用全程统计
实时监控

研发成果库
研发成果随时查询
在线浏览

计划任务模块
设计进度自动记录
实时跟踪

资源管理模块
设计资源集中管理
线上评价

项目成果库
项目成果自动沉淀
统一归集

图 4-2-3　K 集团产品设计管理信息化 6 大核心模块

整体业务逻辑以计划为主线进行串联，以各大阶段的设计任务为驱动，开展项目数据、设计资源、设计成果的管理，同时监控项目进度并把控设计进度。

①项目数据管理：明确项目主数据，确保数据的口径统一

在系统建设的规划阶段，首先对项目主数据进行明确，同时把主数据在各个系

统中的生产与消费关系确定下来。这是项目数据管理的基础性工作，也是很多企业在各部门之间存在数据口径不一致的根源。

由设计部门主责的项目数据，包括项目、地块、分期、楼栋（含地下室）、物业类型的层级结构及编码规则，将作为系统落地的重点内容。按照分阶段填报的模式由设计系统统一录入，同时分发到成本管理系统、工程管理系统、销售管理系统及经营分析系统等进行应用。这种分发保证了数据生产的唯一性，设计部门需要对数据的准确性负责，而数据的消费部门则无权力更改此类数据，以此确保了相应数据的口径统一。

除数据的填报与传递外，在项目的不同阶段纵向对比各阶段规划指标的变化，也能够帮助相关部门即时把控经营类面积指标的动态，控制诸如可售面积等重大经营指标不出现大幅度下滑。

②设计计划管理：保障设计进度，推动设计工作有序执行

设计方案难以敲定是影响企业项目开发整体进度的罪魁祸首。K集团通过设计计划管理推动设计工作的有序执行，并保障设计进度严格符合项目整体开发进度要求。

首先，制定了多轮次分级评审机制。针对方案类设计成果，需要城市公司（项目）、区域公司、集团三级三轮次的评审，逐次递进、逐步优化；而针对施工图类设计成果，则由项目一线负责评审，报备区域与集团公司即可。

其次，在设计供应商的选择层面，公司通过常年的积累，具备了一大批优秀的设计资源可供选择，并将其中的方案类的供应商归为集团战略，由集团产品管理部统一管理；施工图类的供应商归为区域战略，由区域设计管理部门各自管理。在双方顺畅合作的基础之上，设计的进度和质量都可以得到良好的保障。

在系统应用层面，考虑到进度汇报机制在操作上的复杂性，以及设计动作的标准化程度。系统建设将计划节点、任务流程及成果文件三者进行关联，以计划节点的时间触发任务的执行，形成事找人的提醒功能，同时以任务流程的审批与成果文件的上传作为计划节点完成的标志，大幅减少工作之外所必需的汇报工作（图4-2-4）。

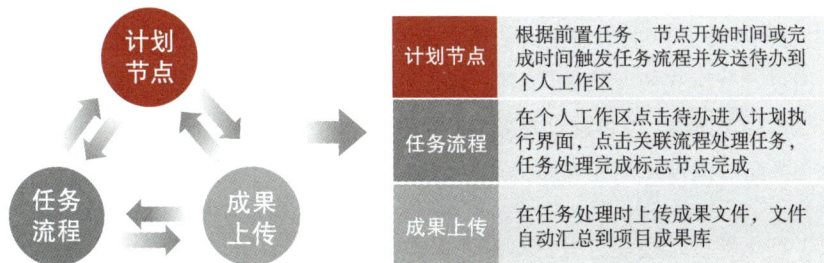

计划节点	根据前置任务、节点开始时间或完成时间触发任务流程并发送待办到个人工作区
任务流程	在个人工作区点击待办进入计划执行界面，点击关联流程处理任务，任务处理完成标志节点完成
成果上传	在任务处理时上传成果文件，文件自动汇总到项目成果库

图 4-2-4　设计计划管理

③设计费用管理：预算管理为核心，形成动态可控管理机制

K集团对于设计费用的管理主要由集团的产品管理部门把控，当然成本管理部门也会介入，他们的职责是要求总体设计费不超出预算。而产品管理部门的职责则是通过有效的手段真正控制住设计费用。

每个项目在设计工作开始前都需要申报设计费用预算，而总体预算是根据产品的档次物业类型等标准决定的，同时需要把总体预算拆分至可预见的设计类合同中。在设计工作开展的过程中，每一笔合同都可与事先编制的预算中相应的合同进行比对，每一笔合同发生的实际付款也可与预算及签约金额进行对比，从而形成动态可控的设计费用管理机制。

④设计资源管理：严控战略供应商入库，保障设计进度和质量

K集团有着严格的战略供应商入库标准，在方案的设计工作中，按照集团要求，原则上必须选择集团战略供应商；在施工图设计工作中，则必须选用区域战略供应商。正常项目是很难突破这一限制条件的，如突破需要通过非战略供应商审批流程获得特批，而方案类非战略供应商审批流程涉及十几个审批环节，并最终需要集团总裁审批方可。

同时，即便选择非战略供应商，若全年非战略的供应商使用率超过20%，在绩效考核方面，团队依然要受到扣分的处罚。

正是通过这种方式，K集团严格保障其战略供应商的合作机会，也保障自身设计工作的进度和质量。

在这种管理模式之下，对于设计类供应商的信息化管理诉求便集中在供应商信息的维护、供应商的认证评估与供应商的评价等方面。

3. 产品力构建：500亿L企全民研发机制下的激励创新

L企执行坚持冲规模快周转，提升核心产品竞争力等发展战略。为满足公司战略规划发展要求，全面提升公司产品力与设计运营能力，自2015年开始着力打造"基于区块链模式的生态化产品力体系"。

"生态化产品力体系"借鉴区块链思维，以创新激励的方式驱动全民研发与知识共享，通过"分布式研发机制"、"智能化评价机制"与"社交化共享机制"的构建，达到产品力快速研发、项目设计高效应用的目的，实现企业全面提效增速的发展要求，其中以"产品价值视角出发构建的产品力体系"是核心。

（1）细化各技术模块，有针对性优化各模块价值点

L企整个产品力体系首先以产品价值为核心，将产品规划与产品设计分为示范区、

内部配套、户型产品、建筑立面、公共景观、精装内外、设备科技、精工质造等技术模块（图 4-2-5）。

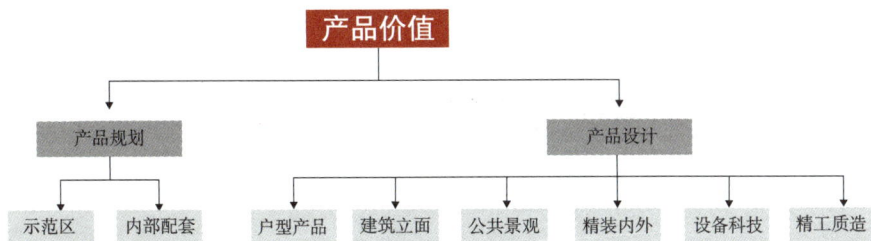

图 4-2-5　技术模块

每个技术模块依据产品价值细化出本技术模块价值点，并将过往优秀成果分门别类，形成各技术模块对应成果库供项目参考。在此基础上，通过完整的成果创新评价机制，将产品研发与项目创新成果不断补充更新至产品力体系中。

依据产品定位及价值主张选择符合本产品线的价值点，构成符合自身产品线的价值规划细项，并通过明确 A、B、C、D 档位价值规划细项要求来规范项目落位，保证产品质量，提高项目复用效率。

比如精装内外技术模块细化出价值点："安全便捷"、"专业高效"、"服务贴心"、"风格定制"等，再将价值点结合设计内容逐步细化落实至项目设计中的居家安全（如防盗门入户、密码信报箱等）、操作便捷（如镜前灯、感应手扫灯等）、适老适幼（如防滑地面、适幼淋雨等）等方面，并以部品部件库作为支撑提供各价值细项参考材料（表 4-2-1）。

价值细项　　　　　　　　　　　　　　　　　　　　　　表 4-2-1

价值点	价值细项	落位模块	参考资料
安全便捷	居家安全	防盗门入户	入户门
		密码信报箱	信报箱
	便捷操作	镜前灯	镜前灯
		感应手扫灯	感应手扫灯
	适老适幼	防滑地面	瓷砖
		适幼淋浴	淋浴
专业高效	……	……	……
服务贴心	……	……	……
风格定制	……	……	……

不同产品线根据各自产品价值主张，明确适用本产品线各档次的价值细项，如A档产品居家安全中必须安装密码信报箱，B档产品密码信报箱则作为选配内容供项目落位参考（表4-2-2）。

不同产品线根据项目不同选择落位　表 4-2-2

价值点	价值细项	落位模块	参考资料	项目落位（A档）	项目落位（B档）
安全便捷	居家安全	密码信报箱	信报箱	密码信报箱	仅供参考

（2）借助产品信息系统平台，落地推广产品力体系

首先建立标准化产品库，将企业知识沉淀成果内容进行结构化存储，同时利用灵活的存储机制，为后续研发及项目成果留有可持续更新扩充接口。

其次平台通过构建分布式研发机制、智能化评价机制、社交化共享机制三大机制体系，实现产品力体系的生态化闭环式迭代更新（图4-2-6）。

图 4-2-6　产品力体系迭代更新

其中分布式研发机制借鉴区块链中"去中心化、分布式应用"思维，将研发职能赋予每一位设计人员，同时将研发概念扩大，在原来研发成果成体系的基础上，将项目设计过程中产生的创新研发细项也纳入进来，让每一名设计师都能成为产品力体系的建设者。

同时利用信息化平台优势，建立自主研发立项、灵活组队机制，突破地域空间的限制，将企业内部资源有效整合，使研发工作成为专家会诊式，以保证研发成果质量，提高研发效率。

智能化评价机制借鉴了区块链中"智能合约"的思想，将个人线上行为进行价值量化。通过梳理成果应用模式形成明确的价值衡量机制并将之固化为系统中的"智能合约"，用户在系统中的不同行为触发不同合约规则，即形成个人价值可量化数据。

量化规则：如系统将成果应用相关指标如"引用量"、"点赞量"等进行记录，再结合相应规则将行为记录量化，通过成果标签将量化价值赋予个人，即形成个人价值贡献，个人价值贡献作为员工激励参考项转化为实际奖励。

积分制：通过登录积分、分享积分、点赞积分等积分制，从物质和精神两个层面进行激励，其中物质层面即与年度奖金挂钩；精神层面是在账号等级机制上设置设计师、设计达人、设计大咖等不同级别的头像。此外，为激发创新性，通过在项目上的创新成果分享，提供创新性积分；若未来贡献的资料其他区域选用或者点击，获得相应的价值贡献积分。

如此，员工创新研发积极性提高，行为由被动变主动，保障产品力体系自主式迭代创新。

总结

设计与产品标准化的道路，往往与企业发展阶段密切相关。500亿级的企业要完成核心产品线的标准化，构建基础的设计标准化产品库。1000亿级的企业要实现设计管理的标准化，通过运用手段让设计资源效能最大化。而3000亿级以上的企业，在产品升级的基础上，要求把标准化的设计成果进行极致分享，在集团内高效流转迭代升级。

| 第三节 设计管理标准化 |

地产开发提速保质的关键抓手

【导读】结合数智化的 IT 平台与工具，深度解读了产品标准化如何在企业得到很好的应用，设计运营标准化的实现，如何助力企业的规模化发展和项目运营的保质提速。

当前不少标杆房企已将产品线作为公司的重要战略。万科在多地建设四季花城，绿城旗下的"玫瑰园"别墅产品已布局全国 15 个城市，恒大的华府系列、绿洲系列、金碧天下系列也在各地"开花"。

不得不说，无论市场遇到何种周期性变化和宏观政策影响，企业想要占领市场，必定要加强产品标准化运营。

房企通过在不同城市前期市场需求、精准规划定位，在产品质量和规划建造上统一标准，形成多个地域、多盘联动，对外凸显品牌形象，对内为企业扩张提供有力支撑。

产品竞争力是企业核心竞争力之一。提高产品力的途径除创新外，产品线开发也是方法之一。诸多标杆房企已用实践证明，产品线开发可以在根本上降低开发成本，提高开发效率。

走老路到不了新地方。产品线开发的基本逻辑是标准化，是否通过标准化提升设计运营能力？如何通过设计标准化达到产品标准化，确保产品线战略和产品线成果落地？如何衡量落地效果？这些问题都是需要实际面对的情况。

当前，房企的设计管理主要集中在产品标准化管理和设计运营标准化管理两方面（图 4-3-1）。

产品标准化：关注标准沉淀，通过标准化体系、标准库沉淀、标准化应用，加快设计人员工作效率。

设计运营标准化：站在整体运营角度管理相关的任务流程、面积指标、费用、设计资源等，以设计任务为核心，构建统一集成的工作环境，促进设计协同，实现项目精细化、数字化、全过程和全方位的一体化管控。

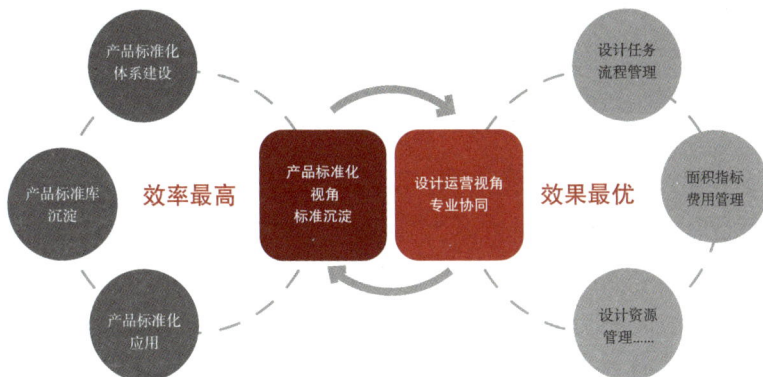

图 4-3-1　设计管理两大工作

1. 产品标准化：设计全周期 6 大环节，形成管理闭环

设计管理实践中常出现以下三个问题：

缺平台：缺少有效易用的平台，高效推广现有标准化研发成果；各区域的自有标准缺少统一平台进行经验高效分享。

缺效率：标准化成果发布与应用以线下为主，效率低且安全性差。

缺分析：难以了解各一线项目对标准化的应用情况，不利于针对性优化。

为解决以上问题，可通过设计全周期管理，结合产品标准化沉淀与项目设计应用，实现项目设计全过程的规范、提效。

当前行业中产品标准化管理的主要提升体现在以下 6 个方面（图 4-3-2）。

图 4-3-2　产品标准化管理 6 大提升

优秀项目库——提高优秀项目分享效率。

传统的电话、邮件分享模式，效率较低；且单一的成果库虽可解决产品设计成果的积累问题，但由于缺乏结构化的分类与分析，无法真正转化为经验，较难快速标准化复制。

通过结构化分析大量的成果资料，按照建筑、景观、室内、快建、示范区等专业维度沉淀优秀项目成果库，并根据企业自身情况形成相应的产品系列；统一的平台，利于提高优秀项目分享效率。

产品线与标准化库——提升数据采集效率。

通过统一平台打通项目一线与集团、区域间的信息互通，高效统计管理指标，有效传递信息，提高设计控制力。

管控平台——提升项目设计控制力。

通过管控平台落实项目计划，规范计划执行，沉淀成果资料，提升项目设计控制力。

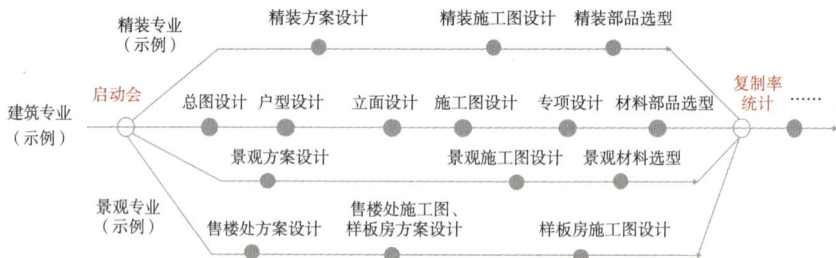

图 4-3-3　项目各阶段可视化监控

根据图 4-3-3 得知，编制完计划后，从启动会开始，均可在平台上监控每一步；按照节点所属专业上传项目资料，填报完成情况，最终统计按时完成率，实现对项目设计的控制力。

资源管理——监控资源使用与服务状态。

通过设计资源应用与评估，即时掌握设计资源（主创团队）的使用情况、服务质量、线上存储供方信息。

V 企旗下拥有 12 家设计院，如何均衡每家设计院承担的项目数？该企的做法是，从"合同签订 - 结算"作为服务时间统计设计院产能，在可承担的情况下提供项目，若超出则选择其他设计院。

知识平台——加强知识共享。

J 企下设的 12 个区域情况各有不同，如华北区域的业绩、复制率较高，东南区域复制率低、但创新率高。从整个设计层面来看，存在 2 个问题：

不同区域相互间信息传递效率低，项目资料易流失；内部设置项目库、标准化库、管控平台、知识平台等多个平台，需从不同平台查找资料。

通过统一平台，培训资料、专题研究、竞品资料等知识类文件均可在线发布与便捷浏览下载，加强知识性文件的集团化共享（图 4-3-4）。

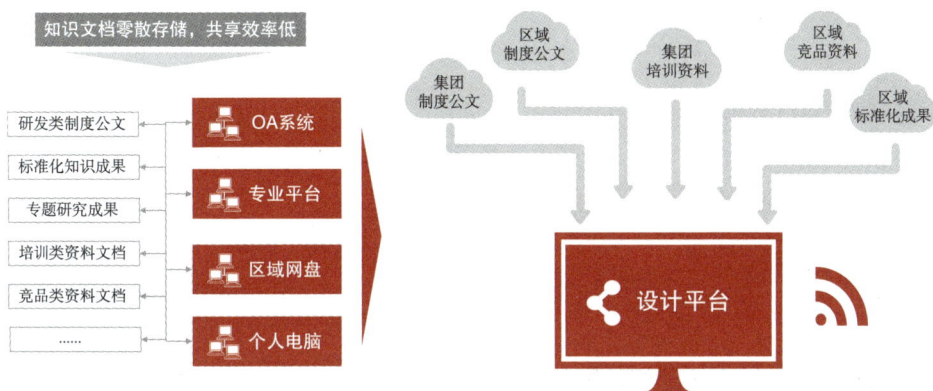

图 4-3-4 统一平台加强信息共享

交流平台——促进经验互动与沉淀。

通过分板块的论坛形式，对工作类、技术类经验问题进行便捷交流与互动，通过积分机制与奖金挂钩，调动员工积极性。

2. 运营标准化：固化全流程 6 大阶段核心任务

设计管理是房地产开发中最重要的业务环节，是地产公司产品战略的重要保障，但常出现以下问题：

跟踪难：设计进展及各方面指标执行情况难以及时有效跟踪。

留存难：设计成果难以及时存档，项目资料遗失情况常常发生。

分享难：优秀项目缺少平台高效传递经验。

统计难：项目设计运营指标统计效率偏低，无法及时支撑管理决策。

目前地产公司设计运营主要围绕项目全过程的需求开展（图 4-3-5）。

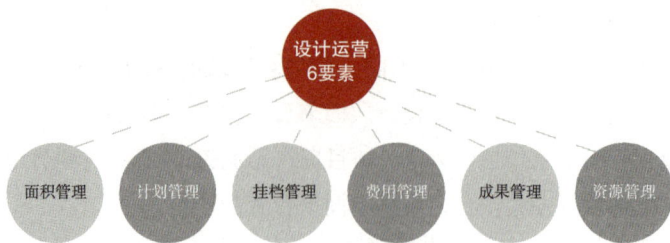

图 4-3-5 设计运营 6 要素

可研评审阶段——计划管理

该阶段主要重点是进行初始化可研面积指标；拟定产品线与项目挂档；选取设计资源；预估设计费用。

设计任务管理是对每条任务进行处理，通过模板明确需要上传的成果、输入条件、输出内容等，在线确保每个任务的真实性（图 4-3-6）。

图 4-3-6 设计运营管理

图 4-3-6 是项目设计运营呈现的核心，也是项目设计过程管控的载体，可承载各类工作事项。如线上登记土地获取时间、可研面积指标填报，通过数据形成业务数据化过程。

L 企将所有设计任务在轨道图上生成可视化的项目进展，除可清楚看到专业、责任人、里程碑节点外，还能查看设计进展程度。

某央企通过将成果库与任务关联，处理任务时将具体工作和标准结合，形成一一对应关系，以便指导一线责任人开展相应工作。

概念设计阶段——面积指标变化

该阶段主要是完成概念设计：明确设计计划；面积指标回顾；设计费用回顾；明确挂档配置；确定设计效果。

设计部门更多关注的是面积指标变化，通过对比，呈现不同版本间的差值，并提示预警（图 4-3-7）。

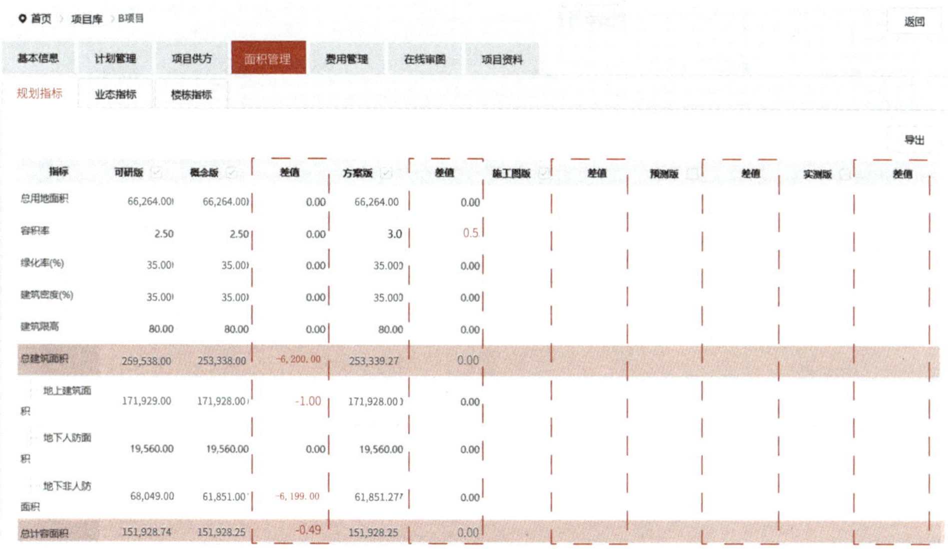

指标	可研版	概念版	差值	方案版	差值	施工图版	差值	预测版	差值	实测版	差值
总用地面积	66,264.00	66,264.00	0.00	66,264.00	0.00						
容积率	2.50	2.50	0.00	3.0	0.5						
绿化率(%)	35.00	35.00	0.00	35.00	0.00						
建筑密度(%)	35.00	35.00	0.00	35.00	0.00						
建筑限高	80.00	80.00	0.00	80.00	0.00						
总建筑面积	259,538.00	253,338.00	-6,200.00	253,339.27	0.00						
地上建筑面积	171,929.00	171,928.00	-1.00	171,928.00	0.00						
地下人防面积	19,560.00	19,560.00	0.00	19,560.00	0.00						
地下非人防面积	68,049.00	61,851.00	-6,199.00	61,851.27	0.00						
总计容面积	151,928.74	151,928.25	-0.49	151,928.25	0.00						

图 4-3-7　面积指标出现变化即提示预警

方案设计阶段——产品配置

计划完成情况回顾；面积指标回顾；设计费用回顾；挂档配置回顾等。

目前行业中产品配置有两种方式：J 企借助“购物车”选配标准化模块；L 企则在此基础上添加“价值落位表”（每个模块体现的价值），以此决定单方设计费成本。此外引用模块时，如缺乏支撑性文档，可通过创新研发，进行复制、创新。

施工图评审阶段——资源管理

跟踪费用执行情况。计划完成情况回顾；面积指标回顾；设计费用回顾；挂档配置回顾等。

任务平台中可在各阶段选择不同供方，方便记录也可反向识别供方正在合作的项目，以衡量工作饱和度；通过项目履约评估结果，得出年度评价结果并整体任务排名，作为日后选择设计院的依据。

对于过程中的费用执行情况，可参考 N 企的成本管控模式 - 标准、预算、签约、付款。即基于物业类型的单方设计费标准，结合项目实际面积，计算设计费用上限，同时进行合约分派，编制预算；再根据预算签署合同，规定合同签约不能超过预算，付款金额不能超过合同。

通过以上四个环节的层层把控，N 企将设计费用控制在范围之内（图 4-3-8）。

图 4-3-8　Z 企对设计费用的把控

项目施工阶段——成果回顾

基于任务沉淀，每个任务通过相应的输出、输入成果，形成项目资料库，辅助设计部门成果追溯，并回顾整体计划达成情况；预测并实测面积指标；设计费用执行；设计效果实现情况等。

项目后评估——数据统计与分析

即通过数据业务化来反映业务的实际情况。以 L 企为例，总部建议设计人员在线上登记或沉淀资料的任务事项是 41 项，首页展示 7 个运营节点。

总部通过首页可看到区域的项目开始、进展情况、整体项目标准落位率、任务按时达成率等，还可通过"更多"点击了解整体设计运营看板情况。

该企还关注设计人员的组织效能、专业线评估。其中组织效能主要通过岗位人员、司龄、职级、项目人员配比及人员效能等分析，便于总部均衡调配；专业线评估则从进度、质量、成本、标准落实、价值贡献 5 个纬度进行评估得分，并根据相应权重生成表格，最终计算总得分（图 4-3-9）。

不少标杆房企设计部门还非常关注指标数据的采集。

数据展示：一线人员执行任务并汇报整体进展后，总部直观了解项目是否开始及当前进展情况。

复制率统计：区域公司、城市公司乃至项目对标准化的使用情况，通过线上应用设置的公式，自动计算复制率，减轻工作人员负担。

根据以上层面，从一线到区域平台、集团总部，产品管理平台可发挥互联作用，达到信息高效采集、及时传递。

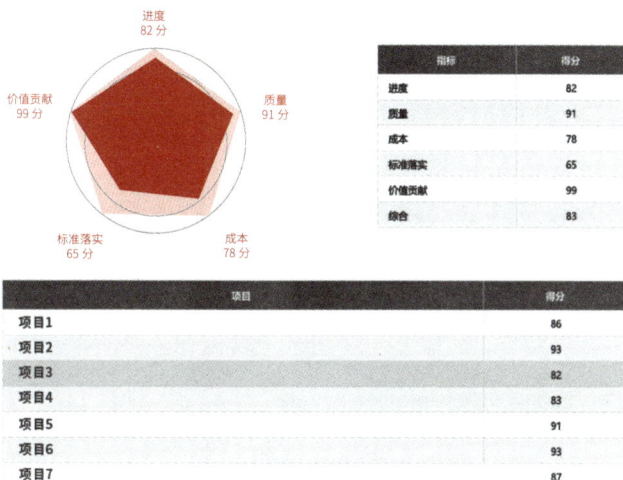

指标	得分
进度	82
质量	91
成本	78
标准落实	65
价值贡献	99
综合	83

项目	得分
项目1	86
项目2	93
项目3	82
项目4	83
项目5	91
项目6	93
项目7	87

图 4-3-9 设计人员专业线评估

总结

产品是影响房企业绩的首要因素，而产品标准化是房企规模化的助推器。当前无论是标杆房企，还是区域型深耕房企，都已经大力发展产品标准化。而随着国家大力发展装配式住宅，产品标准化必将进入一个加速发展时期。

建造提速与产品力提升的魔术师

　　房企如何安然过冬？郁亮在万科南方区域 2018 年 9 月例会上强调："必须聚焦到产品力和服务能力的提高上。"

　　质量保证是地产企业生存的底线，质量提升是企业产品竞争力的核心要素之一。工程是房企产品力背后强有力的支撑，工程质量的好坏、建造速度的快慢等一系列因素决定开发商现金流的周转速度。

　　近年来，地产行业环境更加复杂。景气周期更短，市场变化更快，竞争压力更大，资金压力大，规模化管理更难。

　　这给工程管理同样提出了更高的响应需求：更快周转、质量标准更大规模的应用、更高的用户口碑和质量安全。

　　装配式建筑代表新一轮建筑业科技革命和产业变革方向，也是地产企业建造口提速提效保质的必由之路，本章以行业实践案例为线索，对此内容做了翔实的介绍。

　　穿插施工是建造提速新支撑点，为提升项目建造速度、灵活应对市场变化，提供一种安全可靠的重要方法。

　　质量管理核心手段是建标准、用标准，关键是监控执行。新环境下，用数字化手段进行快速、高效、透明可控的产品生产全过程质量检测和交付过程的品质质量验收已经成为行业新的竞争与提升点！

　　本章通过对中海、新城等成功实践案例的剖析总结，向大家分享标准化、数字化、智能化与智慧化的工程管理给地产企业带来的管理价值。

| 第一节　建造提速新支点 |

穿插施工

【导读】地产企业需要高周转，项目开发需要高效运营，归根结底，工程建造必然也需要提速，穿插施工、工序有效并联、衔接等专业手段是科学优化工期的有效办法。

2018 年上半年，各大龙头房企高举"规模为王"大旗，年度销售目标不断调高，甚至有企业提出业绩翻番的增长目标，这就要求快开快建快快交付。

奈何 2018 年下半年，美国开启对华贸易战，棚改政策收紧，再加上限购限价政策非但没有放松还愈来愈紧，融资成本愈来愈高……国内外形势夹击下，行业哀嚎声一片，不少标杆房企以回款为首要目标，不玩套路拿出"真枪实弹"血拼——降价，为的是寒冬中快速回笼资金，手中掌握更多现金。

那么，如何安然过冬。郁亮在万科南方区域 2018 年 9 月例会上强调："必须聚焦到产品力和服务能力的提高上。"

行业内，碧桂园、万科、恒大等标杆房企已通过"穿插施工"组织，缩短开发建设周期，以实现快速开发。

工程是房企产品力背后强有力的支撑，工程质量的好坏、建造速度的快慢等一系列因素决定开发商现金流的周转速度。

加快项目建造速度是房企能够灵活应对市场变化的前提，各项目必须践行"时间就是金钱、效率就是生命"的理念，提高节点完成率；占用资源较多的大盘项目更要做好产品定位及分期统筹，加快建设开发速度，及早进入销售。

1. 项目提速的核心价值

整体而言，在保证质量安全的前提下，项目提速无论对企业、项目还是工程本身，利远远大于弊。

如何用最短时间、最少本金、赚取最大收益，是房企度过寒冬必须考虑的问题。无论市场环境如何，快速出货是开发商的核心目标之一。

在整个穿插施工工期中，虽结构施工延长 66 天，但由于初装修和精装修分别在结构 5 层、10 层时提前进入，最终提前 5 个月完工，提效 21%（图 5-1-1）。

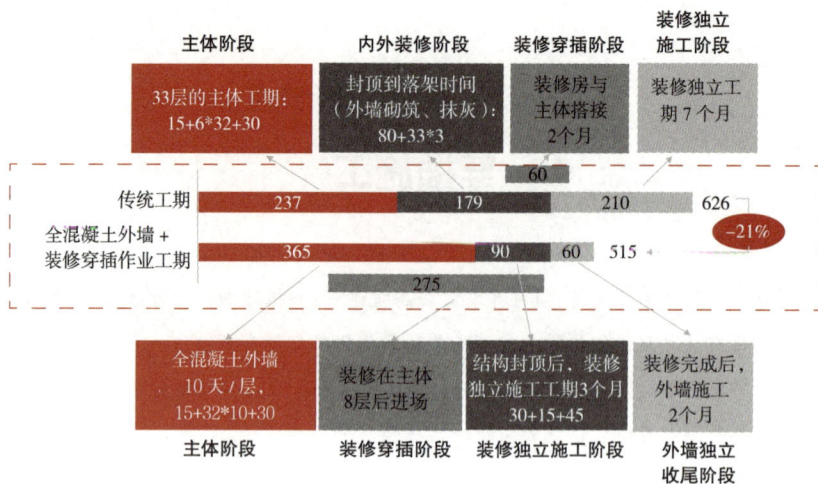

图 5-1-1　常规施工和穿插施工的工期对比　来源（百度文库）

（1）企业价值：加快现金流回正，提高资金利用率

政策不松动，限购、限价，甚至贷款收紧，市场观望浓。这些因素对于开发商无疑是雪上加霜。

楼盘的价格在拿地时已基本确定，开发商开盘的速度需越快越好，否则将承担超高的财务成本，利润缩水。

因此，在一二线城市布局的房企，当地限价政策短时间没有松动迹象，且前期拿地成本高，必然要提前交付，提前回款，尽早使现金流回正，并将资金滚动到下一个项目，提高资金利用率。

（2）项目价值：跑赢对手、跑赢大势，降低市场风险

政策多变，市场不确定性加大。慢慢做，意味着可能要落后。

一来在基本面，政府限购限价不放松，三四线棚改政策影响，融资渠道被收紧；区域层面，各城市政策不间断发布。

政策变化向来牵一发而动全身，项目开盘节点若恰逢政策发布前后，造成的影响不可估量。

二来在购买力一定的情况下，谁入市早，谁就能抢占有限"房票"。

加快项目开盘节点，就是与政策、市场和竞争对手赛跑，最大限度降低不确定因素对自身的影响。

（3）工程价值：缩短工期，减少建造成本

工程提速，最直观的影响是缩短工期，减少时间成本和人力成本。

人工费在建筑产品成本中约占 10% ～ 20%，且随着劳动力市场价格随时变化。工程提速，一定程度上将降低人工费用的支出。

此外，固定的建筑面积缩短工期，势必要优化施工现场管理，从根本上提高施工现场管理效率和工作效率，也减少施工过程对环境的影响。

因此，加快"拿地 - 交房"的时间节奏，缩短工期，无论在地产下行周期还是上行期，是必然也是必需的。

施工形式对开发速度有决定作用。当前主流的施工形式包括以下 3 种：

不同施工方式优缺点对比 表 5-1-1

形式	优点	不足
依次施工	·单位时间投入资源较少，有利于资源供应的组织 ·每个时段仅一个专业队伍现场施工，便于管理	·没有充分利用工作面，工期较长 ·专业队伍不能连续施工
平行施工	·充分利用工作面，施工工期短	·单位时间投入的资源量成倍增加，不利于资源供应，工程成本增加 ·每个时间段内有多个专业队伍在现场施工，管理复杂 ·专业队伍不能连续施工
穿插施工	·单位时间投入资源均衡，有利于资源供应 ·充分利用工作面，相对于依次施工，工期短 ·专业队伍连续施工，提高劳动效率	·管理难度提升 ·时间切入难选 ·过程管理难度提升 ·施工交叉多，质量问题权责难划分

从表 5-1-1 来看，穿插施工可以缩短工期，有效节约施工成本，提高工程管理的精细化水平。

2. 自日本引进，追求精细化管理

业内对日式施工管理的整体印象是干净整洁、井然有序，追求用户思维和极致精神。

穿插施工于 2013 年由万科自日本引进。日本采用穿插施工与其自身环境有很大关系。

社会环境：日本社会老龄化、少子化趋势严重，自 2008 年东北大地震后，由于灾后重建，建筑业开始复苏。

整体素质：建筑工人均拥有高中以上学历，进入公司后接受新员工教育，在 1 ～ 3

年内参加在职训练学校开设的课程培训，整体素质较高。

项目工期：每天工作时间不超过 8 小时，周末休息，月薪超过 2 万元，但比中国同类项目工期缩短 1/3。

整体而言，日本穿插施工主要体现在整个过程中的精细化管理，包括以下 3 个方面。

（1）三心文化：恐惧心、羞耻心、良心

在日本，无论是普通工人还是项目经理，每个人都具备 3 个理念：

恐惧心：没有做好出了问题，会受到惩罚。

羞耻心：没有做好，出了问题，是作为技术人员的耻辱。

良心：没有做好出了问题，自己会良心不安。

这三个理念是日本人工作的偏执和严格自律的基础，也是匠人精神的基石！

（2）进度管理：计划管理的精细化

欲保障工期，工序分解是基础，穿插施工是核心，技术提效是保障。围绕各专业穿插施工编制各类计划，每日进行检查和核对，以实现精细化管理。

计划编制：通过施工总计划、分包配合计划及检查计划，实行清晰的计划编制。

计划的检查与调整：根据月度工程计划表、周间工程计划表、精装修基准工期循环表、交付前验收计划表及时对施工进度进行对照和调整。

3. 核心：交叉作业

不论项目大小，均采用各工种交叉作业的方式，依靠取消湿作业和各工种穿插施工，最终达到减少人工和总工期优化的效果。

与传统施工手段不同，穿插施工虽较大程度缩短工期，但从根本而言，其考验的是整体项目管理能力。

（1）难点：规划不足，现场混乱，检查不到位

穿插施工要想做得好，并非易事。一方面其在国内发展时间较短，尚属较新的施工手段。另一方面要推行穿插施工，必然意味着单位时间内的作业面、工序、人员、材料的增多，能否提前将方方面面的细节考虑周全，就成为穿插施工是否顺利进行的关键。

根据建造过程将其易出现的问题整理如下：

前期：准备工作不足，无从下手，常返工；计算人工、机械数量有误，导致总工

期策划不合理；各工序衔接节点设置不合理，过早、过晚进入。

施工中：现场布置混乱，影响施工效率，存在安全隐患；现场交通组织设置不合理，影响施工作业，影响进度。

检查阶段：阶段性施工重点不清晰，检查不到位，忽略细节；材料进场时间存在问题，影响建造进度。

（2）解决之道：做好前期策划，工序衔接到位，保障工艺工法

究根结底，穿插施工核心是工序穿插与通盘考虑。针对以上难点，特整理相应解决方法，以提高过程中的组织工效。

①做好前期策划，穿插施工就成功一半

穿插施工需在施工前将各节点工序分层合理安排，实现"主体 - 外围 - 公共 - 户内"各工种分段分层施工完成，从而达到提高效率、缩短工期的目的。

与传统施工相比，穿插施工有两大突破：

组织方式突破：改变原有的外立面、精装修在主体工序结束后由下往上的组织方式，使工序搭接更充分。

资源获取方式突破：改变设计、采购根据现场进度逐步提供资源的方式，使计划性更强，集中采购优势更能体现。

因此，做好前期策划可保证项目建设顺利进行，避免返工，达到工期、质量、投资三大控制目标，且对后期运营维护也起到重要作用。此外，还要注意以下要点（图 5-1-2）。

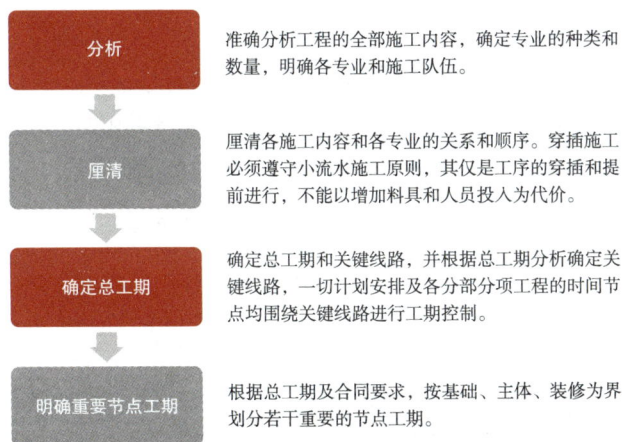

分析	准确分析工程的全部施工内容，确定专业的种类和数量，明确各专业和施工队伍。
厘清	厘清各施工内容和各专业的关系和顺序。穿插施工必须遵守小流水施工原则，其仅是工序的穿插和提前进行，不能以增加料具和人员投入为代价。
确定总工期	确定总工期和关键线路，并根据总工期分析确定关键线路，一切计划安排及各分部分项工程的时间节点均围绕关键线路进行工期控制。
明确重要节点工期	根据总工期及合同要求，按基础、主体、装修为界划分若干重要的节点工期。

图 5-1-2　前期策划

165

整体策划：细致分析所有分部分项工作，要涵盖基础、基坑支护、降水及土方、地下室、主体、屋面、装修、钢结构、水电、机电、通风、设备、智能、消防等全过程，并确定专业种类、数量，以及对应的施工队伍。

明确顺序：理顺所有施工内容和专业间的顺序及联系，明确每道工序的上下道工序，最大限度为下道工序提前施工提供条件，最好采用小流水施工。

确定总工期：确定工程总工期，并分析确定关键线路，一切计划安排及各分部分项工程的时间节点都要围绕关键线路进行工期控制。除此之外，还要按照基础、主体、装修为界划分若干重要的节点工期。

计划管理：根据已有分析编制最合理的总控进度计划，分解到每月、每周、每天中，根据实际情况进行优化。

组织策划：提前确定分包，统一各方目标，达到行动步调一致，不拖延工期。

②工序衔接：确保穿插施工顺利进行的关键

穿插施工压缩施工时间，尽量减少以至完全消除施工停歇现象，加快施工进度，降低成本。

而工序衔接，在其中扮演极为重要的作用。如何在合适的时间节点穿插，减少返工、窝工，并提前创造工作面，确保穿插施工顺利进行，可参考以下步骤。

由于项目分部较多，本文仅以外墙和室内穿插为例，简要分析这两个分部穿插的注意事项及工艺工法。

外墙穿插

外墙穿插可提前资源分配和施工有序组织，主体结构施工阶段在 N 层以下提前插入立面施工，合理穿插立面装修工序，保证立面装修和主体结构同步向上施工，提高工效，缩短工期。

B 企在进行外墙穿插施工时，按照以下步骤：

施工策划：确定穿插节点、开始时间、完成时间以及总用时。

过程控制：根据工期节点要求，结合总控计划，制定施工计划，并严格执行。

外墙穿插施工，一方面降低作业风险，减少外架工作量；另一方面无抢工，有序，且外立面保持干净、清爽。

室内穿插

在主体结构施工 N 层时，在 N 层及以下各层提前插入室内工序施工，室内楼层各工序施工与各层主体结构施工工期、结构和装修各工序有序穿插形成同步向上的流水作业施工，实现主体结构封顶后 4 ~ 6 个月内完成室内装饰装修工程（图 5-1-3）。

	结构施工层	N
	材料清理	N-1
土建总包作业楼层	垃圾清理，测量放线，外墙刮腻子	N-2
	施工电梯到达本层，天花板铺设线管，安装给排水管道，外墙腻子打磨，上底漆	N-3
	安装弱电桥架及室内线盒，穿电线，消防管栓，安装门窗框、阳台栏杆等	N-4
	安装弱电桥架及室内线盒，穿电线，消防管栓，安装门窗框、阳台栏杆等	N-5
	安装窗和栏杆玻璃	N-6
	反坎完成	N-7
	隔墙板完成	N-8
精装修作业楼层	室内刮腻子	N-9
	地砖施工	N-10
	室内墙面底漆施工	N-11
	入户门安装，橱柜收纳户内门安装	N-12
	入户门安装，橱柜收纳户内门安装	N-13
	五金灯具洁具厨电安装调试	N-14
	五金灯具洁具厨电安装调试	N-15

图 5-1-3 某项目穿插施工的具体工序

室内穿插需要注意的是：

以穿插模型为纲，反复讨论，不断调整，施工电梯 N-2 层或 N-3 层以便穿插起始点尽量提前。

杜绝带病移交：要注意内容齐全；标准明确，形成可量化移交标准并通过首层样板明确；按时移交。

分包单位参与移交。

阳台施工在室内面漆施工前完成。

单工种流水，利于成品保护及防盗。

入户门安装时，注意门框在室内一遍腻子完成及公区墙地砖完成后安装，门窗在室内底漆完成后安装。

③场地布置：保证竖向交通运输通畅不堵塞

工程建筑面积大，一次性投入的人力、物力、机械器具较多，且各工序穿插进行，为保证现场内的交通顺畅和施工安全，减少材料、器具的二次运输，在前期施工时，需要注意场地的布置。

场地布置可从以下四方面考虑：

交通组织安排：交通组织通过室外施工电梯实现，各阶段施工作业独立，互不干扰；在初装修和精装修已完成的楼层，室内电梯进行隔断（图 5-1-4）。

楼层	施工状态	交通组织		
		室内楼梯交通	室外垂直运输交通	
N	结构作业层			自动爬升架
N-1				
N-2				
N-3				
N-4				
N-5	初装修作业层			施工电梯
N-6				
N-7				
N-8				
N-9				
N-10		梯间隔断		
N-11	精装修作业层			
N-12				
N-13				
N-14				
N-15				
N-16		梯间隔断		
N-17	精装修完成			
N-…				

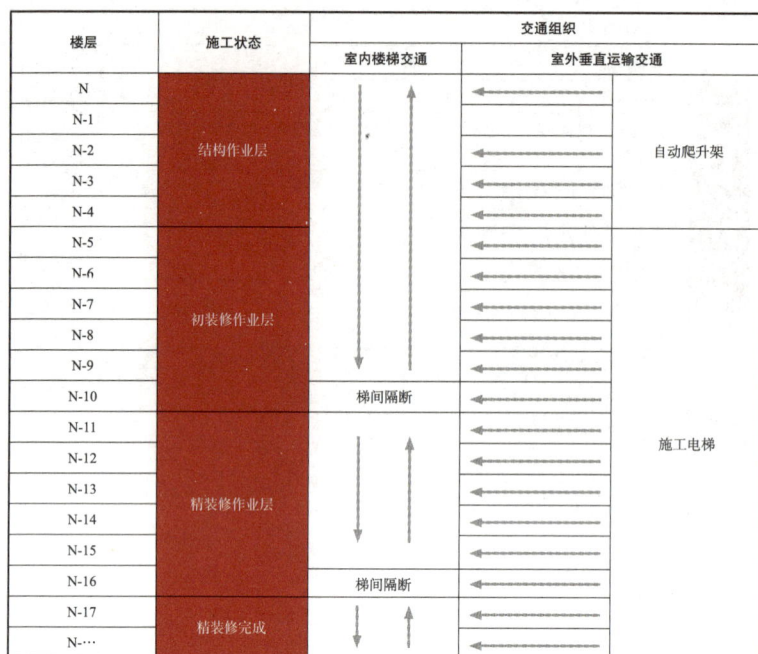

图 5-1-4　交通组织设置

安全文明：前期对施工人员的思想引导到位，开工前对各班组进行安全教育；事先设置有效防护措施，以最大限度降低事故的发生。

四化场地：前期场地易堆积钢管、配件，应提前规划，整齐堆放，以免挡住其他施工；精装进场前，根据施工楼层、施工面积、班组数量，要求甲方协调土建方提供场地，以免耽误工期。

垃圾清理：提前安排好固定时间段内的垃圾清理，以免影响施工进度。

本书分别以 W 企和 Z 企为例，简单描述目前标杆房企如何通过穿插施工缩短工期，有效节约施工成本，提高工程管理的精细化水平。

4.5000 亿 B 企：走在行业前列，住宅工业化过程中的穿插施工

业内排名前 3 的 B 企，一直走在行业前列。早在七八年前，B 企就开始探索住宅工业化，期望可以提高质量、提高效率、减少人工。

整个探索过程中，B 企通过落地穿插施工、全剪结构外墙、PC、铝模、墙板等，基本消灭空鼓、裂缝，降低渗漏风险。

其中 X 城项目利用穿插施工整整提前 111 天完工，缩短 21% 工期。而在 2014

年前后，多个区域公司主流项目融合工业化五大技术，实行全流水穿插施工。

综合来说，基于工艺不同，穿插施工在具体实施时，从以下 4 方面操作（图 5-1-5）。

图 5-1-5　W 企穿插施工 4 个重点方面

（1）施工策划：合理安排时空节奏，注重工序衔接，节省等待时间

项目开始前，施工策划是重中之重。其中施工组织包括：项目组织机构及总体部署、总体施工顺序及施工方案、大型临时设施布置、主要节点工期要求、各种资源配置及注意事项等。

施工组织设计尤其是总体施工顺序、施工方案的选择、主要节点工期要求是重中之重。

图 5-1-6 是 X 城项目的外墙穿插工序表。标明不同班组具体时间段的施工时间，需要注意，外墙穿插施工应用了爬架，取消砌筑抹灰、门窗外防水和收口，解决了漏浆污染。

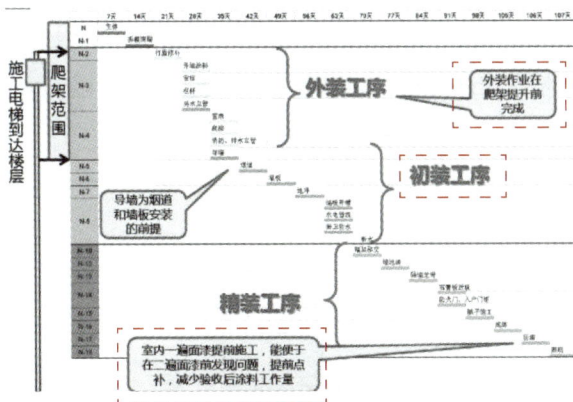

图 5-1-6　工序分布表

不同班组按照前期施工策划，在时间、空间连续、均衡、有节奏地保证施工进行，并使相邻的两个专业队最大限度搭接施工，大大节省后续工作的等待时间。

在前期施工策划中，需要注意：

每层楼安排工序尽量做到互不干扰；每道工序施工时间固定、人员固定，形成循环流水施工；各工序在不同楼层间的流水施工，做到流出去就不流回来，实现彻底干净的作业面移交。

（2）进度管理：用好工序分布表、进度计划模版、工期计算表3大工具

B企为管控好进度，在穿插施工进度体系中，利用3个工具做好进度管理：

楼层施工工序分布表：工序分布决定施工节奏、工期计算等，此表中要综合考虑工艺、体系、验收批次等因素，制定穿插施工工序分布。

X城项目的外墙穿插工序表　　　表5-1-2

工序	13	14	15	16	17	18	19	20	21	22	23	24	25	26	27	28	29	30	31
	砌挂班组		油漆班组		铝合金			油漆班组								打胶		水电	
外墙飘板砌筑	1	2																	
外墙飘板砌筑处粉刷			1	2															
外墙墙面修补打磨			1	2	3	4													
铝合金窗框安装						1	2												
栏杆安装								1											
外墙腻子								1	2	3	4								
外墙底漆												1	2						
外墙喷点														1	2				
窗扇安装																1			
阳台门安装																	1		
铝合金内外打胶																1	2		
阳台及飘板水管																		1	
百叶安装																			1

表5-1-2中，每个楼层、每道工序、计划施工天数一清二楚，此外，还标明每道工序的注意要点、爬架范围等，根据这张表即可清晰施工。

进度计划模板：依据工序分布表编制进度计划模版，实现穿插施工工序、楼层的准确进度安排。

统计工期计算表：明确穿插提效统计工期的计算方式（自垫层起算）及节点时间，计算提效比例。

以超高层为例，即便主体施工速度快，但迟迟未竣工验收的原因，是装修工期太长。因此，想要工期提效，何时穿插、如何合理穿插，是关键。

（3）图纸管理：前置出图，避免产生无效管理成本

在穿插施工过程中，通过建筑、装修、各类专项深化图的前置出图，辅助综合图、

BIM 等工具应用，依靠装修交付样板的大幅提前，在主体甚至基础阶段解决图纸错、漏、碰、缺等问题，避免因图纸质量问题产生无效管理成本，保证穿插施工的顺利进行。

B 企的穿插施工图纸出图节点要求如表 5-1-3 所示。

穿插施工图纸出图节点 表 5-1-3

阶段	施工图设计	桩基、土方、支护	基础垫层至正负零
周期		30 ~ 120 天	50+20 天（一层地下室）
图纸	全套施工图	装修图	二次深化及定样、综合图

施工中，需要注意两点：

提前图纸深化，避免后期施工过程中修改设计规划或重大设计变更，导致停工；提前绘制好砌体固化图、抹灰固化图，并通过甲方、监理、设计审核。

（4）工艺管理：各穿插条线分开思考，交互检验

按照项目分部，穿插施工分为外墙穿插、室内穿插、公区穿插、地下室穿插、园林穿插、配套穿插以及验收穿插。各条穿插线既相互独立，又彼此联系，因此各条线既要分开思考，还要交互检验。

外墙：外墙施工质量是否优良，既能实现建筑外立面所要表达的必要作用，也影响整个建筑最终能否正常使用，需重点关注以下 8 个方面（图 5-1-7）。

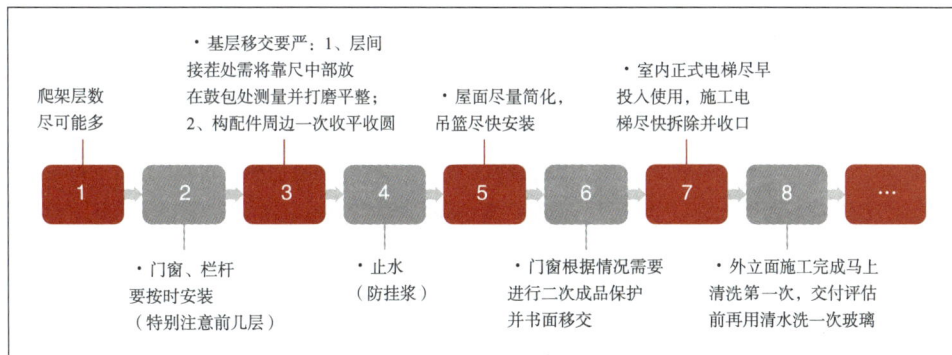

图 5-1-7 外墙穿插关注重点

室内：室内部分重点考虑如何让精装修单位提前进场，需考虑：做好止水问题；工序上重点关注阳台和入户门的安装；移交时，分包单位参与移交，并形成可量化的移交标准，杜绝带问题移交。

公区：公区涉及三网、有线电视、智能化等电器线路，以及电梯、消防、水管等管道，总体较为复杂，因此在穿插时，泵管不要设置在公区；地砖施工完成后要做硬质防护；墙面油漆最后集中完成。

园林：园林是客户是否选择购买楼盘的因素之一。因此，必然要提前做好园林配套，让整个工地看起来更加美轮美奂（图5-1-8）。

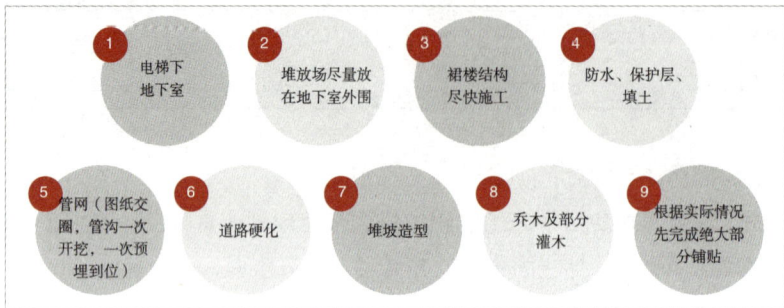

| ① 电梯下地下室 | ② 堆放场尽量放在地下室外围 | ③ 裙楼结构尽快施工 | ④ 防水、保护层、填土 |

| ⑤ 管网（图纸交圈，管沟一次开挖，一次预埋到位） | ⑥ 道路硬化 | ⑦ 堆坡造型 | ⑧ 乔木及部分灌木 | ⑨ 根据实际情况先完成绝大部分铺贴 |

图 5-1-8　园林关注重点

5. 2000 亿 N 企：重项目管理能力，传统施工作业体系下的交叉施工

与 N 企通过预制、装配式等新技术、新工艺改善整体工程质量、进度的建筑工业化不同，Z 企是在传统施工作业体系下，通过流水施工实现交叉作业，做到又快又省。

传统施工作业中，在不影响关键线路施工工期的情况下，通过从点到面的管理方式，重点控制个别楼栋的施工进度、工序穿插，以此带动整个项目的全面铺开。

N 企某项目通过穿插施工，在结构施工至 20 层时 2 ~ 6 层进行外墙施工，由下往上每一挑架为一个施工流水段，同时外架根据装饰进度从下往上进行拆除，穿插施工节约直接费用 125.6 万元（表 5-1-4）。

N 企某项目常规施工和穿插施工节约费用对比　　　　　表 5-1-4

常规施工			穿插施工		
名称	数量	费用	名称	数量	费用
工期	640天		工期	565天	
施工电梯	两台，1.2万元／台·月	增加6万元	施工电梯	两台、1.2万元／台·月	—
外架二次搭拆费用	17元／m²（建筑面积8.24万平米）	增加140万元	外架搭拆费用	24元／m²（建筑面积）	无
使用挑架数量	两挑 450天	45.9万元	使用挑架数量	四挑 325	66.3万元
		合计：191.9万元			合计：66.3万元

实际上，该企已在不少项目通过流水施工，使工期比其他公司同类项目普遍缩短 20%。除工艺工法外，最重要的是项目管理能力。

（1）准备：合约＋物料＋配套资源＋施工队伍准备，更高效直观

流水施工是将室内和室外、底层和楼层部分的土建、水电和设备安装等各项工程结合起来，实行上下左右、前后内外、多工种多工序相互穿插、紧密衔接，同时施工作业。

在开工前，通常做好以下准备工作：

合约准备：N 企在确定总包前，明确议标、合同要求，并给出详尽指导，如《项目总承包工程施工管理及技术要求》《项目进度计划》，其中包括施工图纸、施工组织计划等，明确双方权责。

物料准备：甲乙供材料下单备货：结合穿插时间的要求及供货周期，提前备料。

配套资源准备：材料垂直运输决定施工命脉，精装单位提前协调高层材料的运输问题，做好混凝土供应，交通组织顺畅，确保各阶段施工作业相互独立，互不干扰。需要注意不同工序交接楼层梯间进行隔断。

施工队伍准备：确定合作模式要求，并传递至各班组，明确各班组劳动力配置，要求班组在合约时间内完成承包工作。

此外，根据现场实际情况，项目部会同合约部，根据每层的钢筋量、模版量、混凝土量等数据，共同核算现场劳动力需求，如各工序时间、各工种所需人数等。

经过这 4 项前期准备，已可细致分析并列出所有的分部及分项工程内容，同时较大程度量化管理要求，更加直观和有效。

（2）策划：4 步做好工程策划，以免影响总工期

项目管理好坏，很大程度取决于准备是否充足。

通常在开工前，提前进行工程策划，即做到"项目未开、策划先行；项目实施、心中有数。"

这其中，既要考虑整个项目施工的平面布置、穿插流水作业流程、道路交通实施程式等，还需要考虑将工程策划的内容转化为合约语言，通过合约清单约束体现策划内容、保证工程策划的真正落地。

N 企认为，除关键线路以外，其他都需考虑做好提前穿插介入，以免影响总工期。

而总进度计划的编制，通常包含 4 个步骤：

计算工程量：根据工程项目一览表，按单位工程分别计算主要实物工程量和人工、施工机械及建筑材料的需要量，并填入工程量汇总表。

按照每层的工程量和人均工作量，最终计算出每栋各工序所需人数。而工程量

汇总表，对标的的淡化、管理、控制起到重要作用：

一来各项人力、物力等清晰明了。

二来实施阶段所有项目的执行内容及原则都严格按照工程量清单报价进行，一定程度减少各项人力、物力、财力的投入。

确定各单位工程的施工期限：各单位工程的施工期限依据合同工期确定，并考虑建筑类型、结构特征、施工方法、施工管理水平、施工机械化程度及施工现场条件等因素。

确定各单位工程的开竣工时间和相互搭接关系：各工序衔接尤为重要，过早介入易闲置，过晚进入易窝工。因此在前期的准备工作中，需要注意：

均衡施工，平衡人工、机械和材料供应。

为保证工期，关键工程、技术复杂、施工周期较长、施工困难较多的工程，可提前施工。

注意季节问题，比如北方冬季施工缓慢或停工，在计划时要注意，以免拖延工期。

编制施工总进度计划：Z企用横道图或网络图编制项目总体计划时，建议明确"设计出图、定样时间；市政配套报建、设计实践；分项工程分判时间"等。

除此之外，在编制完成后，要检查总工期是否符合要求、资源使用是否均衡、供应是否能够得到保证。

（3）执行：流水施工的诀窍

同是流水施工，为何效果不同？关键在于具体实施过程中是否掌握诀窍。

细细探究N企的流水施工，尚有几大诀窍可以学习。

①分区分段，控制分区大小，掌握节拍

以高层住宅为例，动辄上百万平方米的建筑面积，具备规模大、结构复杂、工序和专业繁多、工序紧等特点。

N企在穿插施工中，遵循以下几个原则：

推行分区分段：每个分区不大于450m²，以保证15人左右的班组一天内做完；若一栋楼由多个单元组成，每个单元内部进行阴阳跳流水。

掌握节拍。N企认为，穿插的节拍对施工速度呈倍数影响。

阴阳跳穿插施工时间 =2* 流水节拍

三段式穿插施工时间 =3* 流水节拍

按照以上公式，Z企在施工前期就已确定具体的穿插工序以及穿插时间。

不同部位采用不同穿插方式。一个项目包含不同的建筑主体，而N企认为，无

论是面积多大的建筑，都可根据工序分为以下 3 种，并相应实施穿插施工。

三段穿插——仅有三道工序：钢筋 - 模板 - 混凝土，主要体现在核心筒爬模、隧道施工、机场走廊灯筒体式结构施工。该类型根据工序的先后顺序施工即可。

二段阴阳跳穿插——普通木模板的工序为：墙筋 - 墙板模板 - 板筋 - 混凝土，为保证 4 天一层的工期，可采用二段阴阳跳穿插的实施方法。

如增加工序，可适当增减人数调整流水节拍为 1.5 天或 2 天。

②定岗定编，熟悉工作，不影响整体进度

不同工序有不同的工作流程。

劳动力定岗定编在一定意义上保证熟能生巧，提高效率；还可保证工人数量的稳定性，不可为抢工突然增加人手，或使用不熟练的工人影响工期。

总结

事实上，在当前高效运营的情况下，已有不少标杆房企通过穿插施工提高建设速度，这也是较多龙头开发商提速的方向之一。

如何做到快而不乱，如何高效释放人、财、物力的生产效能，是穿插施工的重点探索方向。

┃第二节　产品力提升┃

装配式建筑

【导读】建造装配式是国家战略发展的方向，更是地产企业追求规模化生产，要发展速度更要质量保障的必由之路，从理论、技术、到实践，我们都必须重新认识它。

在中国房地产行业中，万科长期处于领导者的地位，2017年碧桂园以5500亿的销售额力拔头筹，也将中国房地产企业的竞争提升到5000亿量级。如今，房地产企业正面临建筑工地用工以及建筑工艺升级等难题，依赖粗放式增长，采用传统方式建房的模式将面临巨大困境，一场关于房地产未来的战争悄然打响。

2016年国务院出台《关于大力发展装配式建筑的指导意见》，明确装配式建筑是用预制部品部件在工地装配而成的建筑，贯穿生产制造、现场装配等各个业务环节全周期管理，实现建筑产品节能、环保、高质量可持续发展。

万科基于十多年住宅产业化的积淀，打造"5+2+X"工业化建筑体系，而碧桂园则推出SSGF新建造体系，两家龙头企业在装配式建筑领域又将展开竞争。本书从中国装配式建筑发展的契机入手，全面解读万科和碧桂园的新建造体系，为房地产行业发展提供参考。

1. 为什么要大力发展装配式建筑？

近十年来，中国预制装配式建筑重新升温，并呈现快速发展的态势。2017年3月出台《"十三五"装配式建筑行动方案》及配套管理办法，明确要求2020年全国装配式建筑占新建建筑的比例达到15%以上，京津冀、长三角、珠三角三大城市群的装配式建筑占新建建筑的比例须达20%。目前，全国31个省（自治区、直辖市）全部出台推进装配式建筑发展相关政策文件，整体发展态势已经形成。

根据住房城乡建设部2017年3月施行的《装配式建筑工程消耗量定额》，装配率在20%～60%的装配式混凝土高层住宅，投资估算2231～2559元/m²，而装配式钢结构高层住宅的投资估算指标为2776元/m²。2017年中国新开工面积为17.9亿m²，假设2018～2020年房屋新开工面积每年增速为5%，2020年新开工面积约为20.7亿m²，装配式建筑面积约为3.1亿m²，市场规模可达七八千亿元，一个万亿量级的新兴市场浮出水面。

装配式建筑发展的 4 大驱动因素

中国装配式建筑的发展是多方驱动因素共同影响的结果：

①绿色环保的硬性要求

十九大报告提出加快生态文明体制改革，建设美丽中国的口号。装配式建筑能极大降低污染和资源浪费，有助于实现环保考核目标及贯彻美丽中国的发展主题。

②人力成本增加与技术升级倒逼产业升级

装配式建筑对人力需求较低，且技术逐渐成熟，以万科、碧桂园为代表的龙头企业积累了雄厚的技术优势。在人口和技术的双重作用下，房地产建筑产业升级是必然结果。

③企业可获得地方补贴

相比传统建筑方式，装配式建筑劳动力少用一半，且各地政府推出财政补贴、贷款优惠等政策，如北京对于实施范围内的预制率达到 50% 以上、装配率达到 70% 以上的非政府投资项目予以财政奖励；上海对总建筑面积达到 3 万平方米以上，且预制装配率达到 45% 及以上的装配式住宅项目，单个项目最高补贴 1000 万元。

④质量提升：4 大变化提升产品力与口碑

装配式建筑的核心主要体现在 4 个 "变"：

由 "现浇" 变为 "预制"：大量采用预制构件，包括外墙、内墙板、整体卫浴等大小部件，在工厂中预先制造完成，运送到工地现场安装，让现场更安全清洁，建造成本降低，工期更短。

由 "湿作业" 变为 "干作业"：减少人工砌筑，外墙和内墙板都可采用预制、现场安装的方式，取消 "湿作业"，更环保，更便捷，质量也更有保障。

由 "手工化" 变为 "标准化"：构件和装修饰品在工厂大规模生产，避免主体安装精度与部品安装要求不匹配，做到同样的设计达到同样的施工精度，实现真正的 "标准层"。

由 "能源消耗型" 变为 "绿色长寿型"：采用预制构件生产，通过蒸汽养护和水池养生，节约用水，也不会污染环境。同时，使用材料性能高、耐久性强，保证长期使用。此外，其采用精装修交房，使用 S-I（skeleton- 支撑体和 infill- 填充体有效分离）技术，铺设管线不埋设、不开凿，减少大量建筑垃圾。

2. 万科与碧桂园的模式差异

万科立足于十多年推进的住宅产业化，研发、推广 "5+2+X" 的工业化建筑体系，而碧桂园则推出 SSGF 新建造技术，有后来居上之势。两者是推进中国住宅产业化的两股力量，从效果来看也确实提升行业高度，让万科保持多年的龙头地位，也让碧桂园的销售额快速增长，2017 年实现 5500 亿的业绩。

从技术层面来看，万科和碧桂园差异并不大，其最核心的技术都是铝膜浇筑、全混凝土外墙、智能爬架等，但从两者对外的呈现形式来看，又可以说是两种门派。我们从立意、侧重点和长期目标三个角度，来探讨万科和碧桂园的模式差异。

（1）立意不同：万科是纵向产业化提升，碧桂园是横向规模化复制

万科是住宅产业化的先行者，在其他企业研究如何低价拿地、快速销售时，万科却从 2004 年起"孤独"的进行产业化研究，也由此积累较为深厚的技术底蕴和研发力量。

建筑模数是工业化的基础。万科把模数原则化，为电梯、厨房、厨具等模块设计适合的模数，比如万科将橱柜的尺寸品种从原来的 10 多个减少为 8 个，简化设计规划的同时优化制造、提升效率，将未知变为已知。

通过以下"5 化"，万科不仅完善了工业化建筑体系，也相当于纵向提升整个行业的产业化水平（图 5-2-1）。

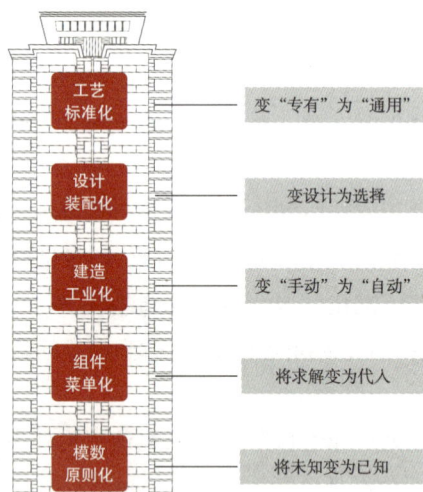

图 5-2-1　万科的 5 化

碧桂园直接推出"SSGF 装配式建筑技术"，虽也蕴含核心理念和产品价值，但更为直观地体现在建造上。碧桂园十分看重这套新建造工艺，将这一技术革新提升到集团战略高度。

因为 SSGF 装配式建筑技术体系具有高速度、低耗能的特点，可使工期大幅缩短 8 ~ 10 个月，与碧桂园快速扩张战略非常匹配，又具有工业化特征的装配式建筑，SSGF 自然成为碧桂园的最佳选择。

（2）侧重点不同：万科住宅产业化像"道法"，碧桂园装配式技术像"工法"

万科在过去十多年中，通过建设研发中心和实验楼，进行住宅性能、排水烟道、装配式施工、预制构件等研发；还建了热带雨林的植物馆，引进很多东南亚的植物进行物种驯化，为景观标准化提供很多技术支持。

但万科似乎并不急于将成果体现在当下，而是深入做了很多基础研究，目前推行的工业化建筑体系也只有 5 个核心技术，还保留了扩展的 X 项，更像一种"道法"。

碧桂园则更体现"唯快不破"的技术体系。其 SSGF 建造技术提炼出 12 项核心工艺，再加上管理体系、保障体系，超过 20 项技术被单独提取，形成一个武器库或者工具包，供各地根据具体情况选择使用。

碧桂园的 SSGF 更为直接具体，更为模块化，便于快速复制和应用，所以更像一种"工法"。

（3）长期目标不同：万科建平台，碧桂园磨尖刀

从长远来看，万科希望搭建一个平台，除了装配式建筑之外，联合可再生能源、生态环境、科技智能化等相关企业在这个平台进行研发，同时进行相关教育、产业工人培训、设计施工、材料整合等一系列资源整合，让更多的新技术、新产品甚至新产业在这个平台上孵化诞生。

碧桂园则不断打磨工法，让每一件"武器"都更加有效、实用、模块化、标准化，更有利于不同地区、不同条件下的项目能更方便自如的应用，保持建造和销售的高速增长。

3. 万科模式："5+2+X"的工业化建筑体系

2018 年 8 月 29 日，在第二届中国装配式建筑高峰论坛上，万科北方区域工程首席合伙人介绍了"5+2+X"模式。

那是万科通过十多年的试验和实践，总结出 5 大建筑技术体系和 2 大装配应用，再结合评估体系和多种工艺，形成的一套"5+2+X"工业化建筑体系。通过全面推广实践，实践证明其符合"两提两减"的有效建造方式，到 2021 年，万科集团所有住宅产品将全面应用"5+2+X"建造体系。

（1）提目标："两提一减"到"两提两减"

2013年，万科提出"两提一减"的发展目标，即提高质量、提高效率，减少对人工依赖。针对装配式建筑产业，万科在"两提一减"基础上增加"减少环境污染"，升级为"两提两减"，并以其为核心目标，在下一阶段向全国推广住宅产业化。

（2）定模式："5+2+x"工业化建筑体系

万科目前全面推广的体系被称为"5+2+X"：其中5是工业化建筑技术体系，包括：外墙系统、模板系统、爬架系统、工程提效以及预制内隔墙；2是两大装配式应用，即适度预制和装配式内装；X是扩展项，各地区根据具体项目和要求，在工业化和装配式方面添加智能、环保等个性化模块，也鼓励新技术的研发和应用。

① 5大建造技术体系

全现浇混凝土外墙系统

为了将系统配模的精度优势扩展到整个外墙，万科将外墙及外墙以外的非结构构件，统一为混凝土构件并与主体结构一次浇筑，取消传统工艺的砌筑＋抹灰，从而减少工序，减少空鼓开裂，降低墙窗连接处渗水概率。

万科采用铝合金模板进行混凝土浇筑成型，铝模周转次数多达150次，强度高、质量轻，采用插销连接，拆装方便。在全现浇铝模的基础上，集成了窗边压槽、滴水线、梁墙压槽等创新做法，杜绝外墙等部位漏水、渗水等通病。

为避免传统抹灰工艺中难以避免的空鼓、开裂问题，万科使用石膏砂浆替代水泥砂浆进行找平施工，附着力是水泥砂浆的3倍，因此能够大大降低开裂、空鼓的发生概率。

模板系统

建筑主体按设计配模，再由工厂加工模板，建造质量、效率和精度更高，能耗降低。具体来说，系统模板包括门窗企口、一次性反坎、止水节、底盒预埋、门头下挂板等。

装配式内隔墙

预制内墙板具有质量轻、强度高、精度高等优点，安装完成后可直接刮腻子。内墙采用轻质内隔墙条板，免抹灰，减少空鼓、开裂等质量通病问题，建造速度快，受气候条件制约小，节约劳动力并可提高建筑质量。

爬架施工体系

使用整体式智能升降防护操作平台更省时、更安全，爬架架体只有4～5倍楼层高，根据施工进度逐层升降，比双排外脚手架从地面一直搭到顶层减少用钢量达到 40% 以上。安装、拆除方便；使用时，外侧及下部防护周全，便于文明施工，且外形规则、平整、美观。

穿插提效施工体系

万科在主体施工后将后续工序分层合理安排，实现主体 - 外围 - 公共 - 户内各工种分段分层完成，在不减少单项工序工期的同时有效缩减总工期。在主体施工到一定高度（8 ～ 10 层）后，随着主体工程的上升，外墙装饰、内隔墙、机电安装、精装修工程也随之逐层开展，大大缩短主体封顶到装修全部完成的作业时间，节约工程总体建造周期（图 5-2-2）。

	N	预制内外墙板吊装
集成爬架	N-01	现浇部位墙体铝模拆模
结构施工	N-02	结构养护
	N-03	结构养护
外墙止水	N-04	结构养护
	N-05	结构顶板拆模完成
	N-06	二次结构放线施工
初装施工	N-07	反坎打灰施工
	N-08	隔墙板安装施工
内墙止水	N-09	墙面地面水电管线安装施工
	N-10	地面垫层施工
	N-11	厨卫间管道包封施工
	N-12	窗台板安装施工
	N-13	墙顶粉刷石膏施工
精装施工	N-14	吊顶穿线施工
	N-15	客厅地砖施工
	N-16	五金洁具安装施工
	N-17	木门安装施工
	N-18	保洁清理

图 5-2-2 穿插施工提效示意图

② 2 大装配式应用

装配式内装

万科通过减少湿作业，提高工效，通过装配式的技术手段，实现高质量的内装体系。

在万科的装配式内装体系中，装修统一采用干法地暖、整体卫浴、整体厨房等装配式部品，如天花板应用自主研发的全功效涂料和预制的吊顶，高效地坪采用薄贴地砖和干法地暖，隔墙也有相应的轻钢龙骨无机复合板体系，厨房采用整体卫浴、分水器、分电器以及新风系统。

在全集团的范围内，不断推广这套体系，随着产业进步，部品升级还在不断完善。

适度预制

万科主要采用预制楼、楼梯隔墙板、设备板、叠合楼板等装配式部件，比如深圳某项目采用的预制构件包括预制外墙板、预制内墙板、预制楼梯、预制阳台，各标准楼型外墙凸窗采用预制构件共 11 种，预制楼梯 2 种，预制阳台 3 种。

在不断研发和实践中，逐渐确定了均衡发展，不片面追求预制率指标的方向，通过多种技术与保障机制的集成，来实现产业化目标。

③ x：符合"两提两减"的个性化处理

万科在标准的"5+2"体系之外，预留一个 x 项，允许各地在实践中符合"两提两减"的前提下，增添智能、环保、建造的新技术，比如北京区域在某项目中就应用预制装配式剪力墙结构建筑，金 X 项目率先在装配式建筑中应用隔震技术，这些都开创了北京工业化建筑的先河。

自 2015 年以来，深圳区域自行研发出清水混凝土预制外墙、机电工业化、高精混凝土地坪、高精砌体薄抹灰等技术，为万科工业化建造体系提供了不少加分项。

清水混凝土预制外墙

办公、商业项目与住宅类产品不同，深圳区域首次将建筑工业化技术应用到公建类项目，首创清水混凝土预制外墙技术，外墙无涂料等外装饰，只在清水混凝土表面做清水保护漆。项目外墙全部为清水混凝土预制墙板，竖向结构和楼板采用铝模板现浇方式，内墙采用预制内隔墙板，内外墙均取消抹灰，机电、装修也均采用工厂生产、现场安装的方式。

机电 315：成品支架、管线预制、设备定型

深圳区域提出"机电 315 行动"：3 个创新，即设备管线预制化、设备用房定型化、支架安装组合化；1 个突破，即施工精度达到毫米级；5 个保障，即设计精细化、工艺标准化、BIM 模型化、施工流水化、管理信息化。

还总结出机电工业化的三大核心：成品支架、管线预制、设备定型。成品支架是通过设计和受力计算，在工厂完成支架的加工和防腐处理，现场通过螺栓连接安装，受力更加可靠。管线预制、设备定型是在设计阶段通过 BIM 深化设计进行管线综合和设备分析，将机电管线和设备标准化、构件化，在工厂完成管线和设备的生产和集中加工，现场组装完成。

高精混凝土地坪

2016 年，深圳区域开始研究推广高精混凝土地坪，即现浇混凝土结构施工时，楼面混凝土一次性收光成型，楼面水平度、平整度偏差不大于 5mm，不需要采用水

泥砂浆找平，解决了传统楼面砂浆找平湿作业、容易空鼓的问题。深圳项目率先采用高精混凝土地坪，实测实量合格率大于90%，取得明显效果。

高精砌体薄抹灰

由于小户型、公寓类项目、住宅非标准层不太适合采用预制内隔墙板、轻钢龙骨石膏板隔墙，而传统砌体墙施工精度低、抹灰容易空鼓，深圳区域从2016年开始研究高精砌体薄抹灰技术。

（3）做评估：三个工具一张表

在万科的工业化建筑体系中，"5+2+X"侧重的是工程建造技术，要想保障体系的有效推广，还需要评估体系作为辅助，评估保障体系具体表现为"三个工具一张表"：天网行动、实测实量、交付和产品后评估，以及装修房客户指引表。

①天网行动：假的进不来

B企加强材料进场管理，源头上杜绝"假冒伪劣"、"货不对板"、"以次充好"、"质量不达标"的材料部品进入项目，以保障工程现场产品的真材实料、货真价实，减少客户投诉风险，提高工程质量。

②实测实量：数据来说话

从主体工程开始，对结构、砌筑、抹灰、装修等多个阶段的过程产品，在取样、测量、数据处理等每一步都做到100%实测实量，并建立分户实测档案，真正做到数据说话。

③交付和产品后评估：住了再评估

万科委托第三方对即将交付给业主的房子进行交付前检查，从户内、公共部分、外立面及园林景观四个维度进行，只有全部合格才允许交付。除此之外，万科这两年还增加一项产品后评估，就是房子交付给业主之后，安排专业的第三方机构上门了解客户的需求以及使用中遇到的问题，通过产品后评估对设计以及施工进行反向指导，形成良性闭环。

④装修房客户指引表：逐项来验收

万科安排"验房大使"实现一对一贴心服务，一站式全程陪同业主办理所有收房手续。在南宁，业主可通过装修房客户验房指引表，对公共部分、门窗、室内地面、墙面等9大类43小项99子项进行逐一验收。

（4）求发展：推行EPC创新管理

万科将EPC模式应用到工业化建筑推广中，其创新管理思路是受业主委托对工程建设项目的设计、采购、施工、试运行等实行全过程或若干阶段的承包，实际上是把万科工业化建筑技术和资源整合能力进行输出，实现产业拓展。

在 EPC 模式下，万科可以扮演甲方和乙方双重角色，比如，找能力强的总包商在项目上做 EPC，同时在深圳、广东承接了一些政府投资的公建、保障房等项目，就变成了乙方，操作模式在不断探索中。

4. 碧桂园模式：新建造体系 12 项核心工艺

如果万科是稳扎稳打先行者，那么碧桂园就是快速扩张的急行军。碧桂园新建造体系，将装配式建筑技术分解、细化和模块化，变得更容易复制和应用。整个体系分解为 4 个层面：

一个核心，即装配式建筑体系；两好环境，即环境友好、施工现场友好；三个板块，即核心技术体系（构件装配化、结构现浇化等），全周期管理体系（穿插施工），安全文明体系（信息化管控、可视化等）；四个价值，即安全共享，可循环、可持续性，绿色环保，优质高效。

在实际应用中，5 大环节都制定了详细的操作标准，从产品定型到营销展现，将建筑全周期管理打通，保障整个项目流程有序高效，实现快速复制和规模化。

根据碧桂园公众号多次刊发的详细介绍，我们进行了梳理总结。

（1）产品定型及图纸深化：28 项图纸设计清单

新建造体系全面开展之前，有两个重要的前期工作：产品定型，图纸深化。

产品定型的重点要做好产品方案，跟进别墅、高 / 低层住宅、定型 / 非定型产品的设计，分析和确定要采用的新工艺等。同时进行土建、水电、装修图纸会审，将结构、铝模、墙板、装修、橱柜、抽油烟机、水电等相关问题汇总，由设计单位统一下发设计变更，保证土建、水电、装修、墙板深化图的四图合一。

另外，图纸内审和深化设计同步进行，实现零变更。28 项图纸深化设计资料清单，涵盖各专业端口，可以大幅降低材料损耗、提高工效（表 5-2-1）。

图纸深化中有两个需要特别关注的重点，一个是墙板图纸，另一个是铝膜深化设计。因为有些地方不能或不适合用预制墙板，比如电梯井核心筒部位不便安装墙板，就要采取全现浇处理。此外，铝膜深化设计还要汇总所有轮廓线条和水电预埋信息的图纸资料，严格控制建筑、装修、水电等出图时间，为铝模深化预留时间。

（2）方案策划与调整：4 步确定最终方案

整体方案要经过策划、答辩，再进行调整，才能最终确定。

图纸深化设计资料清单　　　　　　　　　　　　　　　表 5-2-1

图纸深化设计资料清单			
1	建筑施工图	15	瓷砖实际施工铺贴排版展开图
2	结构施工图	16	瓷砖实际施工铺贴排版横剖图
3	装修图纸	17	天花吊杆布置图
4	铝膜深化三维图	18	天花板排版图
5	铝膜早拆体系图	19	水管管码定位图
6	铝膜斜撑布置图	20	水电精确定位图
7	预制陶粒墙板深化图	21	橱柜定位大样图及安装图纸
8	预制陶瓷墙板深化图	22	鞋柜定位大样图及安装图纸
9	电梯安装大样图	23	浴室柜定位大样图及安装图纸
10	防火门安装大样图	24	淋浴屏定位大样图及安装图纸
11	消防箱安装大样图	25	浴缸定位大样图及安装图纸
12	水电井门安装大样图	26	抽油烟机定位大样图及安装图纸
13	入户门安装大样图	27	外墙不同材料之间的收口线条大样
14	栏杆安装大样图	28	符合新体系要求安装尺寸确定表

①确定机械设备选型

建筑所需机械设备在招投标阶段就要明确，特别关注塔吊、人货梯和爬架这三类大型设备。第一，根据塔吊覆盖范围及起重荷载确定塔吊直径，配备吊钩摄像监控，使用年限不超过三年；第二，人货梯要用变频，缓冲距离更短，便于人货梯安全进入到爬架内，为穿插施工提供条件。人货梯要配备人脸识别系统，便于操作人员持证上岗安全管理；第三，选择智能爬架，预留人货梯安装位置(N-2)，减少防护施工作业，减轻塔吊材料吊运负荷。

②编制实施进度计划

按照总运营节点计划确定任务完成节点，人力、运营、设计、招标、采购、成本各职能部门要明确需要遵守的节点，按时完成，保障项目各种资源的供应。进度出现偏差时要分析产生的原因，不论是设计图纸、招采还是现场劳动力资源问题，全部要采取有效措施，保证目标实现。

③考察项目合作方资源情况

此阶段还要考察项目所在地的合作方，了解各个合作方的位置分布、供货周期、产能、配送状况和历史经营情况，考察生产能力和成本价格是否满足现场需求。

④选择合适的工艺

根据建筑层高、类别（别墅，高 / 低层住宅），以及当地政府验收条件等，从 12 项核心技术中合理选择所需工艺。

（3）施工：12 项核心工艺

12 项核心工艺，其中有 5 项"绝活"，包括铝模、爬架、预制内墙板、楼层截水系统、全现浇外墙；6 项"细活"，包括自愈合防水、高硬度地坪、高压水枪拉毛、PVC 墙纸、整体卫浴、预制 PC 构件；1 项管理体系，即全穿插施工（图 5-2-3）。

图 5-2-3　SSGF 新建造体系（资料来源：百度文库）

①铝膜施工工艺

铝模板是用铝合金制作的建筑模板，可根据楼层特点进行设计。M 企铝膜施工通常会注意定位钢筋、墙根找平、墙柱安装、墙模板斜撑、梁模板安装、楼面板安装、水电预埋、墙二次微调、墙模拆除等要点，各要点均有相应指标对应。

②智能爬架施工工艺

智能爬架是实现全穿插施工的关键工具，必须充分考量爬架与铝模施工的配合，爬架覆盖楼层前后工序的铺排，充分运用爬架的快捷便利，才能最终实现节省工期的目的。

③全现浇外墙工艺

铝模及结构拉缝技术实现全混凝土现浇外墙体系，建筑外墙上及外墙以外所有传统设计中采用的砌体构件全部采用钢筋混凝土构件，与主体结构实现一次现浇。同时对建筑外门窗洞口、防水企口、滴水线、空调板、阳台反坎、外立面线条等进行优化，免除外墙二次结构和内外抹灰，实现结构自防水，减少外墙、窗边渗漏等质量隐患。

④模块化预制内墙板

预制内墙板基于预先精细设计，实现内墙板工厂化预制，完成后，预制内墙板可直接运抵施工现场安装，辅以干拌砂浆、抗震胶垫、木楔、耐碱网格布等辅材，即可实现便捷安装，一次成型。

⑤楼层截水系统

楼层截水系统跟主体进度同步，通过该系统对施工用水和雨水进行封堵及引流，实现穿插施工作业。

⑥全穿插施工

全穿插施工和 180 天后主体施工，通过施工前合理策划，实现主体、装修、地下室、园林、外墙面穿插施工，主体封顶后180天达到装修交付条件，在保障单工序合理工期的同时缩短整体建造周期6~8个月，减少开裂、渗漏、脱落等质量隐患。广东地区SSGF全穿插施工标准做法示例见表5-2-2。

广东地区 SSGF 全穿插施工标准做法 表 5-2-2

施工部位		施工工序
层数	类别	
N	结构层	墙柱钢筋、结构拉缝安装、水电预埋、铝模安装、混凝土施工
N-1	拆模	拆除铝模、清理场地、墙面天花基面数据整改
N-2	快拆体系支撑层	拆除快拆支持体系、安装外墙排水管、安装外墙门窗和栏杆、外墙第一遍腻子施工
N-3	墙板安装层	楼层截水系统、成品烟道、新风系统、安装预制墙板
N-4	给排水安装层	安装户内给排水管、安装燃气管道
N-5	管线安装层	安装户内强弱电、安装消防设施、修补墙板嵌缝
N-6	天花腻子层	安装入户门、防火门、高压水枪拉毛、安装保温板
N-7	厨卫砖铺贴层	铺贴客厅、厨卫地砖
N-8	厅台砖铺贴层	铺贴厨卫墙砖、安装厨卫铝扣板天花、墙面天花第一遍腻子
N-9	一遍腻子层	墙面天花第二遍腻子
N-10	二遍腻子层	打磨墙面第二遍腻子、天花腻子打磨刷底漆
180天后主体部分	设备、部品安装	安装电梯、收纳部品、交付前保洁、交付评估

⑦自愈合防水工艺

自愈合防水技术使混凝土结构借助水的作用生长出具有生长能力、不溶于水的晶体，干燥环境休眠，遇水被激活后继续生长。

实施有4个步骤：第一，对存在蜂窝、露筋、孔洞、异物等异常的主体结构做特殊处理，采用专用材料和特种工艺技术做出置换或固封；第二，对基面通过铣、刨等方法达到高洁净度和平整度；第三，充分湿透基面；最后，涂刷自愈合防水材料。

⑧高压水枪拉毛工艺

新建造技术采用铝合金模板，浇筑精度高，一般墙砖铺贴难度较大。高压水枪拉毛技术，通过高压水在光滑墙面上拉出粗糙面，既省掉传统抹灰找平的过程，同时冲刷掉灰尘颗粒，为后期铺贴墙砖创造良好作业面。

⑨**装配式构件工艺**

M 企将不需要混凝土现场浇筑的部件转移到工厂预制，实现模块化构筑和工厂化生产，主要包括：预制承台模、预制地梁模、预制保温屋面板、预制路面铺贴、预制生活部品、飘窗、叠合楼板等。

⑩**高硬度整体固化地坪工艺**

金刚砂地坪是国内对耐磨硬化地坪的俗称，整体固化地坪工艺就是将金刚砂硬化剂均匀撒布在即将初凝阶段的混凝土表面，经专门手段加工，使其与混凝土地面形成一个整体，耐磨抗压，表面坚硬，容易清洁，经济耐用。

⑪**PVC 墙纸工艺**

PVC 墙纸工艺有两点需要注意：一是条板墙面选用壁纸颜色不能过浅，厚度不能太薄；不选光面壁纸，带纹理壁纸效果较好；二是壁纸墙面基层可采用大白，基层（面层）一定要保证强度。

⑫**整体卫浴工艺**

整体卫浴采用模块化设计，共分为 8 大模块：天花、门、壁板、底盘、洁具、电器、五金件、淋雨分离。整体卫浴为工厂产业化全预制生产，大多采用复合材料制成，采取整体吊装或现场拼装的方式，安装效率大大提升。

总结

万科和碧桂园在产业化道路上的互相赛马，加快了整个房地产业的升级转型发展。随着国家对装配式建筑的不断重视，保利、绿地、远大等企业也纷纷进入这一领域，使得住宅产业化和装配式建筑成为群雄逐鹿的新战场。装配式建筑对于企业提出了全方位的要求，我们研究行业内标杆房企的模式，不是为了照搬，而是从中学习思路和方法，寻找自身的切入点，采取自主研发或者合作的方式，改造自己的建筑体系，在未来市场竞争中增加胜算。

| 第三节　品质标杆 |

四大房企工程管理的卓越实践

【导读】行业中的工程管理手段日渐成熟，但由于组织架构、产品业态、企业规模的不同，造成各企业工程管理存在不小差异。下文选取4个代表企业，来探讨不同体量、不同规模的房企工程管理之路。

1. 建立全面的质量标准体系：品质标杆N企卓越实践

N企在业内以擅长工程管理著称，为市场、客户提供高性价比、高品质的产品与服务。为提高质量和工作效率，近两年上线数字工程管理平台，将所有标准、管理动作固化在平台，并将其作为检查整改依据，有助于形成标准工程管理动作，提升精细化管理能力。

（1）标准体系：全面覆盖6个部分共28个指引

N企内部要求，每个项目需达到当地质量奖标准，而Z企梳理完整的工程管理标准化体系和评价，实则就是背后的基石。

整套体系包括组织管理、图纸进度、安全文明、施工指引、质量通病防治、交付标准6个部分，并对应28个指引。

图5-3-1可以看出，每部分的标准体系，都配置对应的详细指引。N企在每份指引中不仅标明具体的工作流程，还详细说明每个节点的工作、检查标准，有助于指导工作。

（2）过程管理：检查验收评估执行到位

N企的工程管理标准体系中，对施工过程质量管理核心包括检查、验收、评估3个方面。

①检查：围绕重点工程、重点工序分为2大类

分成日常检查和专项检查两个类别，核心围绕项目的重点工程、重点工序。

常检查：主要是针对安全、质量两大类的标准动作来开展相关检查行为。在10大类项分成3级目录，一一对应施工单位；基于承建范围，在数字管理系统内与施工单位一一对应；统计报表分析可到问题细类。

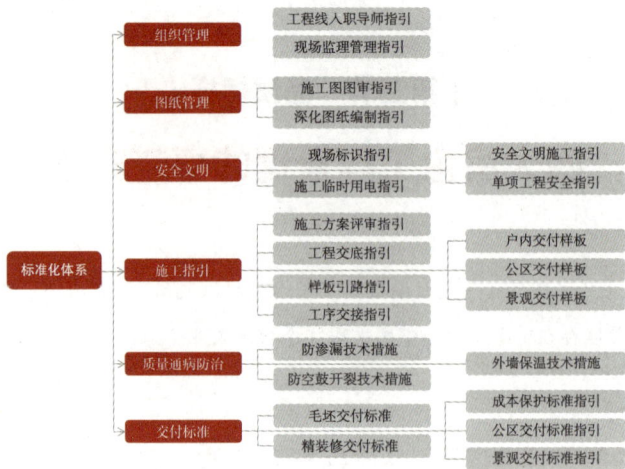

图 5-3-1　N 企工程标准化体系

专项检查:用质量停歇点管理方式,关注质量通病控制和产品品质要求,达到"抓关键带一般"的目标;着重考虑重要部位、薄弱环节及质量短板。在系统中,自动设置专项检查对照的 12 道具体工序完工后,通过系统可自动触发相关专项检查任务。具体检查主体,检查工作如何开展,按照体系标准要求,全部规划到线上,最终输出得分情况,从而总部可了解现场具体质量情况。

②验收:覆盖 10 大施工阶段 33 个痛点工程

验收覆盖 10 大施工阶段(分部工程),固化 102 个管理行为及 33 个痛点工程,同时也包括对隐蔽工程的验收,确保关键工序质量有效控制。

主体工程每个单体楼栋每次只能报验一层;且由下至上逐层报验;其他工程可同时报验多楼层;同一楼层,主体工程完成后可报验砌筑工程、砌筑工程完成后方可报验粗装修;同一楼栋主体封顶后方可报验屋面工程。

总体而言,102 个关键工序从功能和管理要求上,划分为探孔、桩基、主体建筑三大类,要求在验收过程中某个桩、某个孔都要独立验收,这是在集团的统一管理行为和验收规范中,有明确要求。这体现出 N 企对基础工程把控的严谨性。

③评估:4 大维度,实现总部"零检"目标

N 企通过"4 个维度",建立项目过程评估管理,于 2016 年开始执行。期望通过五级管控,逐渐强化承建单位、监理单位、项目部以及区域公司四位一体的结果,最终实现总部"零检"的目标。总体而言,最终结果统一落实到项目上,对其进行一系列考核应用(图 5-3-2)。

工程品质4维5级评估模型

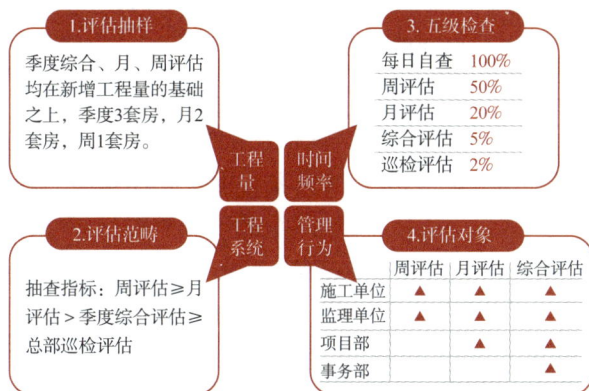

图 5-3-2　4 大维度评估模型

4 个维度：包括施工单位每日自检；项目部监理每周针对项目工程量、工程系统、管理行为、时间频率等进行周检；区域每月检查；第三方每个季度对各项目综合评估；总部定期巡检，并将评估结果纳入半年、年度考核。

自检、交叉检查：从其他区域抽调人员检查，以最终促进项目工程质量达到理想目标。

交付前评估：N 企在项目交付前，不同时间节点均进行提前评估，项目部、区域公司、第三方评估、总部分别在交付前 90 天、45 天、30 天、15 天检查，以保证集中交付率。

此外，其过程评估有以下特点：

通过实测实量来评估工程质量（集团乃至地区公司聘请第三方开展实测实量）。Z 企实测实量的内容包括混凝土结构工程、砌筑工程、抹灰工程、防水、材料、设备安装、铝合金门窗安装工程、地暖工程、栏杆安装、室内涂饰工程、墙面饰面砖 / 石材工程、地面饰面砖 / 石材工程、木地板安装工程、外墙砖或涂料、园建及绿化工程。

质量风险的评估核心关注质量通病，如土建阶段（结构安全、三防 [防渗漏、防空鼓、防开裂]），装修阶段（施工材料、三防 [防渗漏、防空鼓、防开裂]、成品保护）；无论是土建还是装修阶段，都是随机抽选测区；

对于质量风险的检查结果采取缺陷等级制，譬如 A 等级（3 处内）、B 等级（4 ~ 6 处）、C 等级（7 处以上），基于等级，在计算标段综合得分时再次扣分。

（3）履约评估：工程质量一票否决

N 企业务覆盖 50 余个境内外城市，业务规模庞大，拥有数千家供应商，其工程品质的实现离不开与所有供应商的精诚合作。

为规范相关制度及流程，N 企拟定相关的工作指引及标准化合同文本，并定期对供应商的产品及服务等表现进行综合评估，以确保符合 N 企的严格标准，每年年初对"不合格合作商名册"进行更新，对未达标的供应商踢出招标采购名单。

建立严格的承建商考评机制：在集团层面建立合格承建商资源库，将各类承建商分成备选、试用、合格三个档次，从承建商资质准入（严格的资格预审）、履约评审（过程中持续的履约评估）、优存劣汰等机制上确保承建商要高度重视工程施工质量。

三级考核：采用集团、地区、项目三级考核，对工程质量实行一票否决，一旦否决，不再进入供应商库。

而 N 企也借助数字工程管理系统，通过三大阶段落实工程管理部门、项目的六大类管理行为，支撑集团巡检、项目质量检查、后续验房交付工作，为工程管理工作带来不少提升：相关质量标准清晰及贯彻落实，使项目工程管理人员在业务开展过程中有据可依；规范项目工程质量的管理行为，以便管理人员对项目质量的把控；信息化系统的实施与推广在总部 - 区域 - 项目、各级部门之间实现信息的协同与数据的协同；还减轻一线人员的工作量，提高工作效率。

2.5 步法构建品质标准体系：新晋千亿巨头 E 企的经验分享

E 企近两年发展势头较猛，2018 年销售额突破千亿。但面临的问题是，体量大，排名靠前，业绩增长快，但质量标准体系依然较为欠缺。

在与爱德合作之前，E 企工程管理的具体情况是：虽有标准，但依然主要依靠管理人员自身经验；且多项目同时在建，体量较大，集团对于项目管控力度非常弱。

在此背景下，E 企梳理整个工程管理体系，主要经过 5 个步骤。

（1）自有标准库：4 大标准库 10000+ 检查内容，检查有据可依

E 企在系统中内置国家质量标准库和企业专属质量库。其中企业库立足国家标准，提炼、优化重要控制点，形成集团检查标准，再结合项目情况进行增减、微调，最终形成项目检查标准（图 5-3-3）。

而由于商业和住宅的业态不同，检查标准、重点关注点位等有所差异。X 企在国家标准的基础上，将标准体系划分为商开和住开两个版块，并进行细化和体系化，

不同项目也可根据不同定位也在集团标准基础上进行微调和增减（图 5-3-4）。

现场检查时，上传问题图片，选择问题点位和施工方，设置整改时限，仅需几个步骤即完成整个步骤。而在系统中，还可根据检查类型、施工部位、分部分项、检查内容、检查定位、检查点等事先设置，提高施工效率。

企业标准中，从验收标准到质量检查标准、日常检查工作过程中常发现的质量缺陷，从施工部位、分部分项到具体检查内容、检查点位，均进行层层细化。

图 5-3-3　E 企质量检查标准（部分）

图 5-3-4　标准可增加

（2）体系构建：5 步法打造管理闭环，促进品质提升

E 企形成管理闭环：前端建立标准 - 落实到平台 - 要求一线人员根据标准进行开展 - 反馈到管理层面 - 问题整理通病及形成客户敏感点反馈至前端部门，从而促进整

体产品品质的提升。

建标准：建立以国家标准为蓝本，适配 E 企自身项目特点的工程质量检查及验收标准的企业规范。

落平台：通过系统固化验房标准检查项，并对检查项进行问题归类与原因分析；系统支持问题分类的灵活设置，可关联到责任部门。

用标准：工程管理动作开展过程中引用检查标准，提高管理效率，移动端可直接对问题归类进行选择，并根据责任部门即时将问题进行推送。

勤反馈：提高问题反馈的及时性，通过问题的归类与责任部门的明确，在问题出现并得到确认的第一时间反馈相关部门，及时整改的同时分类沉淀问题，作为后续项目优化的重点。

促提升：将问题整理通病及形成客户敏感点反馈至前端部门，并应用于产品实现过程；图文并茂，清晰反应客户敏感点，供前端业务部门明确了解问题情况。

3. 客户视角管好品质质量：500 亿规模 W 企的独特实践

W 企的工程管理所有关注的内容，包括质量分类、验收标准等，完全站在甲方视角下进行。

从整体管理体系标准化层面来说，W 企也是围绕日常检查、巡检、工序、样板、验收、交付管理六个维度进行管理体系的搭建。

（1）价值导向：站在业主角度，更聚焦细化

W 企的检查评估标准更为聚焦，且毛坯房与精装房的标准不同。其中毛坯房包含 105 条检查项，精装房在此基础上附加额外的 100 条检查项。

值得注意的是，这些标准是站在业主角度，通过汇总业主验房过程中发现的质量问题，形成检查标准，并将其在施工阶段消除。

（2）过程管理：管控重点明确，关注薄弱环节

W 企整体工程管理系统的最大特点在于管控重点非常明确。

相较其他企业不到 100 个停歇点，W 企共设置 349 个停歇点。这些停歇点的设置依据是甲方关注的质量通病、薄弱环节、质量通病乃至客户敏感点，在施工前和施工后不同工序设置相应停歇点的检查和内容要求（图 5-3-5）。

这些强制停歇点属于项目工程部质量控制节点，不能完全取代隐检、预检，有重复的检查项时，可以合并一次检查，但检查成果资料不能用隐预检资料代替。

停歇点检查项的完成标志是按要求具备完整的成果资料，以工程经理签批通过为终点。前一停歇点检查未通过，工程实施不得进入下一阶段。

图 5-3-5　W 企停歇点检查分项（部分）

（3）评价方式：打分机制清晰，层层把控质量

W 企所有评估均采用扣分方式，每个评估表扣分的标准非常明确，如扣分原因、扣分情况、最终结果等。

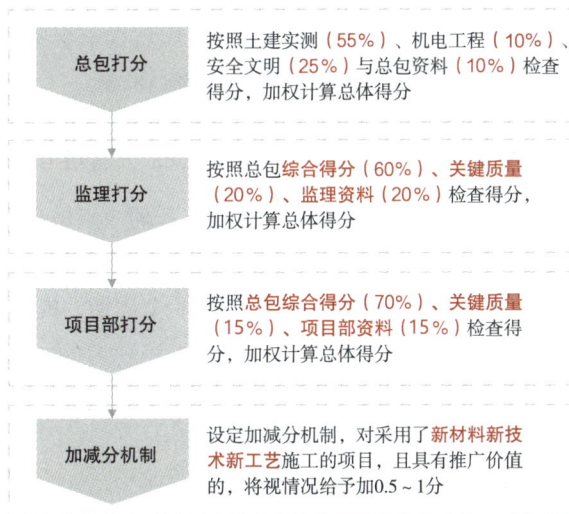

图 5-3-6　打分机制

由图 5-3-6 可看出，W 企的打分机制非常明确，总包、监理、项目部评分都有明确的计算方式，对新材料新技术新工艺施工的项目进行加分，得出最终分数。此外，每一检查项均有相应的检查标准和评分方法，现场人员检查时可进行参考。

通过这种方式，W 企期望即使是新来员工，也可参照企业标准开展检查工作；总部也可通过系统全局把控相关质量。

W 企在实际施工阶段，通过工程管理系统，支持集团巡检、项目质量检查、验房交付工作。

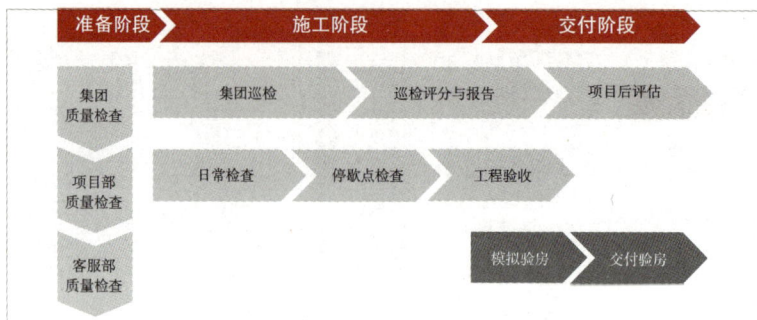

图 5-3-7　系统支持不同阶段不同部门工作

图 5-3-7 是 W 企的集团、项目部和客服部在不同阶段借助工程管理平台完成的工作模块。

总结来看，W 企通过数字化工程系统，无论是工作层面、管理层面，还是产品的层面，都带来相应的辅助提升，最终借助整体使用过程中积累下来的经验，不断迭代更新自身的质量标准，这也是 J 企经验积累的核心来源。

4. 交付管理中的质量管理：区域型企 O 的"221"管理模式

对于房企来说，集中交付无疑是一次"大考"，任何一点做得不到位的地方，就有可能引发一连串事件。

O 企为做好集中交付，根据房屋交付前、中、后全周期，提出"221"交付管理模式（图 5-3-8）。

图 5-3-8　221 交付管理模式

（1）质量自检：业主视角的前置预控，降低质量问题

专项查验：建设过程中的查验把控，原则是将业主敏感点、影响房屋正常功能的问题作为专项检查对象，从前端的淋水检验、闭水查验等都有一系列的标准（图 5-3-9）。

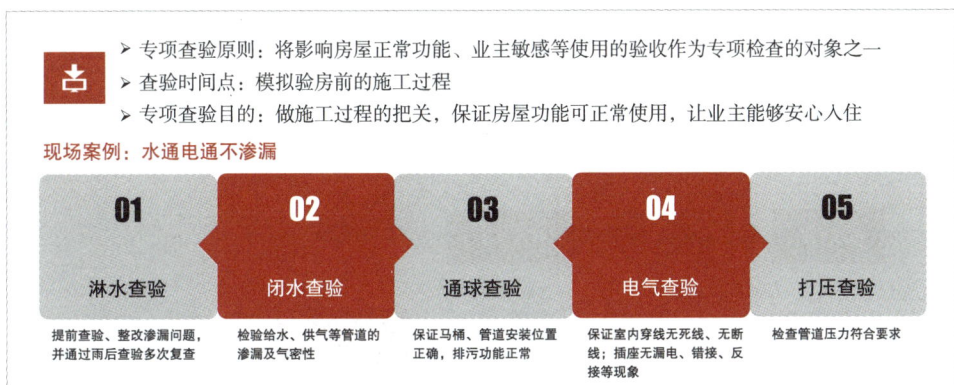

> 专项查验原则：将影响房屋正常功能、业主敏感等使用的验收作为专项检查的对象之一
> 查验时间点：模拟验房前的施工过程
> 专项查验目的：做施工过程的把关，保证房屋功能可正常使用，让业主能够安心入住

现场案例：水通电通不渗漏

01	02	03	04	05
淋水查验	闭水查验	通球查验	电气查验	打压查验
提前查验、整改渗漏问题，并通过雨后查验多次复查	检验给水、供气等管道的渗漏及气密性	保证马桶、管道安装位置正确，排污功能正常	保证室内穿线无死线、无断线；插座无漏电、错接、反接等现象	检查管道压力符合要求

图 5-3-9 专项查验标准

模拟验房：业主视角的前置预控，分成三个轮次（图 5-3-10）。

	检查形式	查验时间	查验内容	查验目的
模拟验房	第一轮模拟验房	交付前3个月	重大问题（大面积空鼓、严重裂缝、起砂、层高、方正、水平）	保障房屋具备基本的居住功能
	第二轮模拟验房	交付前2个月	1.完整性（部品、部件、电气设施是否安装到位）；2.成品保护；	保障设施配备的完整性
	第三轮模拟验房	交付前1个月	观感、色差、卫生	保障业主观感舒适

图 5-3-10 三轮次模拟验房

（2）交付管理：流程合理，工作有序

场地划分：由于项目体量大，集中交付过程中可能出现多套集中交付。为避免人流拥挤造成混乱，将交付场地根据功能进行划分，业务按照交付流程到达指定区域，提高业主效率和满意度（图 5-3-11）。

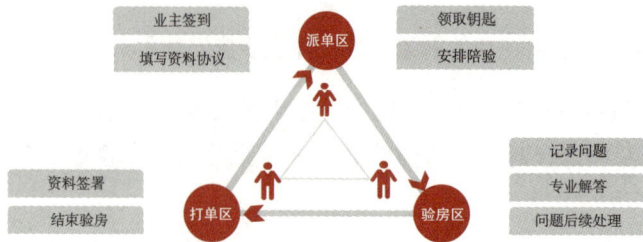

图 5-3-11　场地划分

工作有序：用于业主的房间交付管理，包含甲方信息发布、预约排号、交付签到、交付资料收集、物业移交等，明确交付验房全流程（图 5-3-12）。

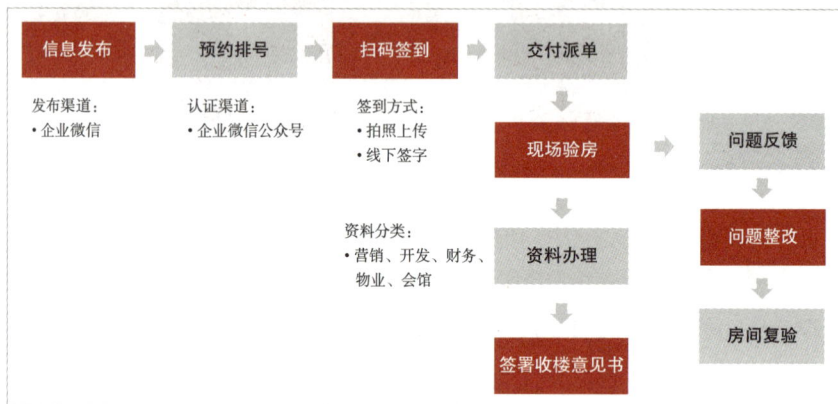

图 5-3-12　工作安排有序

（3）维保管理：打通业主企业连接闭环，提高业主满意度

O 企通过旗下的公众号、APP 以一个服务核心和多个服务沟通平台构筑一套完整的服务体系，全面促进服务提升品质。

其中，公众号上发布 O 企的一些服务信息、相关资讯，让业主实时了解企业的动态。社区 APP 则提供报事报修、停车缴费、智能门禁、物业账单等相关的业主服务，业务可直接在 APP 上操作，并与管理处联系。此外，还发布相关的社区活动和信息，一方面拉近业主间的互动，另一方面展现物业的工作。

总结

综上所述，工程管理变革多集中在标准体系的打造和执行上，除工具平台升级外，流程管理更细致的标准化才能更好地推进工程质量和产品力的提升。

｜第四节 质量管理｜

建标准、用标准，关键是监控执行

【导读】如何保住地产企业的质量底线，建企业自己的标准，优化组织与激励，更重要的是通过数字化工程管理平台，实现从建造到交付全过程透明、可控的质量检测和闭环管理，使质量管理真正落地。

纵观地产整个项目全过程，决策阶段和施工阶段是重中之重。其中，施工阶段关系到房地产产品的质量好坏、工期长短、是否获得高额利润等，因此尤为重要。

质量影响项目利润。亏损严重的项目部，几乎均存在较为严重的质量问题，返工、修复、推倒重来甚至停工休整等重复施工现象时有发生，导致企业无效工程量增加，最终增加成本支出。

质量是企业底线。建造过程一旦出现质量问题将会严重影响建造速度，增加事故发生率，一定程度影响房屋是否按时交付。对购房者来说，房子代表"家"，质量好坏关乎居住体验，乃至住房安全；且房子也是重要资产，一旦出现质量问题，将严重影响资产升值。

质量是企业口碑。质量与企业口碑成正比，高质量代表高标准、高要求和高水准，只有长年累月把控产品品质，才能维持口碑，创造更多价值。

工程管理是地产开发中的重要环节之一，也是最实质性环节。如何在这个环节严控房屋质量，实现施工过程精细化管控，与房企整体的工程管理能力息息相关。

1. 行业质量管理痛点：缺标准、缺体系、难把控

地产下行周期，房企形势严峻。

政府严防死守超量资金进入房地产行业，融资困难，利息高达15%，更有券商明确表示不再考虑地产融资融券。

各地"三限"政策不放松，整体市场冷淡，销售不畅，房企资金回笼难，现金流紧张。

在这样的环境下，工程部门将面临更现实的情况，更应注重产品质量，在市场冷淡期争夺有限"房票"。

工程管理由于施工现场管控细节多，对于不同体量、不同规模、不同发展阶段的房企，还会面临其他方面的困惑。

（1）粗放型企业：无标准，无方法

粗放型管理的房企，由于进入房地产行业时间尚短，项目少，工程管理目前处于"三无状态"。

无资源：没有稳定团队，人员流动大，经验丰富的现场管理人员稀缺，标准灌输难度大；缺少优质供方，总包能力弱，监理无作为。

无标准：缺少精细化标准施工工艺支撑；缺少施工质量标准和房屋交付标准。

无方法：管理方法缺失，缺乏明确的工程管理行为规范，包括明确的日常检查要求、质量巡检体系和质量评估办法。

这种情况下，粗放型的工程管理多依托施工单位、总包单位，缺乏基本的管理标准，管理也多以经验为主。这也是一些中小型企业经常遇到的问题。

（2）规范型企业：有标准，没管控

对于规范化和标准性较强的开发商而言，虽已有非常多的标准沉淀，但由于要点繁多，无从聚焦，没有梳理形成企业自身标准，导致标准多而无效。

而标杆房企多根据自身追求、战略发展目标，以及当前的项目体量、工程管理人员数量等，总结企业自身的质量短板提高对工程的质量要求。

（3）精细型企业：有体系，无执行

不少标杆房企拥有从组织管理到图纸、安全文明、施工指引、质量通病、交付标准、维保及移交等整体标准化体系，但区域、城市公司及项目公司是否执行到位，执行情况如何？是否满足质量标准？是否提前预见质量风险？合作方是否按照标准开展相关工作……这些方面总部无法——把控。

以上三个问题，是房企在不同发展阶段多会面对的困惑。而在互联网、数字化的双重冲击下，如何精益化施工管理，已是地产寒冬下不少房企的首要目标。

2. 企业质量管理提升路径：优化组织，执行标准，监控执行

近年来，标杆房企多关注在施工过程中的提质增效。如万科的"四化管理、实测实量"，中海的"过程精品、零检品质"，华润的"高品质战略、毫厘工程标准"，星河湾的"精细工程标准"，以及龙湖的"别墅营造专家"……

而无论何种方式，最终目的是提供给客户高质量、高标准的产品。房企工程部门在互联网、大数据的冲击下，传统的工程管理模式已无法完全满足当前需求。

房企在设计工程管理模式的过程中，核心是结合自身组织结构、产品形态及规模体量（图 5-4-1）

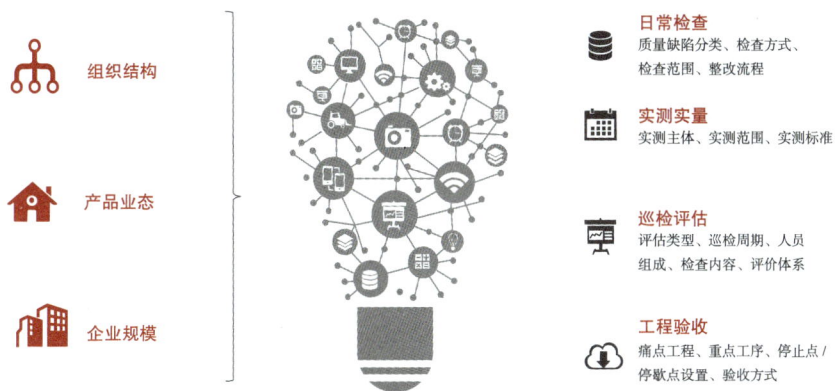

图 5-4-1　工程管理适配三要素

以下是当前工程管理的 3 大趋势变革。

（1）优化组织：组织管控扁平化，人员配备精准化

管理制度的落地执行离不开组织建设和职能分工，每个部门的职责划分与相关的管理动作一一对应。

而在地产下行周期，土地成本增加，企业更多考虑通过何种手段或措施开源节流，如何将人员合理分配到不同项目，达到最大效果资源利用，何种体量的项目应在哪些阶段配置多少名管理人员才最有效？这也是当前环境下，房企更应考虑的问题。

①组织架构升级：更聚焦、更扁平

当前主流房企的工程管理通常采用"总部 - 区域"的 2 级架构。图 5-4-2 是深圳某中型房企从总部到分公司都配置工程管理部门，明确各自职能。

此种管控架构中，集团工程管理部的职责是统一协调在建项目的评估工作、建制度、定标准，具体检查工作由区域公司和项目部执行。

但随着房企的规模和体量不断扩大，跨区域项目不断增多，总部无法全面把控所有项目具体情况。

销售额超过2000亿、位列前10强的某标杆房企采用"总部 - 地区 - 项目 - 监理单位 - 施工单位"五级垂直化管理架构，每个层级均对应相应的管理规范"（图 5-4-3）。

图 5-4-2 "总部 - 区域" 2 级架构

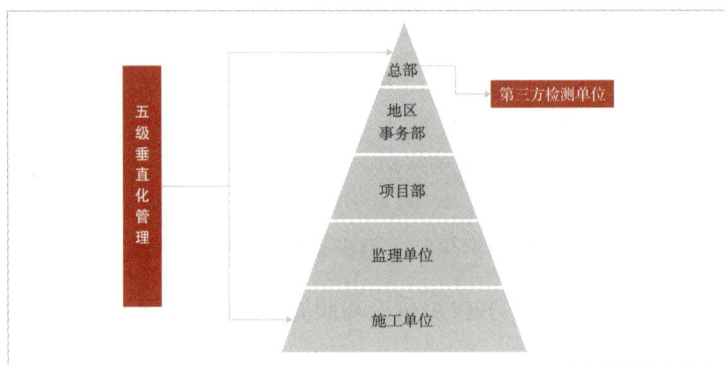

图 5-4-3 五级垂直化管理

五级垂直管控体系中，集团总部对区域公司、项目部，以及合作单位有直接管理权，整体管控更高效、更扁平、更细化，也更能全局掌控整体质量。

②人员配备：聚焦客户关注痛点

组织架构升级后，一个项目中配置多少人员才合适？ B 企在不同阶段匹配不同数量的工程人员，可参考学习和借鉴。

表 5-4-1 是 B 企 10 万 m^2 住宅项目各施工阶段配备的人员数量，每个阶段基本控制在 1 ~ 2 人，但交付阶段是重点，配备人员高达 10 ~ 15 人。

（2）执行标准：标准更全面聚焦，强激励

房屋质量，通过"漏斗式"多轮次检查，不断过滤问题及缺陷，以达到质量要求。而现场检查更多依赖于检查标准。

B 企不同施工阶段配备的工程人员　　　　　　　表 5-4-1

单项目10万m² 住宅不同施工阶段人员配置数量					
企业名称	前期	开工至正负零以下	主体 （含砌筑抹灰）	精装 （市政、园林同期）	交付阶段
B企	3人； 土建1人； 水电1人； 资料员1人	5人； 土建2人； 水暖、电气各1人； 资料员1人	5人； 土建2人； 水暖、电气各1人； 资料员1人	7人； 土建、精装各2人； 水暖、电气各1人； 资料员1人	10-15人； 项目部7人； 客服、物业、其他项目支援 人员3-8人

除通用的国家标准外，房企还会根据自身情况形成适合自身要求的企业标准，有以下特点。

①标准：更全面、更聚焦、更高要求

房企在设置企业标准时，不仅充分考虑自身的产品类型、项目数量、人员情况、质量短板，还根据常出现的工程缺陷、易出问题部位、施工重点关注部位等逐步形成企业标准。

N 企围绕项目全过程设立质量标准体系，其中集团重点关注的 18 个痛点工程，项目开发阶段的 81 道工序作为重点工序进行把控（图 5-4-4）。

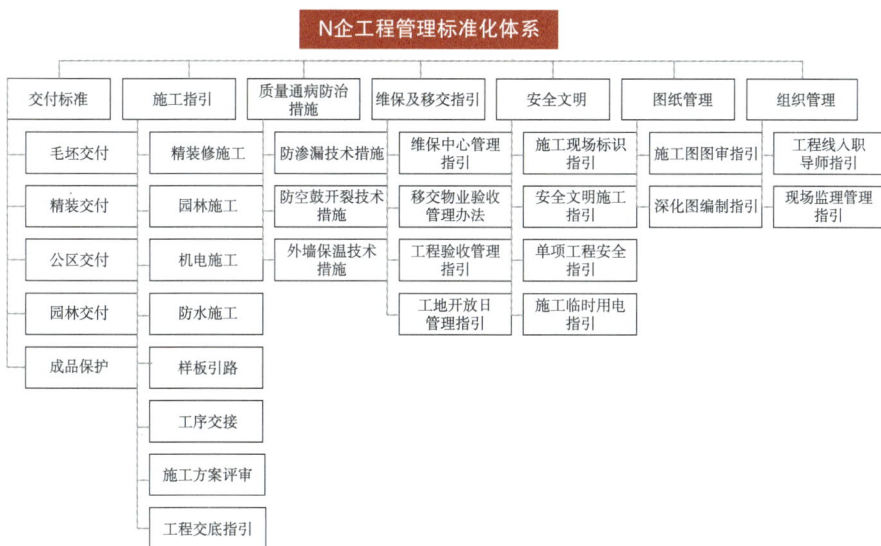

图 5-4-4　N 企工程标准化体系

更全面：以质量风险检查标准为例，通常根据"类别 - 专业 - 分部 - 明细项 - 常见问题及标准"建立五级检查体系，并根据专业划分为 4 个检查领域，每个领域均细化多个分部，以在检查时有相应的检查依据。工程验收、实测实量均采用同种方式建立相应的体系（图5-4-5）。

更细化：国内10强标杆E企商业地产根据质量风险标准围绕水电安装（17个分部）、园林工程（5个分部）、精装修（14个分部）、土建（16个分部），开展施工过程中的质量把控及相关检查评估工作。此外，还具体参与到分部分项的验收，并按照建筑过程中不同阶段划分成不同领域，设立验收标准。

要求更高：参照建设部3A住宅性能认定标准，细分毛坯房、精装修房、室外园林景观三种类别制定出要求更高的企业内部标准；针对防治住宅外墙外窗渗漏问题，按照不同区域划分及降水特点，区别制定检查标准；采用先进的测试仪器，全面检测各施工工序，确保质量误差控制在毫米级。

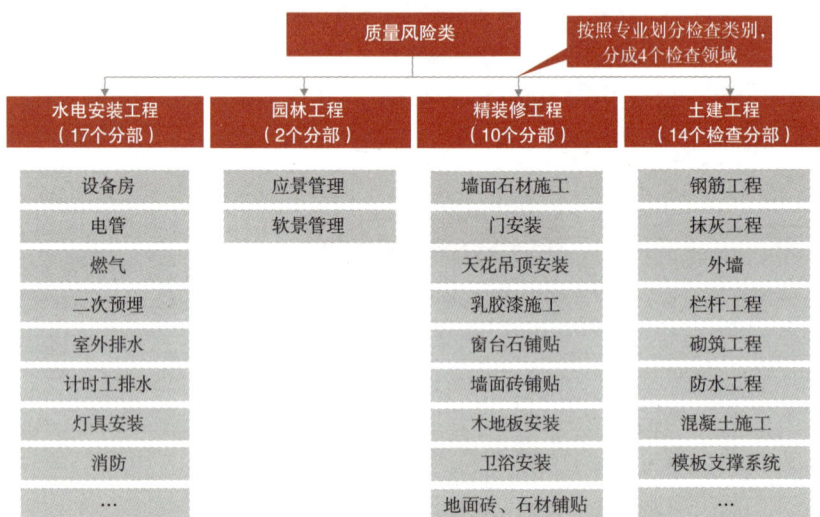

质量风险类			按照专业划分检查类别，分成4个检查领域
水电安装工程（17个分部）	园林工程（2个分部）	精装修工程（10个分部）	土建工程（14个检查分部）
设备房	应景管理	墙面石材施工	钢筋工程
电管	软景管理	门安装	抹灰工程
燃气		天花吊顶安装	外墙
二次预埋		乳胶漆施工	栏杆工程
室外排水		窗台石铺贴	砌筑工程
计时工排水		墙面砖铺贴	防水工程
灯具安装		木地板安装	混凝土施工
消防		卫浴安装	模板支撑系统
…		地面砖、石材铺贴	…

图5-4-5　质量风险检查标准体系（部分）

②强激励：质量奖可能高于500万，加强合作单位责任感

如何激发总包、施工单位的积极性，是否会在企业工程管理高标准下展开工程建设？

在这方面很多企业都有一系列的激励措施。如某央企的精品工程，按照不同体量进行不同的激励措施，以保证达到高质量的产品。

"精品工程"总包费用奖励，是根据建筑面积进行单位面积现金奖励。建筑面积在 10 万 m² 之内，每 m² 奖励 50 元；建筑面积在 10 万～ 15 万 m² 间按照 30 元 /m² 进行奖励；建筑面积大于 20 万 m²，以 25 元 /m² 进行奖励。最高奖励可能高于 500 万（图 5-4-6）。

图 5-4-6 展示该央企对总包和项目高品质的奖励机制，给予总包和分包明确的现金奖励。

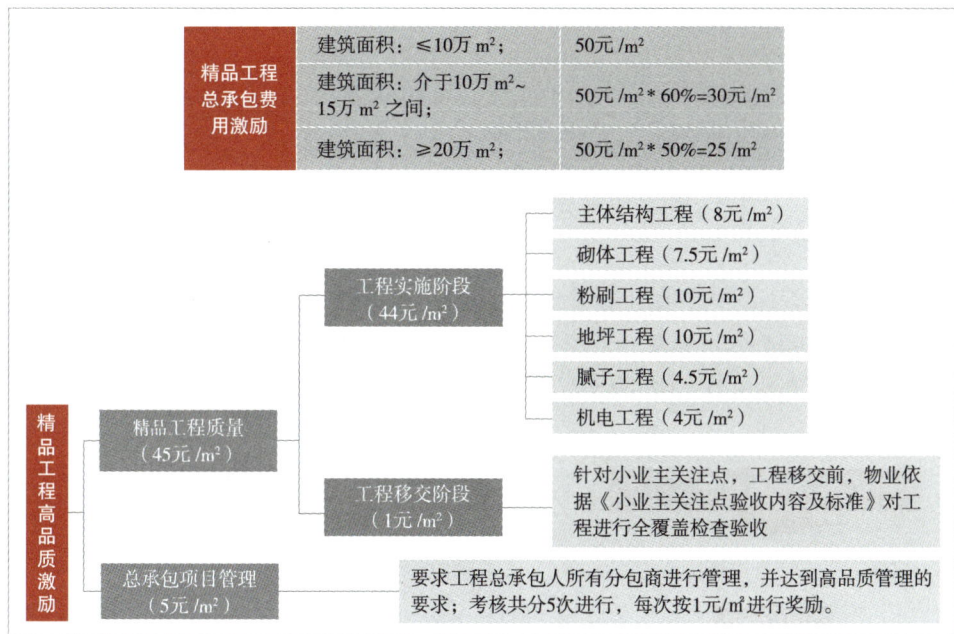

图 5-4-6 精品工程总包激励

（3）监控执行：数字化助力管理更高效

对于工程人员来说，每一项工作都会发生非常多的管理行为。15 万 m²、10 栋 33 层的高层项目，平均每天现场管理人员的管理行为发生 22.6 次，其中大都是单调重复的巡逻和资料整理工作（图 5-4-7）。

在这样的背景下，工程部门希望可以更加优化流程，或通过数字化的工具提高工作效率。

纵观标杆房企，自万科 2013 年上线数字工地系统后，佳兆业、保利、中海、新城等众多企业启用不同范围的数字工程管理，针对各自企业的特性，对整个工程体系进行高效管理。

各管理行为分项数	
总计	496
内部竣工验收	80
招标合同	80
会议	4
图纸内审	11
交付验收	79
成品保护	67
工序管理	175

项目管理行为数量合计	
总计	15616
内部竣工验收	80
招标合同	80
会议	300
图纸内审	11
交付验收	289
成品保护	3655
工序管理	11201

工作量计算：15万m²，2个标段，10栋33F高层，日均管理行为数量22.6个

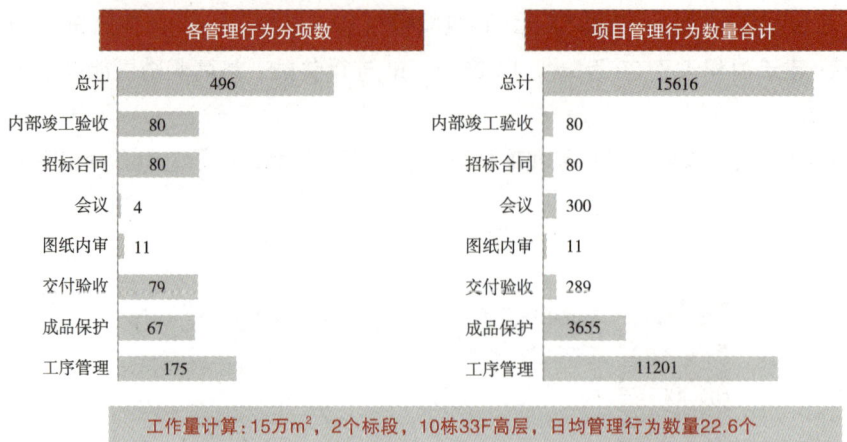

图 5-4-7　15 万 m² 工程人员日均管理行为数量

　　整体来看，标杆房企的工程管理变革，多是管理平台的升级，即通过数字管理平台令整个工程管理可视化、工作移动化、流程自动化、分析智能化，协助工程部门提高效率、严控质量（图 5-4-8）。

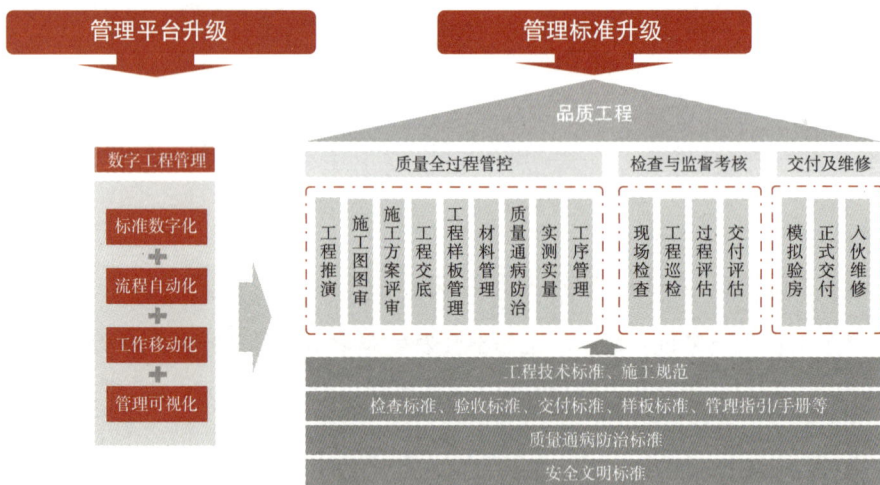

图 5-4-8　工程管理变革

　　①移动化、智能化：贴合业务场景，实时了解项目情况

　　数字管理平台为房企工程管理带来诸多变化（图 5-4-9）。

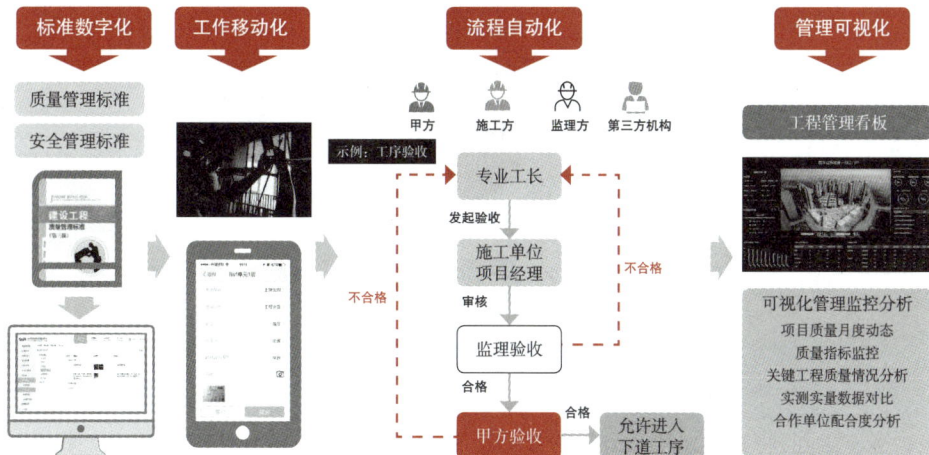

图 5-4-9　数字工程管理平台

标准数字化：借助移动互联网，将标准在系统中进行固化，用手机保障有效落实，在检查中实时体现。

流程自动化：系统自动派单并推送给相关的负责人员，检查完成后上传相关信息、评分结果等，检查和整改结果亦同时推送给负责人员，形成连接闭环。整套流程无须手动提醒，自动设置即可。

工作移动化：借助移动互联网，支持工程巡检、实测实量、工程验收、日常检查、工序验收、安全检查等多个施工现场应用，自动派单；通过统一平台，打通个项目团队协同合作，便于提高效率，快速解决问题。

管理可视化：通过集团看板、项目看板，可实时了解项目情况的建造情况，以及各种指标。

②标准落地：品质战略植根每个环节，真正提升产品品质

系统还可通过量化指标，对项目质量开展同维度的评价，如质量缺陷数量、整改闭合率、一次交房通过率等，这也是管理层高度关注的核心指标（图 5-4-10）。

那么，究竟为工程管理部门具体带来哪些方面的提升？

决策支持：根据房企战略决策，通过数字化工程管理支撑公司战略的达成。

标准落地：对于企业而言，最核心的将企业自身的标准进行落地，通过在系统中固化标准，用手机保障有效落实，并在检查中实时体现；多方在统一平台展开系列的质量提升工作，并进行逐级自控，最终形成管理闭环。

流程提效：覆盖工程质量管理全业务流程，围绕从施工前准备到开工、施工到最终的交付阶段，通过信息化手段提高流程运转效率。

图 5-4-10　数字化工程管理模型

多方协同：将业主、第三方质检单位、施工单位、监理等统一集合在一个平台上，通过统一口径和标准开展工作，减少问题传递壁垒，层层把控现场质量问题，以交付给业主 0 缺陷产品。

总结

对于工程部门来说，无论是标准库搭建，还是整个体系的优化，都需要整体的贯彻和执行。

跟投合伙人制度为项目提速提效添加助燃剂

近年来，行业变化更剧烈、人才竞争更激烈。互联网大潮催生对人力价值的再认识，千万、过亿身价的职业经理人也越来越多。地产行业人力资本的价值进一步提高。

某新锐房企猎头费都准备两个亿，他们挖人经常薪资翻倍。一个领导跳槽，带走一个成熟的团队。没有得力的稳定体系，很难留住既有的高端人才。

调控频繁、市场急剧变化、企业规模越来越大，稍有不慎，地拿贵了项目资金链断裂，轻则影响项目利润，重则危及企业生存。个人的创造性、个人对产品的决定性得到了进一步彰显，企业必须要把人的价值提到一个新高度。

跟投合伙人制度是地产行业最具生命力的股权激励制度。相对而言，跟投合伙人制度的应用更加灵活、覆盖面更广、兼顾激励约束，有利于树立项目团队的经营意识，激发组织战斗力，提效增产。

高激励刺激全员树立更强的经营目标感。跟投奖、加上专项奖，让员工充满了斗志。例如456、8611、5912等经营指标，全员熟记并努力践行。实行跟投的项目，明显比没有跟投的同类项目周转更快效益更高。

合伙人跟投制度已经成为新形势下诸多标杆房企的组织创新、激励创新的产物，它不仅直接带来了跟投人员与企业的收益共享，也将项目开发运营带入了一个高效率、高效益的良性循环中。

本章通过对诸多企业跟投方案设计、制度流程建设、数智化管理手段的解析、分享和总结，归纳了4大跟投模式、5大制度设计要点、10大风险提示，为不同类型房企的跟投提供了教科书般的辅导。

| 第一节　标杆实践 |

跟投推动企业快扩张，项目快周转

【导读】跟投制度在地产行业的实践告诉我们，跟投确实推动了企业的快扩张与高周转，为企业留住了人才，奠定了发展的基础。

跟投合伙人制度有利于树立项目团队的经营意识，激发组织战斗力，提效增产。

碧桂园杨国强曾强调，区域总裁和项目总必须要清楚项目资金、费用、进度、效益的每日情况，懂得提前一天推进工作所增加的费用与产生效益之间的对比关系。在守法的前提下，力求效益最大化。

建立强效赛马机制，优胜劣汰。各团队的业绩与排名直接与收益挂钩，组织与授权随业绩调整，从而激发企业经营活力。

1. 价值与效果：在跟投的高激励下，企业与项目都获得更好的发展

在上一阶段快速发展期，利润驱动之下，房企之间的竞争更加激烈，快速发展型企业非常舍得设置高额的项目激励奖金。

（1）双项激励：高达 3000 万元奖励，推动项目拼命做快

某地方性房企的奖励策略是近几年地产行业激励制度的典型缩影。它近年发力规模扩张，为单个项目设置了高达 3000+ 万元的奖励金。

跟投奖约 1800 万元，专项奖 1300 万元。项目经营准则为"6712"拿地后 6 个月开盘奖 500 万元，去化 70% 奖励 500 万元，12 个月现金流回正再奖励 300 万元。谁见了都激动，拼命按经营准则去干活。

（2）万科跟投：开盘周期缩短近 5 个月

万科的跟投制度是共创共享共担型的（图 6-1-1）。

郁亮曾在业绩发布会上评价了跟投效果，开盘认购率增长了 4%，开盘周期缩短了近五个月。以前万科的开盘周期是 13 个月左右，现在差不多 9 个月。同时，开盘毛利率增长了 6%，营销费用也大幅下降。

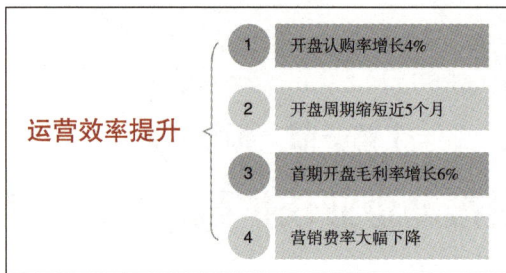

图 6-1-1　万科跟投促进运营效率提升

（3）M 企跟投：净利润提高 2%，开盘提速 3 个月

M 企各个区域的制度不同，差异比较大。M 企跟投制度在总部和区域层面设置了不同的规则。从跟投回报水平看，目前其跟投制度是行业内回报率较高的，推出几年后，推动了项目速度和效率的双提升。其示范效应明显，长三角的数家房企借鉴甚至部分条款照搬 M 企跟投制度。

据 M 企统计，跟投效果主要体现在如下 5 方面：

增速更快：企业复合增长率从 28% 上升到 59%。复合增长率是企业的整体发展速度。

运营提速：开盘时间从 10 个月左右缩短到 6.9 个月。M 企常说的 345，开盘时间追求是 4 个月。但公布的数据显示，整体全项目的开盘时间是 6.9 个月。

赢利更强：净利率提高了 2 个点。

收益更高：年化自有资金收益增长明显，从 30% 增长到 81%。这也是 M 企最看重的一个指标。年化自有资金收益就是老板投资的钱，每年能挣回多少钱。

周转更快：现金流回正周期从 11 个月左右，下降到 9 个月。

（4）新秀企业：跟投助力 5 年 10 倍增长

地产领域几位后起之秀这 5 年上升很快，5 年 10 倍的增长。典型的企业如旭辉，名次提升 29 名，新城提升了 18 名。其中新城 2018 年首次闯进前十（图 6-1-2）。

对比之下，多数利润型企业这几年名次下降厉害，5 年大概只有 3 ~ 5 倍的增长。其中，有国企和央企、也有民企，老板们都很着急，也要上跟投，把企业适度做快。

更多房企纷纷上马跟投。近两年，做跟投制度的企业包括新力、招商、保利、佳兆业、正荣、绿城、金茂。尽管地产进入下行周期，企业和项目增速都有明显放缓，但是由于跟投本身对于人才争夺、项目提速、企业效益的正面价值显著，部分房企还是积极践行行业发展最新成果，努力提升自身运营效能。

	2012年		2017年		分析	
	销售额（亿）	排名	销售额（亿）	排名	增速	上升
碧桂园	475	9	5500	1	12倍	8
旭辉	106	44	1040	15	10倍	29
新城	163	31	1260	13	8倍	18

图 6-1-2　跟投助推新秀企业快速增长

2. 制度优势：跟投制度已经成为地产行业最具生命力的股权激励制度

（1）产生背景：行业变化剧烈、人才竞争激烈

第一，互联网大潮催生对人力价值的再认识。

人力价值相对资本价值的重要性得到提升。

例如，张小龙发明了微信，数年间改变了全中国人的移动生活，更把腾讯业绩抬升到新的高度。这就是个体人力的价值。

互联网大潮对传统的企业价值体系产生冲击，个人的创造性、个人对产品的决定性得到了彰显，企业必须提升人的价值高度，而不是资本的价值。

在阿里的股权结构中，掌门人马云的投票权和对公司的话事权占绝对地位，而不是股份占有重要比例的软银。核心合伙人的退出、进入，对股东会席位的把控，都掌握在真正的操盘团队手上。出钱更多的一方影响力在下降，管理者和创新者的地位在提升。

第二，行业的不确定性增大。

调控频繁、市场急剧变化、企业规模越来越大，稍有不慎，地拿贵了容易导致亏损或者项目资金链断裂，轻则影响项目利润，重则危及企业生存。

旧改、收并购、合作开发，房地产开发形式变得更加复杂，需要企业全体人员团结一致发挥出最大能量，确保项目提速增效。

第三，人才争夺激烈。

某新锐房企猎头费都准备两个亿。千万、过亿身价的职业经理人，也越来越多。

他们挖人经常薪资翻倍，一个领导跳槽，带走一个成熟的团队。没有得力的稳定体系，很难留住既有的高端人才。

（2）制度优势：跟投是地产行业最具生命力的股权激励

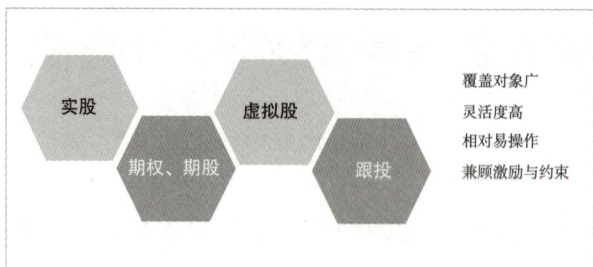

图 6-1-3　跟投激励的制度优势

实股激励涉及投票权表决权，退出也很麻烦。期权和期股更适合上市企业，未来股票才可以在市场上变现和流通。虚拟股在行业中比较少见，但是股份增量算起来比较复杂（图 6-1-3）。

相对而言，跟投合伙人制度的应用更加灵活。

第一，覆盖面相对比较广。

前面三种激励制度的覆盖面都是有一定的局限，跟投原则上可以覆盖企业集团所有员工，甚至包括集团相关产业的管理层员工（如物业、商管公司）、外部主要合作伙伴。

第二，灵活度比较高。

其他制度都与跟整体公司相关，专业人员或者项目负责人对整个公司影响有限，行权期限太长，不利于过程调整。

跟投是以项目为基础单位进行投入，享受项目的收益分配。跟投的区隔度比较好，项目试点容易操作更便于逐渐改进制度。

第三，兼顾激励约束。

股权制度往往是站在大股东的角度，约束人员做长期的投入。

跟投则兼顾了激励和约束。高额激励方面，前文已有所综述。约束方面，员工转正以后就要跟投，比如最少掏 10 万现金投入项目。干自己的事情，动力和责任心比干别人的事情更强，以此实现自我激励和自我约束。

（3）两大特点：80% 项目是快周转类型、80% 跟投是成功的

第一个特点，快周转的项目适合做跟投。

首先，员工任职时间的问题。

房地产行业从业人员在企业的平均任职周期通常是 3 年左右，3 年时间通常也是销售型项目的开发周期。如果项目周期太长，项目还未见效，员工就可能离职了，员工投资意愿就低。旧改项目时间周期长，有的甚至要长达 7~8 年，这种项目就不太适合做跟投，员工都离职了，钱还在原公司，这种投资是很难有人认可的。所以两三年的快项目适合做跟投。

其次，要考虑资金回报年化收益率。同样是赚 1000 块钱，项目时间越长，年化收益率越低。

对于利润型的项目，拿地、开工、开盘一定会比快项目资金投入大，资金流回正得更晚，所以越快的项目跟投收益回来得越快、越高。

利润型项目的现金回收时间接近交付的时间，需要 2~3 年。跟投制度本身要做相应调整，如果采用快周转项目的方法去套，就缺少吸引力。

最后，就是跟投制度本身。资金峰值回正就给返本的制度设计，会促进人们去拿快周转的项目。

那么，慢项目怎么办？其实，慢的项目也可以做，甚至亏损项目也可以做。例如，减亏多少，提速多少，就分多少钱。但项目不一样、目标可能就不一样，制度的设计也不一样。

第二个特点，80% 的跟投项目是成功的。

首先，从项目层面来看，绝大部分的项目超额认购，说明员工愿意买项目，跟投项目投资测算数据可信。

其次，从员工投资视角来看，一年左右返本，本金落袋为安，后面有没赚钱再说。如果没有赚钱也不会要求太高，所以返本时机很关键。

最后，从收益方面来看，跟投年化收益不低于 15%，否则就没有很强号召力。行业的平均收益水平在 30% 左右。

不成功的因素包括：

第一类，国企过于强调共担，强调责任，一方面控制利润分成，一方面又让员工承担项目亏损。

第二类，激励导向不明确。跟投制度要做提前测算，达不到行业平均水平的跟投制度吸引力有限，员工会横向比较其他企业的跟投激励水平。如果回报水平低，员工就不愿意投。

第三类，返本周期过长。南宁有一个比较好的项目做跟投，离开盘只有三四个月。项目总才投 20 万元，贴着跟投限额的底线走。原来有一个项目，财务说一年左右可以返本金，结果过了一年半才返本金的80%。员工私下议论纷纷，要不然公司还不返本金。所以项目总说，我不敢投多了，下次本金什么时候回来很难说。

第四类，跟投人员覆盖面过窄，只限少数几个高层。

第五类，投资测算数据不可信。财务人员经常换，以往项目投资测算的数据跟真实的数据差十万八千里。如果员工有所怀疑，信心捡起来很难。

3. 跟投典范：80% 跟投企业都学万科模式

（1）危机意识下的共创共担，推行早，成熟度高

①万科推进跟投制度有特定的企业和行业背景

第一，互联网风潮下的危机意识。2013年，移动互联网迎来蓬勃发展期，重新界定和颠覆了多个传统行业。下半年，郁亮带着高管去小米、阿里、腾讯等互联网公司参观学习。他们一直在思考一个问题，房企如何实现互联网化？如何把互联网的一些思维引用到万科？

第二，防止门外的野蛮人。君万股权之争一直是万科的内伤。万科股权比较分散，管理层一直希望把股权拿到自己手上，增强管理者的价值和地位，免得被纯投资机构拿走。那个时间点，还没有后面的宝万之争。

第三，人才激励。万科比较注重利润的分享和激励。据统计，27%左右的企业利润发给这些股东之外的职业经理人。在上市公司中，这个比例还是比较高的。

第四，白银时代的项目运营策略。2014年，房地产行业项目利润降低，周转速度加快。万科提出白银时代，需要全体人员共创共享共担。

②发展历程：早、广、全、高

万科跟投之所以成为行业学习的典范，主要是因为早推进、覆盖面广、制度健全、效率高。

首先，推进的早。2014年初开始推行，当初实施跟投的企业并没有几家。

其次，覆盖面比较广。全部员工可以跟投，所有的住宅项目必须跟投。在住宅跟投做得比较好的情况下，万科在2017年还推出了商业项目和物流的跟投制度。万科推出持有物业的跟投，也是目前行业中最早的尝试和探索。

第三，制度比较全。2014年就制定了管理流程和制度，4年来不断完善升级，日渐成熟，成为行业典范。

最后，工作效率高。万科定制了跟投管理系统，规范流程，不断升级，工作效率高。跟投项目500个、跟投员工5万人，不做成软件很难操作。平均不到3天推出

一个项目，大量的跟投认购、分配、协议签订在系统上完成。

③独有特色：三无一有

万科跟投制度的核心，也一直在成长，在变化。经过四年的发展，制度已极具生命力。

无杠杆：制度经历过两次比较大的调整，其中一次是去杠杆。

所谓的杠杆就是外部金融机构购买与员工同样数量的份额，待时机成熟时再原价卖给员工。普通员工有一倍的杠杆，高层有两到三倍的杠杆。如果这个项目不好，员工可以不买它。

杠杆去掉之后，万科就发展了跟投基金，跟投人购买基金包。这就避免员工直接购买项目造成项目挑选或资源过配。

无强投资金的统一要求：总部对各个区域公司强投资金可以不同。有的项目负责人强投高达100万元，有的只有20万元，由各个区域自己去定。

离职收益无变化：如果员工离职，其整体收益与在职时候相同。但很多房地产公司要求离职要退出跟投，退出时没有收益或较低收益。

有借款：员工跟投资金可以向万科的平台借款。

（2）跟投目标：提升拿地质量和运营效率，多方共赢

拿优质项目：减少盲目拿地，提高项目经营效益。

运营效率提升：改变从投资买地到销售结算，项目操作全流程的所有行为。所有真正对运营效率提升有帮助的做法，都会被很快运用和完善。减少了钻空子、只顾眼前利益的做法。

利润分享：通过跟投真正实现组织和企业、企业和员工的直接分享，达到多赢。

组织发展：促进员工保持在高绩效水平，保持员工的稳定性，提升和发展管理人员的领导力。

员工成为项目合伙人，形成背靠背的信任，进一步激发公司内员工的创业热情和创造性，为股东创造更大的价值（图6-1-4）。

（3）制度的八大环节：上手快，简单有效

鉴于万科跟投制度起步早，成熟度高，并取得了较好的效果，众多房企借鉴万科跟投制度，使得万科跟投制度成为行业跟投制度的主流。

行业大部分的跟投制度在借鉴和发展万科跟投制度上，主要抓住了八大制度核心要点，体现出了行业制度特色（图6-1-5）：

拿优质项目	运营效率提升	收益分享	组织发展
在拿地上也会更加谨慎，**减少盲目拿地**的可能性，有利于提高项目经营效益	改变从投资买地到销售结算这一项目操作全流程的所有行为。所有真正对运营效率提升有改善的做法，将会很快被运用和完善。比如**钻空子、只顾眼前利益的做法将很难存在**，因为这些都事关合伙人的利益	通过跟投，真正实现了组织和企业、企业和员工之间的分享，达到**多赢**	促进员工保持在高绩效水平，**保持核心员工的稳定性**，提升和发展管理人员的领导力 员工成为项目合伙人，**形成背靠背的信任**，进一步激发公司内员工的创业热情和创造性，为股东创造更大的价值

图 6-1-4　万科跟投的预期效果

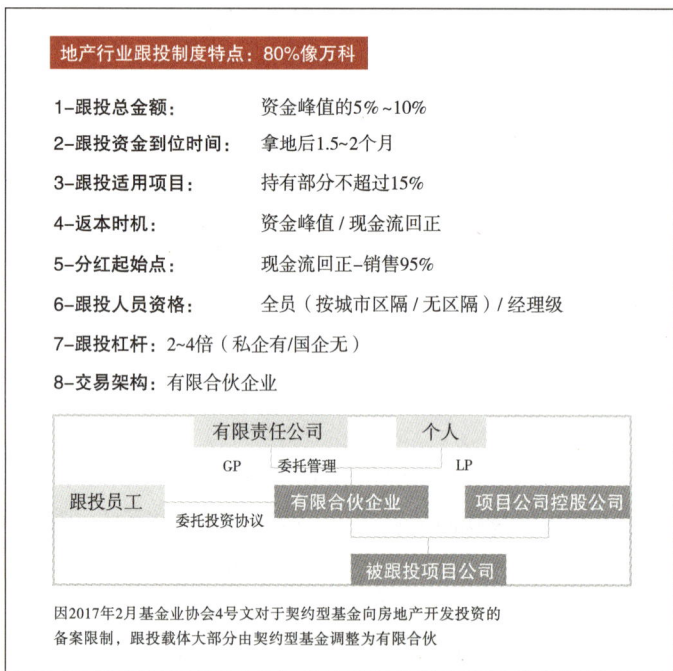

地产行业跟投制度特点：80%像万科

1–跟投总金额：　　　　　资金峰值的5%~10%

2–跟投资金到位时间：　　拿地后1.5~2个月

3–跟投适用项目：　　　　持有部分不超过15%

4–返本时机：　　　　　　资金峰值/现金流回正

5–分红起始点：　　　　　现金流回正–销售95%

6–跟投人员资格：　　　　全员（按城市区隔/无区隔）/经理级

7–跟投杠杆：　　　　　　2~4倍（私企有/国企无）

8–交易架构：　　　　　　有限合伙企业

	有限责任公司		个人	
	GP	委托管理	LP	
跟投员工		有限合伙企业		项目公司控股公司
	委托投资协议			
		被跟投项目公司		

因2017年2月基金业协会4号文对于契约型基金向房地产开发投资的备案限制，跟投载体大部分由契约型基金调整为有限合伙

图 6-1-5　万科跟投的核心特点

第一，跟投总额：通常为累计经营性现金流10%左右。

一般是资金峰值或者自有资金峰值的 5% ~ 10%，1500 万 ~ 5000 万元。如果设定太高，员工没有那么多钱跟投。太低了则总收益不高，员工没有积极性。

一般会设置总部和区域各占一部分比例。例如总部和区域 2:8。

第二，跟投资金到位时间：拿地之后 1.5 ～ 2 个月。

很多企业要求 1 个月资金到位，与大股东出资基本同步。

第三，跟投项目：持有部分不超过 15%。

如果持有部分过大，就把它剔除，或者按一定规则视同销售计算。

第四，返本时机：资金峰值或现金流回正。

返本时间点通常是在资金峰值或者现金流回正。资金峰值表示项目的资金需求已经够用了，跟投资金可以返还了。

第五，分红起始点。

通常是在项目现金流回正开始分红，直到项目销售完成。不少房企分红与项目经营结果挂钩，如与项目 IRR 挂钩，比如 IRR 定 18%，超过 18% 是 1.2 倍的收益。如果原来的分红奖金是 1000 万元的话，那么最后分得 1200 万元。反之，IRR 低，对应的奖金总额下调。

第六，跟投人员的资格。

分两种情况，一类是全员跟投，一类是一定级别以上的人员可以跟投，前者更强调制度的公开性，后者强调风险控制，保护低级别员工，他们的收入水平相对较低，这样确保市场下行时，他们的收益不受损。

对有资格的跟投用工，有的房企会做区域区隔，区域自愿跟投员工只能跟投本区域的项目，例如广深区域员工不能买北京的项目，北京的员工不能购买上海的项目。

第七，跟投杠杆。

行业中较多民企会配杠杆，一般是 2 ～ 4 倍，7 ～ 8 倍的算比较高的。杠杆的配置根据职级有差别，职级越高杠杆倍数越大。国资背景的房企考虑到资金出处问题，较少应用跟投杠杆。

第八，交易架构：注册有限合伙企业

注册壳公司，通常是有限合伙企业，完成跟投资金进入和退出。跟投人资金通过有限合伙企业的 GP、LP，或跟投企业本身进入跟投项目。

（4）实行效果：项目收益大增、员工收入大增、中层流动大降

2015 年开始，在各项政策的刺激下，房地产行业又迎来一轮快速扩张期。2014 年万科销售 2151 亿元，2017 年实现 5239 亿元，三年增长 2.4 倍。市场向好，好项目多，跟投制度促使万科的业绩快速扩张。

①项目收益：认购率增长 4%，开盘周期缩短近 5 个月

郁亮在业绩发布会上表示，跟投之后开盘认购率增长了 4%，开盘周期缩短了近五个月，开盘毛利率增长 6%，营销费用大幅下降。

有个故事，足以说明跟投制度对基层经营意识的塑造价值。

执行跟投后，有个城市公司的管理团队主动将办公室从高档的写字楼搬到小区临街商铺里面，就是为了节省办公费。办公费用降了，项目就有更多的收益。

城市公司认为他们没必要在那么好的办公楼里，供应商不会管我们在哪里，我们是采购方，在档次低一点的写字楼也没有关系。即便有政府机构来考察，万科这两个字已经很有分量了，也不会在乎我们的办公场所。

②管理变革：4 个里程碑节点刚性要求，并形成虚拟组织"事件合伙人"

跟投制度倒逼管理提升，总部跟投小组每月重点监控各跟投项目的收益指标，若收益指标发生偏差，则在集团月度运营会上通报。区域有针对性地做了运营制度优化，规定项目运营的 4 个节点（开工、开盘、现金流回正、投资回本）一旦突破，导致项目上了集团的跟投项目黑榜，区域内就要启动问责，要撤换项目负责人。

跟投制度推动了万科合伙人文化的深入推行，万科近年尝试合伙人组织的构建，提出事件合伙人机制，类似于阿米巴组织。该机制围绕任务，自建组织，以完成任务为目标，小组负责人为核心。任务完成后，事件合伙人组长分配收益。交房事件合伙人、回款事件合伙人，每个组织对应有奖金包有的甚至有对赌机制的，完成奖多少，没完成罚多少。针对某具体事件合伙人项目，内部员工拟定商业计划书，制定整体的盈利规划。如果有员工愿意加盟，达到预期的人员和资源投入要求，就可以执行。

万科通过事件合伙人调动内生的创新机制，倡导自下而上的创新，这就是互联网的思维吧。

③员工收益：跟投收益与年薪相当

据万科部分离职员工透露，每年的跟投收益与年薪相当。某城市公司项目总表示，跟投收益基本与年薪持平，大家干劲很足。

万科跟投制度实行 4 年多以来，绝大部分项目被超额认购，反映了万科跟投制度的活力，也反映了员工对跟投回报率的认可。

万科在推行跟投制度的早期，跟投员工可选择的项目不多，曾出现过 100 倍认购的情况，即一个份额 100 倍的认购，类似于打新股。

④组织收益：中层流动性大幅降低，大家干劲很足

万科董秘朱旭说，在万科股权之争比较激烈的时候，一线人员依然保持稳定。万科的跟投制度有效地凝聚了人心。

要挖万科员工，门槛更高了，员工一旦离职，就不能再跟投新项目，如果新单

位没有跟投制度，候选人就会要求更高的年薪。

地产猎头也表示，较 2014 年前，万科中层的流动性大幅降低。万科员工不太好挖。如果员工的年薪为 70 万元，那么他跟投的收益也有 70 万元。其他地产公司再挖他，肯定要超过 200 万元才有诱惑力。

总结

跟投的实践效果和制度优势明显，经过几年的发展，已经日渐成熟和完善。企业高层对于跟投激励的认知更加理性，对于相关疑虑也基本理清，相信跟投会成为更多类型项目的标配。

| 第二节　制度设计 |

让员工愿意投，让项目提速增效

【导读】跟投制度的设计常常会影响跟投人员的跟投积极性，甚至可以决定跟投的成败。实践证明，优秀的跟投设计确实可以推动企业和项目的高效运营。

1. 设计依据：以累计经营性现金流 2 大节点为控制核心

跟投制度的设定，以现金流为核心。返本也好，分红也罢，都是以现金流的变化为基础依据。

（1）什么是项目累计经营性现金流？

经营现金流量是企业在一定会计期间产生的现金流入、现金流出及其总量情况的总称（图 6-2-1）。

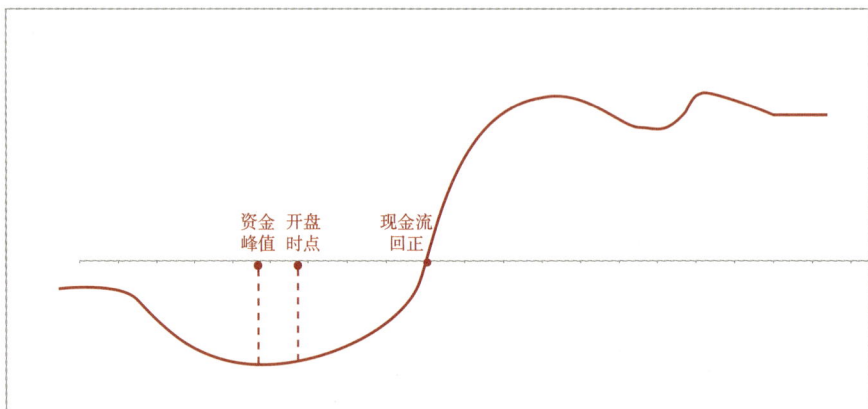

图 6-2-1　项目累计经营性现金流

跟投制度中常见的一个概念是项目累计经营性现金流，简单说来，就是昨天支出 5 块钱，今天收入 3 块钱，累计经营性现金流是 -2 块钱。把每天的现金流入流出累计计算就是累计值，经营性现金流不包含融资和股东投资现金流。

在地产项目初期，累计经营性现金流是负值，并且越来越大，主要的支出包括土地、前期工程费、管理费、工程支出。随着项目进展，有销售现金流入，线条的走向开始掉头向上，直到与水平线相交，这时项目累计的资金流出等于累计资金流入，即现金流回正。

图 6-2-1 中红色线的最低点，就是付出去的钱最多的点，就是资金峰值。

正常情况下，项目销售回款金额大于前期资金投入，所以线条要穿越水平线，上升到正向的顶点，过顶点后线条掉头向下，项目销售得差不多了，但后期还有较多的工程款没有支付，累计值就会往下走。

（2）互动关系：跟投与累计经营性现金流的相互影响

跟投制度设计以累计经营性现金流的 2 大节点为控制核心，资金峰值和现金流回正。通常，资金峰值过后可以返本，现金流回正后可以分红（图 6-2-2）。

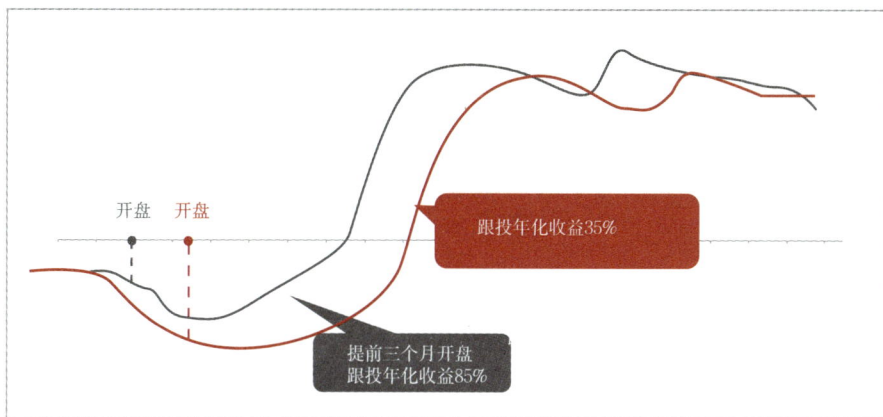

图 6-2-2　跟投与项目累计经营性现金流的影响关系

项目开盘早，现金支出少，现金流回正早，跟投收益就会更高。

我们测算某房地产公司的一个项目，根据该企业的跟投制度，资金峰值返本，现金流回正开始分红，如果按条红线节奏开盘，跟投的年化收益 35%。

如果提前三个月开盘，跟投的年化收益就会翻一倍，达到 85%！

收益翻一倍的诀窍在哪里？同样数额的资金，投进去的时间差不多，但是开盘时间提前三个月，年化收益本身就会差别很大。

在这个现金流量图中，红线就往左边推，到达灰线的位置。开盘时间提前，资金峰值往前推，峰值就会降低。

同理，开工、开盘、现金流回正、投资回本、交付等各环节，都被推动越快完成。所以，项目跟投团队希望看到的效果是红线变灰线。

2. 跟投类型：根据跟投目的主要分为 4 个类型

从跟投目的视角来划分，跟投可以分为四种类型：做快、共担、共享、融资（表 6-2-1）。

跟投项目的 4 个类型　　　　　　　　　　　　　　　　表 6-2-1

目的	项目选择	人员资格	强投人员跟投额度	配资	收益	进入	退出	代表企业
提速	快周转可售项目	区域区隔 A区域不投 B区域	较高	有，通过配资传导压力	较高	早	早	保利、和昌、华鸿嘉信
共担	可售自持项目	区域区隔	较高	有	较高	早	较晚	万科、金茂
共享	可售项目	不做区域区隔	一般	不限	高	较晚	较早	融信
融资	可售自持项目	不做区域区隔	较高	不限	高	早	较晚	碧桂园

（1）提速型：推动项目提速提效

提速型跟投，着重提高资金周转速度，冲规模。适合全周期下，提升经营性现金流的周转速度，高投入、高速度、高收益。

这是行业的主流玩法，主要特点是快项目、快投入、快退出，高投入、高杠杆、高收益。它略作修改和变种，广泛适应于现金流项目、利润型项目、平衡型项目，甚至持有型项目。

共担、共享、融资等类型，基本上都可以在提速型跟投的基础上进化和迭代而来。

（2）共担型：在提速的基础上，强调风险共担

共担型跟投着重提升拿地质量，与经营全程相关，避免市场风险，提升项目收益。

（3）共享型：通过更高收益，稳定团队，激发活力

共享型跟投通过更高的收益、更短的投资周期，提高全员跟投的积极性和工作

激情，着重打造员工与企业的利益绑定关系。高杠杆、高负债、高收益的策略，在行业上升周期具有很强的威力。

有位房企的老板称，目的就是让员工拼命赚钱。部分民企、国企做跟投的主要目的是给员工分钱。

共享型跟投有三个核心特点，高杠杆、高额度、短周期。

行业中，配资 2 ~ 4 倍已经算比较高的。但有家企业竟然配备最高 20 倍的杠杆。

20 倍什么概念？假如员工手上有一万块钱，可以再借一万块。然后再给这 2 万元配 20 倍杠杆。合计就是 42 万。也就是说，员工可以通过 1 万元，撬动 42 万元来投资。

短周期主要是通过快回本、快分红来实现。项目现金流回正，返本 100%。累计销售达到 70%，进行第一次预分红，然后每个季度再分红，直到剩余 10% 留到项目结算时再分。

高额度是指，所有项目开放跟投，员工的投资额度上限很高。部分员工需要借钱来投。行业里跟投资金配置是计息的，而这个企业却是免息的。

这家企业 2018 年销售过 1000 亿元，增长超 50%。

（4）融资型：更多资金长周期深度绑定

融资型跟投通过更高的跟投额度、更长投资周期和较更高收益，吸纳更多资金进入项目经营过程。

M 企就是通过滚投（跟投分配资金滚动投入）、富余资金分配限制，把跟投资金留在企业，在职期间，跟投人员需要持续投入，只有少部分的跟投本金、收益会返还到个人，大部分的投入资金和投资回报需要滚动投入，直到离职，才能真正拿到手。

3. 设计要点：以提速型和共担型为例，详解 5 大关键环节

因为提速型和共担型是行业里更普遍的做法，共享型和融资型的实践企业较少，所以整体流程的介绍以前两种为主，跟投设计的重点内容见图 6-2-3。

跟投制度设计的核心是对 5 大环节 20 个要点进行充分的考虑和设置。

（1）资金模式：首选股权模式，收益上限不受限制

跟投目的影响跟投模式、项目类型、人员资格、项目配资（表 6-2-2）。

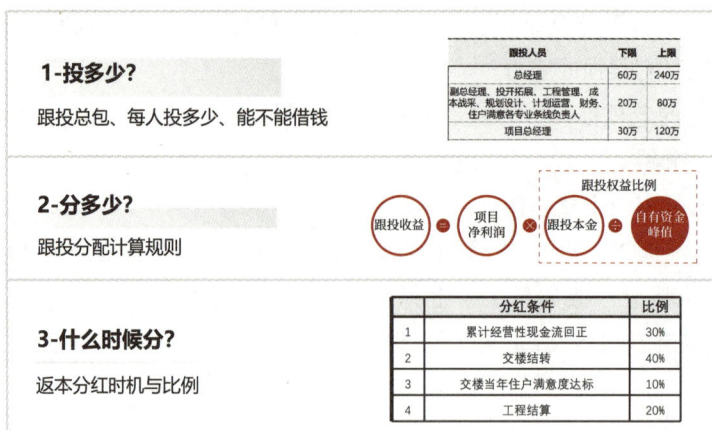

图 6-2-3　跟投设计的重点内容

各种跟投的模式选择　　　　　　　　　　　　　　表 6-2-2

目的	跟投模式	项目选择	人员资格	配资
提速	股权	快周转可售项目	区域区隔 A区域不投B区域， 总部投区域项目	适当配资
共担	股权、债权均可	可售、自持项目	区域区隔	有
共享	股权	可售项目	不做区域区隔	不限
融资	股权、债权均可	可售、自持项目	不做区域区隔	不限

模式选择：股权与债权

根据跟投资金进入方式不同，可以分为股权模式和债权模式两类（图 6-2-4）。股权和债权，优选股权模式。

模式	特点	优势	劣势
股权模式	·跟投资金以股权方式投入到项目	·激励空间大 ·关注指标较均衡（静态和动态收益） ·股东或类似股东角色，有利于合伙人精神建设	·风险较大 ·交易结构较复杂
债权模式	·跟投资金以债权方式投入到项目	·兼顾同股同权原则与有效激励 ·手续简单	·收益有封顶值 ·指标不均衡（只关注动态收益）

图 6-2-4　两种跟投模式的优劣对比

股权模式就是跟投资金以股权或者类股权的方式进入项目，跟投资金委托给单个股东，或者成立股东公司进行操作。此模式更有利于跟投资金管理、合伙人精神的打造。

债权模式即跟投人的资金借给项目公司，或者借给项目公司的大股东或小股东。债权模式下，收益 36% 封顶，超过上限的借贷都是非法的。所以，对跟投人员的激励效果有限。

对于国企来说，必须同股同权的话，那么债权模式也是一种不错的选择。目前，债权模式做得比较成功是中国金茂。

项目选择：首选中小型销售类项目，快周转项目为主

以提速为主要目的的跟投，通常选择快周转型销售型项目，或者剔除项目中持有型部分。

到目前为止，做跟投的旧改项目、持有项目比较少。旧改项目做节点激励会比较合适一点，例如业主签约达到 80%、90%、95%，这些指标可以设为激励点。

大盘项目通常分 5~6 期开发，现金流回正时间长达三到四年。所以，不太适合做跟投。

万科的项目都是基于整个项目在跟，平均资金峰值是四五亿元，都是合作项目、小项目。所以，跟投制度的实行会推动投资部门拿小地块，避免拿大项目。

规模发展较快的企业会有大量的合作项目。最少可以找到一个人来管这个项目，他一定要跟。目的就是要他站在老板的利益角度，去管好项目，用心去盯大股东的资金有没有占用。

跟投资格：对项目进度和效益直接相关人员，必须跟投

跟投资格可以分为强制跟投和自愿跟投。

强制跟投与跟项目直接相关，有决定性作用的人必须跟投。例如投资拿地、设计、成本、销售负责人。上市公司董监高不能跟。

对于上不持下问题，通常是国企比较关注的。在具体操作中，一般通过投资通路设计或债权投资模式规避这个问题。通过投资通路设计，跟投人不直接持有项目公司股权，仅仅享受投资收益权。具体实践来看，部分国企总部人员不能跟投，部分可以跟投。

以提速和共担为目的的跟投，往往要做区域区隔。例如，广东的员工不能投北京的项目。如果可以跨区域跟投，很多跟投人对项目的进度、质量和风险防范，没有直接的作用，属于纯粹的投资行为，不利于项目经营效益快速提高。

配资：适度加大杠杆，提供财务支持（图 6-2-5）

1-明配资	配资成本怎么设定？	（8% / 10% / 12%）
2-暗杠杆	跟投权益（比例）= 跟投资金总额 ÷ 资金峰值½ 跟投收益权比例 = 3 × 初始跟投权益比例	

指标	权重	业绩系数									
IRR（x）	0.5	−25%	−18%	−15%	−12%	−9%	−9%	12%	15%	18%	25%
α		−2.5	−2	−1.5	−1.2	1		1.2	1.5	2	2.5
成本利润率（y）	0.5	−20%	−15%	−12%	−10%	−8%	−8%	10%	12%	15%	20%
β		−2.5	−2	−1.5	−1.2	1		1.2	1.5	2	2.5

图 6-2-5 跟投配资与杠杆

配资分为明配资和暗配资。在 B 企，级别越高配资越多。

明配资就是企业提供 2 ~ 5 倍的借款，利息成本往往在 0 ~ 15% 之间。如果借款利息是 15%，跟投项目的 IRR 又低于 15%，那么员工借得越多就亏得越多。

如果强调风险共担，配资的利率可以提高到 18% ~ 20%。如果项目不好，员工借得越多，亏得越多。

暗杠杆是跟投权益和收益指标可以乘以更大的比例系数。例如 Z 企跟投权益是跟投总额除以资金峰值，再乘以 2。这个 2 就是一个暗杠杆，相当于跟投者投入同样的资金，就可以分得 2 倍的利润份额，比同行翻了一倍。

这家企业的跟投制度规定，计算跟投分红时，又配置了更容易达成的业绩系数。例如，通常项目 IRR 达到 18%，跟投分红的系数是 1，但是这家企业的系数是 3。这个 3，又是一个暗杠杆。

这就相当于跟投收益乘 3 了。那么，两倍的权益，乘以三倍的收益，实际是同行同项目收益的 6 倍。

相比行业平均数值，暗杠杆整体达到了 6 倍，员工不用多花一分钱。

（2）收益：通过 4 大指标控制收益的水平和兑现，引导目标价值的实现

员工回报率多高，收益条件是什么？返还本金和分红的节奏如何？

①收益水平：要达到 15%，太低没有积极性

行业中，跟投收益平均水平 20% ~ 40%（表 6-2-3）。

试点项目有较强的标杆和示范意义，收益可以达到 100%。但是试点项目只覆盖少部分人和极少的项目。大面积铺开时，跟投收益水平可以逐步下降，但最好不要低于行业均值。

各类跟投的收益选择 表 6-2-3

目的	收益水平	收益条件	关键指标	支付节奏	核算约定
提速	较高	自有资金峰值	IRR，开发效率	先本后息	
共担	较高	项目现金流回正	综合指标	不限	无区别
共享	高	项目资金峰值或现金流回正	利润率	先本后息	
融资	一般	项目现金流回正后	自由资金占用	先息后本	

同时，要测算出股东和跟投人的资金峰值，分配节奏和金额，以及年化收益，方便各方直观了解。

②收益条件：与资金峰值、资金回笼的节点直接挂钩，推动资金快周转（图 6-2-6）。

项目层面	自有资金层面
1. 项目累计经营性现金流峰值	1. 自有投入资金峰值
2. 项目投入资金峰值	2. 自有资金回笼
3. 项目经营性现金流回正	3. 跟投收益水平趋势
4. 销售完成90%	
5. 集中交付	
6. 结算	
7. 清算	

图 6-2-6　收益条件与跟投目的、项目特点结合

跟投收益与项目整体指标挂钩还是与股东投入挂钩是个比较重要的点，按资金峰值算，项目累计经营性现金流峰值与自有资金峰值有较大差异，前者大于后者。后者可以考虑用融资、股权融资来降低自有资金投入，降低自有资金峰值。如果达到自有资金峰值就可以分配跟投收益，项目团队除了把项目做好外，还会投入精力进行社会融资，以更快、更多地获取跟投收益。

从项目层面来看，项目累计经营性资金峰值通常用来作为返本或分红节点，峰值表示项目所需资金的最高点已过，正常情况下，项目的资金会越来越充裕，可以返还跟投资金或分红（表 6-2-4）。

经营性现金流回正，销售完成80%或者90%，可以开始返本和分红。同时，把返本、分红与交付、结算、清算等环节挂钩。

分红条件与比例　　　　　　　　　　　　　表 6-2-4

	分红条件	比例
1	累计经营性现金流回正	30%
2	交楼结转	40%
3	交楼当年住户满意度达标	10%
4	工程结算	20%

③关键指标：与资金进出时间和净利润直接挂钩，推动资金流动和利润提升。

资金进出时间：同样的资金进来晚，退出早，收益率相对就高。所以跟投资金进出的时间点设计，也不容忽视。行业中常见的是要求跟投资金与大股东资金同时到位、同时返还，返还时点设在资金峰值或现金流回正点。

动态收益率：跟投收益与项目 IRR 挂钩，有利于项目团队成员做高项目动态收益。员工的贡献度通常跟项目 IRR 挂钩。例如，当项目 IRR 到达正常水平 15%，就给 1.2 系数。如果做到 20%，就给 1.8 系数。20% 以上对应的给 2 的系数。它是乘数效应，类似于绩效考核的系数。

支付节奏：提速型跟投节奏快，周期短；共创型节奏慢，周期长。

共担型跟投返还本金就比较慢。通常资金峰值回落才返 60%，累计经营性现金流回正返 30%，项目退出还要留 10%。

在分红方面，累计经营性现金流回正后，返 50% 红利。项目可售面积去化达到 90%，分红也不超过 80%。项目退出时，发放的红利实际上剩 10% 左右。员工可以接受，老板也希望有一部分资金做保障。

先本后利	先利后本	先钱后算
1. 一次性返本/多次返本（周期或节点） 2. 多次分红	1. 多次分红 2. 一次返本/多次返本	1. 返资金 2. 预分红 3. 分红/返现 4. 多次返现 5. 结算

图 6-2-7　收益支付的 3 大类型

跟投分配类型有三种，先本后利、先利后本和先钱后算（图 6-2-7）。

先本后利就是先返还本金，再给分红。通常按进度节点来分多次返本和分红。

先利后本就是先给分红再给本金。

先钱后算是先给跟投人资金（项目富于资金），再来算分红或返本。M 企采用的就是这种类型，M 企返本分红的时点设计是比较偏后的，如果没有富余资金分配，跟投整体收益是比较低的。

（3）进入：通过人员要求、投资额、进入时间等条件约束，最大化调动员工跟投积极性

跟投进入：主要限定跟投额度，通过什么样的方式进入，协议要做哪些准备（表 6-2-5）。

4 大跟投目的下资金进入设计　　　　　　　　表 6-2-5

目的	投资额度（强投人）	跟投资金到位时间要求	跟投资金晚到成本	配资成本	资金通路	交易结构	协议文本
提速	较高	早	有	较高			
共担	较高	早	有	一般	无差别	无差别	无差别
共享	一般	较晚	不限	低或无			
融资	较高	早	有	高			

交易通路与交易结构属于通用型管理内容，不在这里赘述。
①投资额度：要考虑项目增速和跟投人投资能力（图 6-2-8）。

额度大小考虑因素	项目跟投总额度——N%
项目增速	累计经营性现金流峰值
项目类型	自有资金峰值
收入水平	土地款
配资与借款	

图 6-2-8　跟投额度考虑因素

项目跟投额度一般不超过累计经营性现金流峰值的一定百分比（N%）。土地款占了大头，所以很多公司干脆就拿土地作为跟投额度的计算基数。

N% 如何确定？ 5%、10% 还是 15%？要考虑到项目增速和项目类型（图 6-2-9）。

项目增速：单个项目跟投额度不能太大，最好在 5000 万元以内。否则项目多起来，员工没有足够资金跟投，就出现认购不足。经常认购不足，员工认购的信心就会下降。

项目类型：利润型项目百分比低一点。现金流项目通常是 10%。

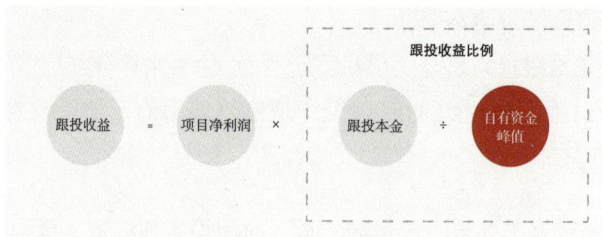

图 6-2-9　跟投收益计算公式

投资能力：测算员工收入水平是否满足个人最低投资额度。

配资借款：如果没有配资，员工完全拿自己的资金出来，跟投压力会比较大。

强制跟投人与跟投度设计　　　　表 6-2-6

跟投人员	下限	上限	配资系数	自有资金比例上限
总经理	60万	150万	1：3	
副总经理、投开拓展、工程管理、成本站采、规划设计、计划运营、财务、住户满意各专业条线负责人	20万	60万	1：2	6%
项目总经理	30万	80万	1：3	
项目团队关键人员	10万	30万	1：2	

同时也要考虑不同群体的跟投额度占比。自愿和强制比例，一般可以按 3:7 的比例设置（表 6-2-6）。

个人跟投占比一般要规定上限。比如 20 万 ~ 60 万元，20 万 ~ 100 万元。为什么规定上限呢？如果一线公司的部门老总看好某个项目，就可以调动所有资源到这个项目，以期获取最大收益，对其他项目则不公平。

②资金要求：资金到位的时间和资金成本双重考虑

资金要求明确到位时间、晚到成本、过期支付成本、配资成本、借款成本、资金留存、扣税（图 6-2-10）。

1.资金到位时间　2.资金晚到成本　3.过期支付成本　4.配资成本　5.借款成本　6.资金留存　7.扣税

图 6-2-10　跟投资金相关问题

重点是资金到位的时间，尽量控制在 1 ～ 2 个月之内。如果延期，就要计算资金晚到成本。

（4）退出：做快型跟投要快退出，共创型要晚退出

项目结束、员工离职退休的退出等情况下，退出条件是什么？退出后的分红是否受影响？当被投项目达到内部清算条件后，跟投资金可退出被投项目（图 6-2-11）。

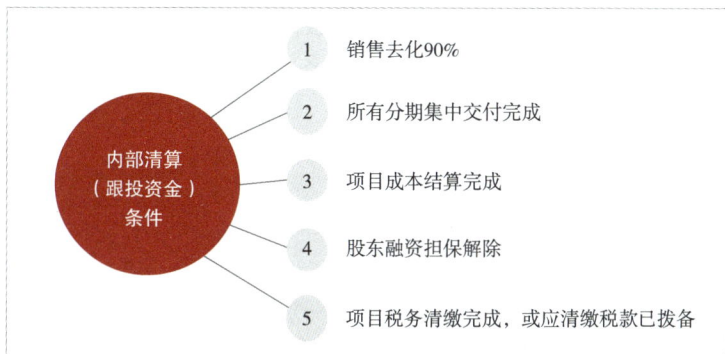

图 6-2-11　跟投资金内部清算条件

项目最终要完结，跟投最终需要做结算。跟投结算时点要提前约定，不建议等到项目结算或清算时，周期太长，通常需要四五年的时间。

退出通常是要满足以下条件：销售达到 90%；集中交付；主要结算完成；股东融资担保解除；主要债务偿还完毕；土增税锁定。

（5）管理：确定管理部门和跟投流程等

跟投管理主要包括职责分工、流程、信息公开以及项目监管（表 6-2-7）。

跟投管理职责分工与核心任务　　　　　　　　　　　　表 6-2-7

目的	职责分工	跟投流程	信息公开	项目监管
提速	运营部主责	无差别	无差别	无差别
共担	运营部主责			
共享	不限			
融资	财务部主责			

①职责分工：财务、运营、人力

决策领导小组通常由总部副总裁级别以上担任，副组长由职能部门分管领导以上担任。很多公司是老板直接担任组长。因为哪个项目可以分红、如何分红、分多少，都是重大决策。

财务管理主导：行业中40%左右的企业是财务在主导跟投制度设计、执行过程中的管理。比如碧桂园和中国金茂。碧桂园跟投很复杂，所以每个区域配置财务人员比较多。

运营管理岗主导：30%左右的跟投是运营部门在主导运作。运作快的企业一般是运营部门主导。如果做跟投目的就是为了公司快速发展，那么运营部主导比较合适。融信就是运营部主导。

人力资源岗主导：20%左右的企业是人力部门主导的。员工有多少钱来自于薪资收入、多少来自于跟投收入，对整个公司的组织体系、员工激励、效能产出都有很大的变革。

②信息公开：提升公信力和约束力

跟投信息公开包括跟投的制度、常见问题、细则、项目经营信息。每个项目的背景介绍、怎么认购，要公示出来。小公司一般贴在公司或者挂在 OA 上都可以（图 6-2-12）。

模块	展示信息
跟投项目 信息公示	集团跟投制度基本原则
	项目跟投FAQ
	各一线公司跟投细则
	项目背景资料*
	跟投方案要点*
	项目管理团队*
	员工认购管理办法
认购结果 公示	成功认购名单公示
	**认购部分受让的相关通知
	认购成功后个人所持股份的确认
	认购进度和余额公示
跟投项目经 营动态更新	开盘情况披露*
	项目月度经营及工程情况简述*
	项目经营计划调整说明*
	项目第X次现金分配公告*
	返本分红情况

图 6-2-12　跟投信息公开展示内容

万科、碧桂园、保利都是与爱德数智合作的软件平台（图 6-2-13）做公示。

公示就是一种公正公开，跟投人的收益看得见，加强高激励的刺激效果。

同时，项目经营目标透明可见，什么时候开盘、净利率是多少，整个公司都看到，员工与企业的经营目标一致，容易形成合力。

公示也是一种监督，有利于提升项目经营业绩，给操盘团队传导经营压力，降低经营风险。

B 企有个项目上午开盘定标，施工单位不是最低价中标。决策领导下午就收到电话，询问为什么不是最低价中标？跟投人的眼睛都盯项目，一旦做事不公正，会收到各方面的信息提示和监控。这是良性的一种监督。

跟投平台解决6大角色难题

图 6-2-13　10 家开发商上线跟投系统 9 家选用爱德

4. 跟投实施：对制度执行效果的充分预判

跟投是地产项目管理上的一项高效能武器，需要在制度设计阶段对执行效果做充分的预判。

（1）小项目、销售型住宅受青睐

在跟投激励下，项目会越来越小，企业和管理层尽量用有限的时间和资金去做效益最大化的事情。大体量的持有型项目，很难赚快钱。

利润型项目如何做跟投？

利润型项目周期长、利润高、地价高、资金峰值大。跟投制度设计时，要设定好分配条件（图 6-2-14）。净利率大于某一点时，才能分配利润。利润率越高，分红的年化收益就越高。

同时，返本与分红条件要延后。因为项目周期长，员工不能先拿回报退出，而让大股东垫底。项目竣工或者是封顶，或者是项目销售 80% 的时候，再分红或者返本。

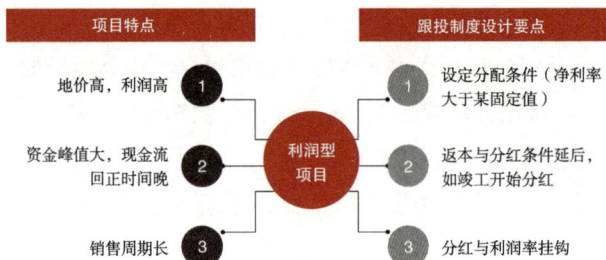

图 6-2-14　利润型项目设计要点

利润型项目的跟投，适合企业服务年限比较长的老员工。如果两三年就离职，员工投多少钱都不放心。像大连的上市公司亿达，工作十年的员工占比高，利润型项目比较多。这类企业做跟投就要考虑差异性制度设计。

持有型项目如何做跟投？

目前，万科做了持有型项目跟投。持有型项目跟投收益稳定，收益周期长，适合做追求稳定收益、风险偏好较低的跟投（图 6-2-15）。首次做持有型项目能选择可以短期卖出或部门出售的项目，这样的项目收益较高，能起到示范作用。

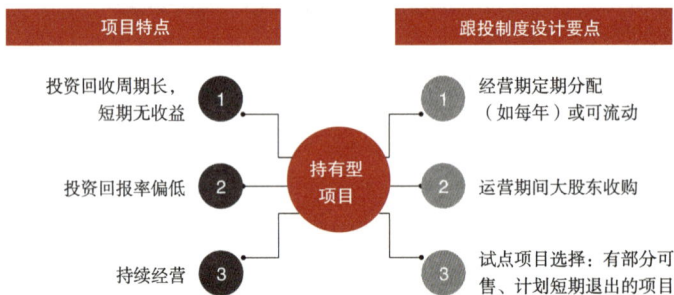

图 6-2-15　持有型项目特点与跟投制度设计要点

持有型项目还可以挂接运营期间成本费用、利润。如果某项成本预计是 100 万，经营团队用 80 万元就做出来，那么这 20 万元就可以拿出一部分作为奖励或者分红。

（2）不利于品质管理

跟投制度下，收益与项目开发节点、资金直接挂钩，与质量挂钩没那么明显。特别是旺销期，房子推出来就卖光了，找关系都买不到。品质管理往往被放一边。所以跟投的最后一期分红，最好也要跟交付节点结合。

跟投也容易引发项目管理的一些短期行为。比如，销售人员更容易过度承诺。管理者优先审批个人已投项目，搞资源倾斜。这些都要提前防范。

（3）挑战商业伦理

资金峰值降低，现金的回正时间早就可以早分钱，所以，做跟投项目有动力拖延对供应商的应付款，会想办法在开盘前拖延大额支付。有的企业甚至违约延期支付土地款，控制在开盘后 2-3 周支付，以降低资金占用时间和占用成本。

M 企业常跟供应商说，三个月之后再付这笔钱，每个月按照年化收益 8% 补给你。有些企业拼命地往后拖供应商欠款，却没有利息补贴，供应商跟这些机构合作就后怕。

同时，高杠杆、高收益会给员工带来巨大的劳动强度。在跟投项目上，凌晨 1 点钟还在开会，2 点钟还不睡觉很正常。

（4）四类风险需要防范

与跟投相关的四类风险见图 6-2-16。

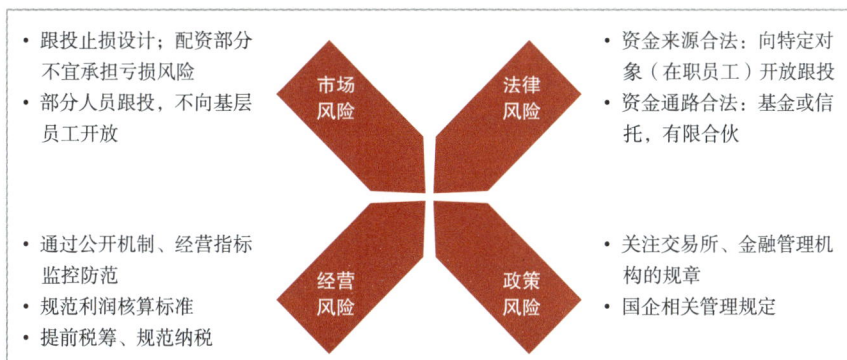

图 6-2-16 与跟投相关的四类风险

市场风险：项目亏，员工就会亏。员工的风险承担能力有限，如果发生大面积的亏损，对于企业和项目团队的稳定非常不利。

如果项目收益不是很好，经理级以上才有资格跟投。同时降低配资，配资可以让员工赚更多的钱，但是亏的时候也是翻倍的。

法律风险：完善跟投制度，关注金融监管机构对房地产投资基金的管制要求，规避借贷、投资等相关规定。跟投对象的约定、资金通路设计、相关合约的签订都要从法律层面进行风险检查，确保合法合规。

政策风险：之前国企做跟投，有一定的政策顾虑。但是现在招商、保利、金茂都开始做跟投，国企的接受度在提高。有些国企管理部门，要求激活员工的创造性，加大创新力度和激励力度。后期做跟投的国企，有后发优势，可以借鉴前面央企、国企的成功经验，推动跟投制度建设。

经营风险：规范利润核算的标准，规范纳税。经营风险相对比较好控，经营指标监控和公开机制让大家更容易监督。

总结

本节较为完整地介绍了跟投基本制度的核心流程。顶层的制度设计需要考虑更为精细，慎之又慎，才能在落地实践中按照预定方向发展，发挥出其应有的威力。

┃ 第三节　实践经验 ┃

10 大常见问题的应对方法

【导读】跟投的实现需要全盘统筹协调，涉及法律、政策、财务、金融、企业长期发展与短期效益、股东与员工、对内与对外等多方面的内容，从理论到实践，我们给出 10 大常见问题与应对方法。

成功的跟投千篇一律，不成功的跟投各掉各的链子。在跟投实施落地过程中，太多的操作策略值得仔细推敲。我们梳理出 10 大风险难点，提醒大家避免掉坑。

1. 如何避免试点项目成为哑炮？

试点项目选择 5 大锦囊：赚钱项目、简单项目、快项目、小项目、在建项目。如果这 5 个指标同时具备，那么就有八成的成功率（图 6-3-1）。

快不快

复不复杂

项目开发推进相对
较快，预期去化快

大不大

项目可售部分
切分不复杂

项目体量适中

赚不赚

在不在建

项目盈利情况较好

项目投入晚，回报早

图 6-3-1　跟投试点的 5 个关键点

如果有很大体量的商业、幼儿园、政府配套、人防地下空间，这种项目在成本划分、现金流计算上较为复杂，操作起来有一定的难度，不利于沟通和理解，影响跟投意愿。

项目体量要适中，如果分多次开盘，现金流回正时间会比较慢。

在建项目的好处是，投入晚退出早，年化收益非常高。如果垫付前期成本，老板没有损失，员工的感受也非常好。

试点项目期间，跨期项目一定要分期去做。跨期项目跟投太重，跟投的效果也不好看。

超额认购要火爆，投后宣传要高调。项目测算要尽量保守，结果要有惊喜，而不是先吹大一点，最后结果有点失望。这对后续的跟投意愿影响挺大的。

2. 强制跟投人都不投，还怎么玩？

强制跟投人都不投，是无法接受的，特别是试点项目。

第一种方法，直接换人。在 M 企，没 1000 万跟投资金你别去做区域总，直接换人。

第二种方法，公司或者老板借钱，配资跟投。或者将跟投额度设低一点。

第三种，做思想工作。某国企就是领导找区域总各种谈心，集团分配资金在不跟投的区域大幅削减，不跟投区域以后的发展就很难。

第四种，拿地绑定。投拓负责人都不看好的项目，公司大股东更没有信心出资来投，现在很多跟投企业都要求在投资方案同时提报区域强制跟投方案。

3. 自愿跟投意向不高，怎么办？

做好项目公示、投资测算并公示。自愿跟投人大都不直接参与跟投项目操作，跟投项目具体情况往往不是很清楚，公示有利于他们了解项目的情况，包括定位、设计、推盘节奏、关键节点等信息，相对客观的测算有利于他们直观了解跟投回报水平。

还可以发挥强制跟投人员的带动作用，如果他们积极踊跃跟投，就是对项目经营结果的背书，自愿跟投人员就愿意跟投。

4. 项目路演，如何避免轰轰烈烈的失败？

路演实际上就是一种推广。第一个项目一定要做路演，增强员工对制度的信心，提升项目团队的凝聚力，传导项目经营压力。跟投制度也通过第一个项目和路演走扎实（图 6-3-2）。

广州一家公司利润超过了中海，但发展速度很慢，老板很着急。2017 年，八个跟投试点项目同时路演，很高调。每个区域公司挑一个项目出来，八个区域各跑一遍，看哪一个项目得票率最高，搞得风风火火。

图 6-3-2　跟投路演的核心内容

路演的主要信息要公开透明,关键看操盘团队买了多少。如果项目总踩着底线走,那么就会严重影响自愿跟投的信心。

所以,试点项目操盘团队的跟投金额尽可能顶着上限走。限投范围 20 万 ~ 50 万元,要跟投 50 万元;限投范围 50 万 ~ 100 万元,要投 100 万元。这样的路演才能取得比较好的效果。

5. 认购超标,是喜是忧?

很多公司都会面临认购超标的问题。本来只有 100 万元额度,结果认购达到 300 万元。这就需要等比例压缩,如报 300 万实际只能投 100 万元,报 1 万元实际只能投 3000 元。某个项目曾试行过先到先得的方法,但容易作弊,部分人容易先知道信息。抽签摇号也不太可行,因为这涉及公证,事情会更复杂(图 6-3-3)。

图 6-3-3　认购不足与超标的处理方式

如果跟投比例是集团 20%、区域 80%，结果区域份额的 80% 超了很多，集团的 20% 没人买，怎么办？

原则上，组织比例里的额度和比例不足，不能调剂。如果总部的 20%，只认购了 10%，剩下的 10% 不能调剂到区域。

如果强制人员不跟投，自愿人员超标 300%，怎么办？那么，也不调整强制和自愿比例。强制认购超标，自愿认购未超，也不调整相关比例。

6. 认购不足，如何补救？

通常，不要做二次认购。如果募集不满，制度中只明确跟投上限，不设跟投下限的也没有太大关系。

如果资金峰值预测低了，实际资金峰值偏高，跟投资金份额高，就会有二次认购。在一次认购的时候，同时做一个二次认购的选项即可。

万科认购不足时要做第二次第三次认购，会把 10% 的跟投总额募集满。

如果项目特别多，总部人员可能面临着 20 个项目。这就要测算出员工的跟投总量，免得他到处去借贷，也没好好心思工作。上规模的公司三五十个项目很常见，如果每个投 10 万元，总部员工一年就要投三五百万元，很多员工没有那么多钱。

所以在制度设计上要设计减半或者免投条件。例如已投了第四个项目，那么第五个项目开始，员工就可以按强制跟投底线额度的 50%，也可以不投。

7. 配资太复杂，如何化繁为简？

核心要抓住以下 5 个点（图 6-3-4）。

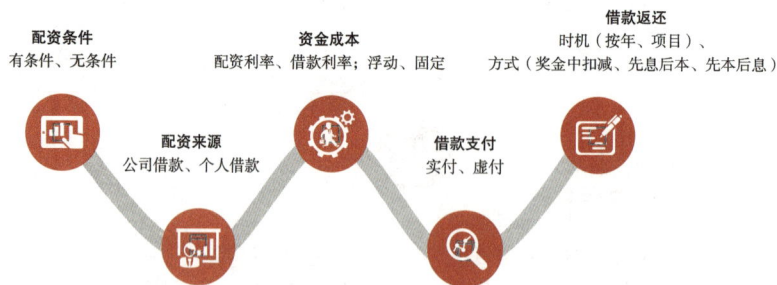

图 6-3-4　跟投配资的制度设计

配置条件：B 企业规定，强制跟投人在投足最低额度 60% 的前提下，可按配资比例借款。

资金来源：通过公司借款。如果上市公司通过非上市板块，或者成立一个公司。上市公司之外的公司可以借钱，有的私人企业是老板个人借钱。

资金成本：配资利息可以浮动，也可以固定。浮动利息按过去半年平均融资成本，固定利息一般是 8%、10% 比较多见。

借款支付：有实付和虚付两种。实付是所借的钱打到员工个人账上，再投给项目。虚付就是公司出借的资金只在员工的账户显示数额，但是无法取出，直接投到跟投项目上。

借款返还：通常按年返还，或者按项目返还。分红的时候还，或者返本的时候还。

8. 几千份付款协议要签署，有没有一键模式？

付款协议有很多种，签署的方式也比较复杂。特别是项目多分散各地，要到处邮寄材料。现在一般采用电子签章方式来解决（图 6-3-5）。

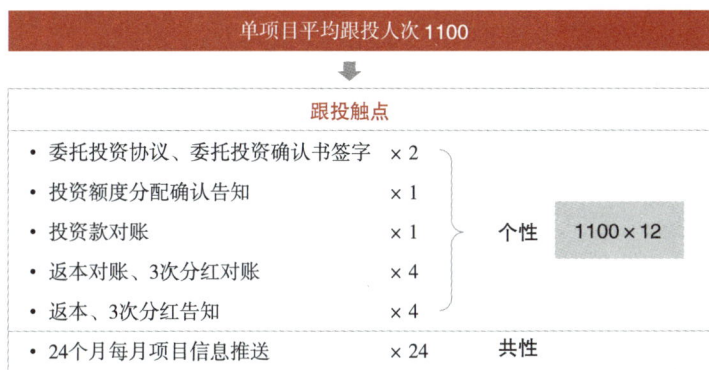

单项目平均跟投人次 1100

跟投触点		
• 委托投资协议、委托投资确认书签字	× 2	个性
• 投资额度分配确认告知	× 1	
• 投资款对账	× 1	1100 × 12
• 返本对账、3次分红对账	× 4	
• 返本、3次分红告知	× 4	
• 24个月每月项目信息推送	× 24	共性

图 6-3-5 跟投的信息交互量

一个项目如果有 400 人跟投，一个人投五六个项目，一个项目有三份协议，就有六七千份协议。如果手工去做，个别协议条款、姓名书写等，就是一个很庞大的工作量。

有家地产公司采用了延期签署的方式来解决，40 个项目集中等上线以后一起签。

某头部企业平均每个项目 1000 人跟投，每人签 2 份协议共签 2000 份协议。还要做投资额度分配确认通知、跟投款对账、范本分红对账和告知、每月信息推送等。

每个项目有 40000 多次的信息交互，都是通过软件来快捷处理。

他们最早是在手机屏幕上签署协议，2015 年实现网上一键催办。2016 年可以查看统计数据，哪些区域哪些签了协议，签约率是多少？哪些人没有签？一查就很清楚。

2017 年以后，采用电子印章。跟投员工签上名字以后，公司的电子印章就敲上去了。

9. 项目经营指标，如何监控？

项目跟投后，跟投人会比较关注项目进展情况，不少跟投企业会在总部层面监控项目经营指标，包括项目关键节点、经营指标、销售情况等（图 6-3-6）。

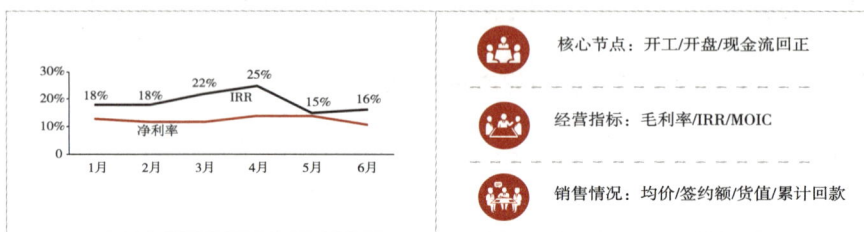

图 6-3-6　跟投后管理的经营指标监控

核心节点：跟投部门要重点关注开工、开盘、现金流回正等节点。

经营指标：重点突出的是利润率，通常统计毛利率、内部收益率。

销售情况：包括均价、销售额、货值、累计回款，行业中通常会监控这些指标向上走还是向下掉。

金茂、万科等企业重点关注这些指标，往下掉就要敲警钟，在总裁会上通报该项目。

项目经营指标可以通过项目信息通报，进行监控管理。每个项目通报进展情况，以月为单位或者以季度为单位。

项目月报核心关注 7 点（图 6-3-7）：

基本信息：在建面积、可售面积、总体货值、容积率等。

操盘团队：操作团队会变化、要及时通报最新团队核心成员。

经营指标：上述指标要让公司所有跟投人都能看得到。

项目进度：项目进展到哪个阶段，里程碑节点都是刚性的。

销售情况：如果没有开盘，要预测均价、产品类型等营销信息。

工程进展：核心节点的进度。

其他重大事项：如法律诉讼，总包索赔等。

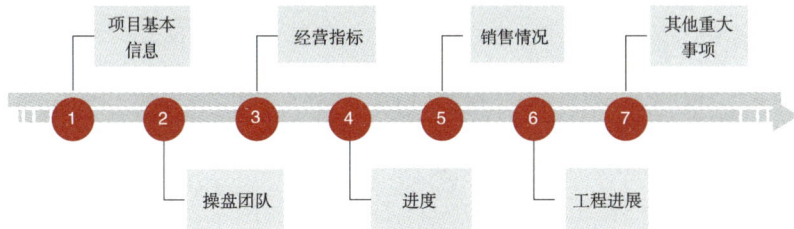

图 6-3-7　项目月报的核心内容

10. 投后管理信息化，可以洞察经营管理的哪些趋势变化？

借助信息化，不仅可以提高跟投工作效率、做跟投公示、提高跟投工作透明度，还可以通过数据分析，总部可以对跟投情况做出更全面的分析和把握（图 6-3-8）。

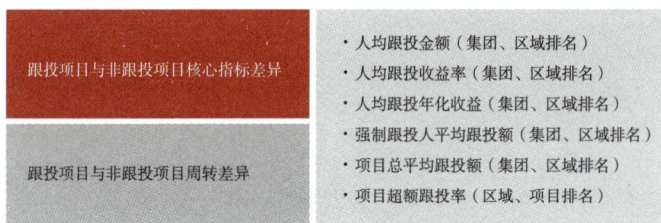

图 6-3-8　投后管理的主要分析指标

分析跟投认同度：分析个人平均跟投金额，可反映出员工对跟投的认同度，可在项目、区域间做出比较。

分析跟投积极性：通过分析项目跟投额度超标率，可分析区域和项目跟投积极性。

分析项目信心：分析强制跟投人均跟投额，比较实际跟投额与底线跟投额之间的比例，可作为信心指标，分析区域、项目，甚至个人的项目信心。

总结

新事物的实践落地，往往会遇到各种意想不到的情况发生。跟投的实践过程中，挑战了很多传统管理与认知的边界，稍有不慎就会前功尽弃。这需要管理者一方面向有实战经验的专家进行咨询，向行业里面的最佳实践进行对标，另一方面也要抓大放小，在实施和实践中，不断完善升级。

从 IT 升级到 DT，成为地产信息化的新革命

由于地产行业环境更加复杂，景气周期更短、市场变化更快、竞争压力更大、规模化管理更难，以业务数据线上化为主的传统 IT 手段已经不能满足地产企业的经营管理需求了。

在实践中，传统的业务和决策信息往往表现出"多、乱、慢、傻"的特征。

马云说：新一代的信息革命，不仅是技术变革，更是思维方式的变革。IT 主要是为了控制世界、强化管理，要求标准化、规模化，而 DT 是要创造未来，要求独特化、个性化、灵活性。

DT 时代是平台思想，不仅是规模更大，而是为了赋能，以服务大众、激发生产力为主。DT 时代更讲究开放、透明、分享及合作，将弱化和消除管理层级和经营边界，让一切商业主体相互自由连通。

从 IT 时代到 DT 时代，小企业更关键。小企业也可以使用到更高的科技杠杆，更少的人工释放更强大的产能，获得更强大的智慧和创造能力。

数据已经成为新的生产资料，像水、像电、像石油一样成为企业基础的经营资源。让数据说话，让数据分析发现问题并提供更加合理的解决方案，让数字更聪明，助力经营决策更科学，已成为新潮流。

本章围绕标杆企业数字化经营管理实践案例，解读地产业信息化建设由 IT 升级 DT 的路径。

| 第一节　时代趋势 |

从信息化（IT）到数字化（DT）

【导读】地产行业 IT 化实践已经走过很长的路了，时下让数据更智能，管理更智慧成为必然的趋势。从 IT 到 DT，用数字化建立属于企业自己的生态圈，我们需要更深的耕耘。

标杆企业老板经常会考虑到，房地产行业在未来几年将会触及增长的天花板，必须要进行转型。但转型不是在传统业务基础上进行微调，而是要通过科技的手段对传统业务做一些颠覆或者新的尝试。

这就需要从意识、战略、结构、技术等层面展开积极的变革，通过科技的力量来推广新业务，改革传统业务，实现数字化转型。

1. 趋势：数据更智能，管理更智慧

现在很多房地产企业都在谈数字化转型，但对于什么是数字化却没有准确的理解，甚至将数字化简单理解为信息化。数字化并不是信息化，而是信息化的深化与升级，明确数字化的内涵和方向是有效实施数字化转型的前提（图 7-1-1）。

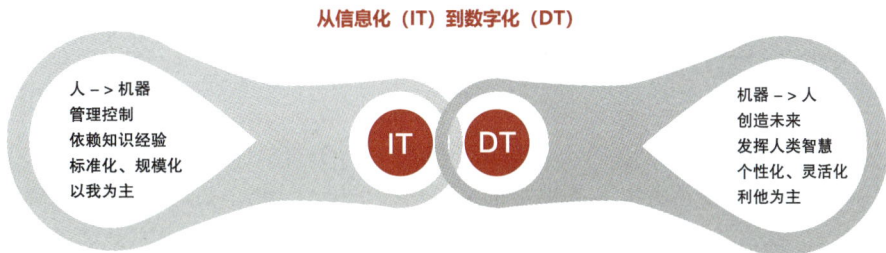

从信息化（IT）到数字化（DT）

人 –> 机器
管理控制
依赖知识经验
标准化、规模化
以我为主

机器 –> 人
创造未来
发挥人类智慧
个性化、灵活化
利他为主

图 7-1-1　从信息化到数字化

（1）IT 是由人到机器，DT 是由机器到人

信息化时代是数据由人向机器转移，把线下原来那些固有的业务流程带到了线上，固化到一个信息系统里面，用 0 和 1 来表示。而在数字化时代中，数据流动方向变成了从机器到人，这并不是简单的反向流程，机器没有变，但人变了，代表人的智慧和未来。

（2）IT 是管理控制，DT 是创造未来

信息化时代偏重于管理控制，把原来的流程由线下搬到线上，目的是简化管理，提高管理效率，减少出错的概率，而数字化时代是要创造未来。目前出现的一些数字化新技术可以用 5 个字概括，即"云、物、移、大、智"，"云"是云计算，"物"是物联网，"大"是大数据，"移"是移动互联，"智"是人工智能，再加上区块链，这些技术让数字化有创造未来的可能。

（3）IT 是依据传统经验，DT 是发挥人类智慧

信息化时代是将传统的知识经验带到线上去，而在数字化时代是发挥人的智慧。

（4）IT 是标准化、规模化，DT 是个性化、灵活化

信息化的一个重要特点是标准化和规模化，而数字化时代要求个性化和灵活化。因为客户需求瞬息万变，标准化已经不能满足客户的需求，而数字化能够满足多样性和灵活化的需求。

（5）IT 是以我为主，DT 是利他为主

信息化时代以我为主，主要目的是把企业内部的业务流程管好，提高管理效率，比如 IT 部门做好本职工作就可以了。但是到了数字时代，IT 部门除了最基本的工作之外，还要成为业务部门的合作伙伴，更大的发挥主观能动性，帮助企业进行业务的创新。

2. 业务转型的 3 种方式

信息化是把业务数据化，把业务的逻辑变成 0 和 1，通过人工的录入，在计算机系统里面存储或者是运转起来。数字化则是数据业务化，数据原封不动的传输到后台处理，真实反应世界原貌，再将其作为资产进行运营。

具体来说，转型主要有三个方式：

（1）改变业务范围

在原有业务范围之上加入新的业务，比如物业在小区安全、小区绿化、水电煤报修、缴费等业务之外，扩大到社区金融、社区医疗、快递、家庭养老、智能家居、家庭娱乐等，突破了传统物业所定义的范围，这就是一种转型。

（2）改变业务模式

人们过去通过电话或者街边招手来乘坐出租车，现在变为滴滴出行、UBER等网约车，本质都是将乘客送至目的地，但是业务模式发生了变化，这也是一种转型。

（3）改变业务方向

这是最直观的转型，比如从餐饮业转做娱乐业，整个业务方向发生了改变。

数字化转型更多是第一种或者是第二种，数字化转型就是利用"云、物、移、大、智"和区块链等新技术，进行新的业务价值创造，或者进行业务模式和范围的改变。结合"云、物、移、大、智"才算是数字化转型。如果仅仅上一个财务系统之类的功能型应用，就不能算是数字化转型。

3. IT 转型升级 2 大条件

企业要进行数字化转型，首先要具备 2 个条件：IT 部门的重新定位和内部信息化工作相对成熟。

（1）IT 部门重新定位

数字化转型不是单一部门、单一技术的问题，还涉及企业战略、企业文化和企业组织架构，牵一发而动全局，整个企业都要为此付出努力和做出调整，这是一个由上而下的巨大工程，在这个工程里，IT 部门扮演了至关重要的角色，IT 部门的定位，决定了企业数字化转型的力度和决心。

在企业发展的不同阶段，IT 的作用和地位是不一样的；而不同规模、行业的 IT 的境遇也有着巨大差异。IT 的定位，对于我们正确的分析和判断自己企业 IT 工作的现状，并依次合理地把握 IT 的战略发展方向，有着非常重要的意义。

信息化建设是一个长期的过程，使得企业的 IT 组织成为一个动态的、不断变迁的组织。在企业发展的过程中，信息化部门的演变是与信息化管理职能的逐步加强相伴随的，信息部门在企业中的地位及其重要性总体上也是呈现逐渐上升的态势，其发展通常要经历以下三个阶段（图 7-1-2）。

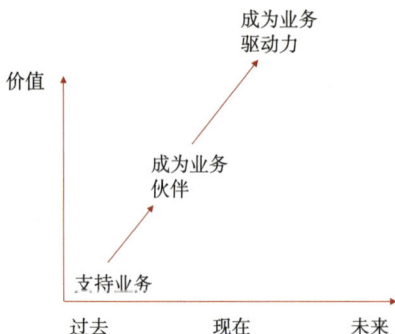

图 7-1-2　IT 定位的三个发展阶段

第 1 阶段：成为业务的技术支撑，但天然存在散漫笨等信息孤岛现象

企业信息化初期，信息化水平普遍较低，企业中信息化建设没有单独的部门，多被归在企业战略部、规划部或发展部；有的则并入行政、财务部门或科研部门等。IT 仅属于后台的从属性部门，是简单的"计算机系统维护部"，提供日常办公和财务支持，只有几名熟悉电脑技术、负责企业内计算机装配、网络维护的员工。

这个阶段企业的信息化，主要是一些技术的直接应用，如财务电算化、办公打字、计算机辅助设计等，没有对管理产生冲击。企业对 IT 的认识，还停留在后勤服务阶段。

第 2 阶段：成为业务的伙伴，仍缺乏敏捷基因

MIS、OA、ERP、CRM、SCM 等各业务系统和管理信息系统为企业生产经营效益和管理水平的提高发挥重要作用，也增强了企业的核心竞争力。

这个阶段，IT 本身虽无法创造价值，但为各业务部门的需求提供相应的 IT 服务与支持，一方面提高了企业业务和管理水平，另一方面提高工作效率，降低成本，实现 IT 价值。所以，IT 部门应认真学习业务，理解各部门业务和各自的管理需求，结合业务实践和 IT 优势，为各部门的工作做出有力支撑。

但 IT 部门仍是战略的执行者和追随者，从根本上缺乏敏捷和智慧的基因。

第 3 阶段：成为价值创造者，才真正具有协调灵敏的骨骼与神经体系

越来越多的企业意识到云计算、移动技术、大数据、物联网、敏捷开发、AI、Ops 等新技术的重要性。在数字化的冲击下，其对于企业来说，已不仅仅是工具和手段，更意味着生产力、竞争力和全新的商业模式。

如今的 IT 部门，已逐步转变为企业的价值中心，企业的骨骼加神经，让业务部门这些不同的"肌肉、组织"一同运动，产生价值。IT 部门已逐步升级为价值的创造者和引领者。

但在地产行业，不少企业的 IT 部门定位还处在第一或准第二阶段，无法适应企业内部转型的需要。因此，要打造一个敏捷的 IT 部门，IT 在企业内部的定位除业务伙伴外，还要是价值的创造或引领者。

（2）企业内部信息化建设，要初具规模，支撑企业当前的日常运营

就当前来看，企业的信息化建设是从 0 到 1 的过程，如果缺乏此过程，数字化转型基本无从谈起。要想做好基础的信息化工作，可以从下面 4 个方面加以考虑。

①基础设施架构：数字化转型企业的基石

在互联互通背景下，业务快速发展，信息技术已经成为企业的核心竞争力，对 IT 基础设施的性能、敏捷性、可靠性、快速扩展能力和大规模集群的管理能力提出了更高的要求。

而超融合"云"所具备的如下价值与标准，解决了企业痛点、实现了业务的支撑：

开放：接口开放、互操作性、支持不同垂直生态、灵活可编程；如物联设备的互联互通。

软件定义：软件定义数据中心 SDDC（软件定义计算 SDC、软件定义存储 SDS、软件定义网络 SDN）；实现更简单、更快速、更自动化的部署新地服务。

高可用：冗余无单点、水平无限扩展、海量存储。

完全的异构兼容：屏蔽底层资源，支持不同品牌硬件。

平台化服务 PaaS：如大数据、云数据库；从简单的基础设施服务升级为平台层服务 IaaS 和 PaaS。

分布式架构：分布式计算、分布式存储、分布式网络。

对比传统 IT，超融合云可实现如下改变：

硬件资源利用率：从 10% ~ 20% 提升为 70% ~ 90%。

资源供应时间：从数月改变为 30 分钟部署完成。

数据安全：从费时费力的数据备份到简单自主的多副本。

②数据架构：数字化转型企业的 IT 架构核心

机器学习、人工智能等新技术，都离不开数据。可以说，谁拥有了 Data，谁就拥有了 DT 时代，某个程度上也就意味着抢占了未来市场。而驾驭数据则是一种能力。

首先，企业要建立起数字资源目录，理清家底以及数据之间的关系，形成数据规范，即主数据。

其次，各类数据的采集，即数据汇聚；数据不仅包括企业的经营数据、设备数据、填报数据等内部数据；还包括互联网数据，即外部数据

第三，数据的互联互通，也就是实现各类数据的融合联通；也就是我们通常所说的数据打通。才能把孤立的数据，变为更有价值的信息。

最后，要实现创新数据的自主管理，即业务人员利用数据平台，实现业务的自主开发。

③应用架构：业务多元化支柱

应用架构主要描述应用系统的部署，以及与各个核心业务流程之间的关系和作用，最终实现企业各个业务流程的信息化和自动化。一个良好的应用架构框架应该可以比较好地匹配企业的业务架构，同时结合各类非功能性（安全性、性能、敏捷、可靠）需求，从而支撑企业内部业务运作，也就是说数字化转型要求企业的所有业务流程基本实现信息化。

④服务架构：数字化企业高效、稳定、安全运行的保障

IT 服务体系建设，包含服务制度、流程、组织、队伍、技术和对象等方面的内容。通过建立、健全符合 ISO20000 规范的 IT 服务管理体系与流程；形成统一管理、集约高效的一体化运维体系，从而保障网络和应用系统安全、稳定、高效、持续运行。

4. DT 建设：抓住全流程 3 大环节，让经营决策更智慧

（1）数据应用：移动化、场景化、实时化，全面提升信息传递的及时性与便利性
火车跑得快，全靠车头带

数据提供的是否及时与便利，对经营决策的快慢，起着至关重要的作用。那么，信息技术如何提供快捷与便利呢？这就要从信息化的及时性说起。而信息化的及时性，又涉及两个方面：信息的传递与信息的处理。

数据的传递及时性：信息都具有一定的时效性，过了时效就不再具有价值，或者价值会大幅度下降。这是衡量信息传递是否及时的最主要标准。从 IT 监控的告警信息到 IT 运营数据，从业务流程审批到经营分析处理直至管理决策，必须充分考虑信息传递内容的不同时效性，并采取相应的技术来满足业务对时效性的需求，而不是的一味地求快。

数据处理的及时性：信息时代为我们提供了获取信息的便利，现在的工作地点，早已超出了办公室的范畴，要想让经营决策快起来，就是让参与决策的人可以实现灵活的办公，也就是所谓的 3A（Anytime，Anywhere，Anyhow），从根本上保证企业经营决策的及时性和灵活性。这就涉及信息化服务的便利性。

例如在金地，说到信息化服务的及时性和便利性，信息事业部对产品有三个原

则要求：接触便利性、业务便利性、决策便利性（图 7-1-3）。

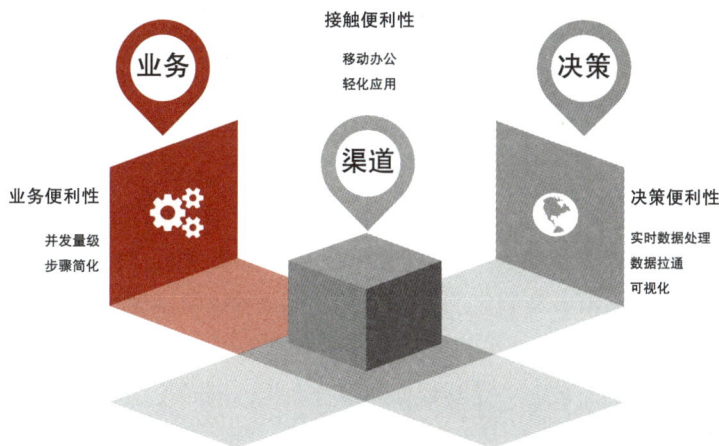

图 7-1-3　信息化服务三原则

接触便利性：是指可通过手机、平板、电脑笔记本、有线/无线网络、VPN 或其他方式便捷地接触、处理工作，也就是办公渠道的多样性。

金地集团 2014 年就上线了掌中金地 APP（移动办公平台），从而改变金地人的办公生活。这也是金地步入移动互联时代的开端，实现了协同沟通、协同审批、消息发布、圈子应用、轻应用管理五大特性，构建了用户端到业务端的全业务流程管理平台；实现了统一的、可定制、灵活的移动办公门户。

在信息事业部之后的规划中，逐步将核心业务系统、计划运营系统、成本系统，费用报销平台及员工关怀方面的应用集成到掌中金地，深受广大金地员工和领导的喜爱和使用。

业务便利性：是指完成业务交易花费的时间和精力

这里，就要谈谈用户体验（User Experience）的设计，如 UI 设计、导航交互设计、内容框架设计，和性能等方方面面的设计。

而当今的用户体验，在两门学科的带动下，取得了突飞猛进的发展，哪两门学科？用户心理学和行为特征学。我们现在经常提到的一个词：场景，就可以理解为是一种行为特征学的典型商业应用。

另外，不同的业务，侧重点也不尽相同。以移动支付的金融类系统为例，其突出需求之一是满足快速、大量的并发交易，因此常常采用内存数据库来满足交易的快速与便捷。

每个系统设计时，都要依据实际业务的需要、各业务场景特点，对系统性能、应用性及友好型进行充分评估。实现信息的及时到位，方便处理。

决策便利性：是指决策过程中收集信息花费的时间和精力。

以大数据为例，美国互联网数据中心指出，全球已有超过 150 亿台连接到互联网的移动设备，互联网上的数据每年增长 50%，每两年便翻一番。令人惊叹的是，目前世界上 90% 以上的数据是最近几年才产生的。

大数据下的决策依赖于大量市场数据，如何有效地收集和分配数据、可靠智能地分析和执行数据成为企业未来面临的挑战。基于云计算的大数据环境，影响到企业信息收集方式、决策方案制定、方案选择及评估等决策实施过程，进而对企业的管理决策产生影响。

尽可能地收集全面数据、完整数据和综合数据，同时使用数学方法对其进行分析和建模，挖掘出背后的关系，从而预测事件发生的概率。数据驱动型决策 (data-driven decision making) 是大数据下决策的特点。研究表明，越是以数据驱动的企业，其财务和运营业绩越好。

种种迹象表明，企业必须更新、升级技术，以适应大数据处理的需要，直至实时处理的需求。这里要强调的是，实时数据处理是大数据分析的一个核心需求。

（2）数据治理：建设主数据平台，规范统一业务数据口径，提升数据准确性与可靠性

Do the things right & Do the right things

数据是任何一个现代企业的灵魂。让企业经营决策快起来，光谈及时性和便利性是远远不够的。要让经营决策真正地快起来，还要辅以数据方面的准确性和可靠性。

这往往取决于业务系统开发的是不是完善，业务系统的信息是不是准确、可靠。而数据的准性（Accuracy）和可靠性（Reliability），也就是通常说的数据完整性（Data Integrity）。

例如，为确保金地集团的领导能够准确地获取不同职能、不同层级的经营数据，金地集团信息事业部在 3 年前，便规划建设了主数据平台，将各个业务领域的业务数据进行规范统一的集成和分发管理，使各业务人员在统计经营数据时能够获取统一数据口径的业务数据，改变了原来各个职能部门上报的数据经常不一致的现象，使经营管理层做起决策时更加准确、可靠（图 7-1-4）。

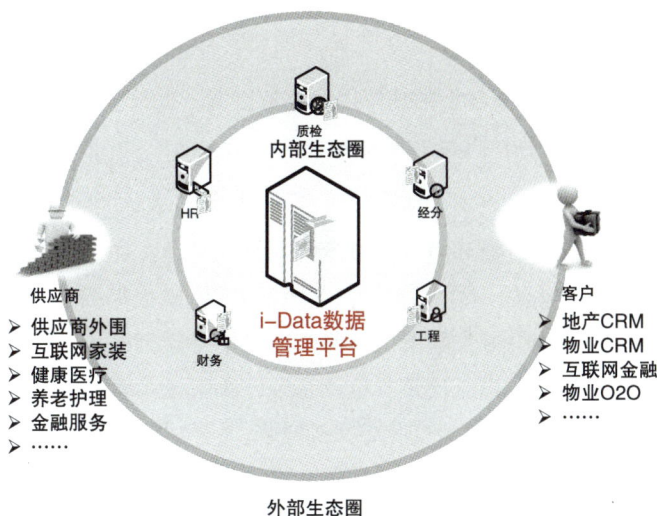

图 7-1-4　主数据平台

以计划运营平台为例，通过业务数据 4 个"一体化"的建设，实现金地集团计划运营管理多层级共享、跨职能协作的最终目标。

未来，支持从项目开发计划运营管理升级为公司全计划管理，打通项目计划 + 非项目职能计划的双线管理；实现全集团、全专业、全人员的全面计划工作协同。建立公司 - 项目 - 专业多 层级的集团级可视化经营看板，提供金地未来全计划和大运营的展望规划。

简单说，现在就是要建立项目运营沙盘，一图在手、运营全有，建立适配、高效的运营管理体系和管理系统。

数据一体化：可承接打通金地现有系统（如主数据平台、掌中金地 APP、经分系统、EAS 系 统、PDM 系统等），无须将数据重复输入，即可实现系统落地执行。

业务一体化：满足金地集团多种业务类型计划节点管理要求（住宅、商业、产办、公寓、医养、教 育等），支持不同项目类型（新建项目、改造项目）。

管理一体化：建设一套操作简单、系统集成、监控执行、考核分析、报表清晰的开发计划管理系统。

平台一体化：该系统上线后，既能成为一线团队业务操作、沟通、管理协同的平台，又能成为集团、区域、城市等多层级的管理平台；系统的上线过程，实际上也将是集团项目管理（特别是工程管理）由一线线下分散管理，演变为"项目 - 城市 - 区域 - 集团"统一标准化模式的管理，在这个过程中，集团工程标准化管理（包括流程标准、节点验收标准、模板统一、制度制定等）是重点，也是难点。

（3）数据来源：从内外部大数据中提取业务价值，提升决策和管理的智慧性
大数据有大智慧 From Data to Wisdom

对于企业来说，"数据不用就是成本"。而大数据具有海量性、多样性、动态性、价值稀疏性等特性，大数据环境下的决策问题异常复杂。如果经营决策需要花费大量认知性精力去处理信息，就很可能会产生负面效果。

因此，要想让经营决策快起来，我们的系统还必须具备一定的智慧性，通过对数据的分析来辅助管理者进行决策。也就是说，决策参与者需要恰当的决策支持系统来协助决策，以灵活应对环境变化带来的改变。

在现实生活中，人们遇到的很多现象和系统是活的、进化的、随机的，这些都是复杂问题，比如蝴蝶效应，就完全无法用简单的理论来解释。大数据的作用在这里就凸显出来了，我们可以在计算机里构建各种各样的模型并叠加起来，导入各种相关变量，去模仿复杂系统，用仿真的方式来推演、预测。数据挖掘是充分利用大数据资产，实现从大数据→大信息→大知识的有效技术。

从大数据集中提取业务价值，这当然不是今年的新趋势，但这些数据的来源都在不断多样化。收集、整合和分析来自"边缘"的数据至关重要，如何利用这些数据洪流将成为今年许多企业关注的焦点。

相关的，我们将看到数据为 AI 在商业智能领域带来新的可能性。IDC 预测，到2020 年，90％的大型企业将从数据服务中获得收入，在这些服务中，原始数据、指标、见解和建议成为收入来源和商业机会，为业务趋势带来更大的可预测性。

这些新的人工智能驱动系统与过去几年大数据和分析的主要区别在于，越来越多的人工智能系统被用于核心实时业务系统，所以他们不仅需要处理大量的数据集，而且还需要以能实时影响业务流程的速度来做。

由于大数据类型多样、价值密度低，且可能是基于全样本数据等特征，找出隐匿于大数据中的有用知识对于提升用户决策质量具有重要意义。因此，如何通过机器学习、人工智能以极快的速度完成"思考任务"，快速有效地识别，分析和标记数据，以及确定具体的需求，是我们要解决的问题。

例如，金地集团信息事业部自 2015 年，就启动了数据治理和数据分析项目。通过数据治理，将企业内部各个业务的经营数据以及外部大数据进行打通；并通过数据分析可视化，将领导所关心的经营决策数据用直观地展示给领导层，以供决策层进行管理决策。金地集团信息事业部在这方面，做了大量的尝试和努力来让数据说话。

首先：整合了投测、营销、产品、工程、成本及财务等数据，并依据多种测算模型，自主建造了经营分析系统。此系统通过经营填报及投资测算，利用模型算法，更直观地给管理层关于投资拿地、销售节奏等经营决策带来科学的数据依据。

其次：在降低营销费效比上积极拥抱外部大数据，打造客户大数据。通过整合集团内所有业态客户数据，与外部大数据打通，提供更智慧和精准的分析。

大数据的出现，改变了长期以来依靠经验、理论和思想的管理决策方式，直觉判断让位于精准的数据分析。对企业高层管理者而言，不再担心数据缺失或者数据获取困难，企业完全可以通过信息科技的新技术、新方法将产品市场数据、竞争对手上下游数据、项目财务数据等海量数据，转化为可利用的精准情报，实现基于数据的决策，助推管理革命。

总结

房地产企业的数字化转型前景很美好，但实施起来并非易事，数字化转型过程也不是一帆风顺，过程困难重重，因为变革涉及对企业文化的挑战，对传统管理模式的挑战，甚至对人性的挑战。改变对于很多人来说很难，需要抛弃旧有经验，学习新的知识和规则，这是一件痛苦的事情。此外，企业的基础要打好，创新要与基础并举，平台和能力相匹配，这样才有可能实现数字化转型。如前文所述，基础工作要达到 90 分以上，不足的地方要查漏补缺，夯实基础再进行数字化转型才不会像无源之水、无本之木。

此外，房企还要注重内部与外部的互联，因为数字化转型不是一家企业单枪匹马就可以做到，一定要整合企业的上下游和生态链。因为在当今这个时代里，没有一家房地产企业，没有一家科技公司，没有一种技术能够覆盖所有数字化转型必备的平台，所以一定要合作，合作才能共赢。

┃第二节　数智化实践┃

动态智能测算，让科学决策成为可能

【导读】不少的地产标杆企业已经开始将"业务数字化，管理数智化"变成现实，"数智化经营管理"到底需要怎么做？能带来什么价值？为什么遇到重重困难，大家还在不懈努力？我们从业务到IT，从数据到管理，层层剖析。

房地产企业按照运营管理的成熟度，可以分为经验运营、计划运营、项目大运营和公司大运营 4 个阶段，由粗放的经验化管理到集团化综合大运营，数字化的应用逐渐深化，数字化管理也逐步升级（图 7-2-1）。目前，很多房地产企业还处于计划运营阶段，关键节点和计划任务的管理还不到位，距离项目和公司层级的动态化、数字化运营还有较大差距。

一些大型房企在数字化运营方面已经走在了前列，比如：时代地产、新城控股等企业，在项目投资阶段就运用数字化模型来支持拿地决策；中铁置业、蓝城集团等企业，在项目经营监控领域实施了动态监控；龙湖、首创投资集团等企业，在公司经营

经验运营	计划运营	项目大运营	公司大运营
	计划达成率	计划达成率、货值管理、投资回报、毛利、资金	战略目标、规模（土地/总货值/签约/回款）、利润、资金、负债、总资产
粗放型 经验化	3级计划任务管理 关键节点监控 部门月度工作计划 工程进度管理 计划达成率 计划考核	项目概况及经济指标 项目核心指标及盈利情况 项目整体计划及完成情况 项目月度形象进度 项目货值及月度销售情况 项目总投资动态成本与偏差分析 项目资金收支及月度计划	公司经营状况分析 各项目节点情况 项目跟投及专项奖测算 （预计）年报分析 未来3年战略规划

图 7-2-1　数字化管理升级路径

监控层面进行了数字化改造；万科、碧桂园等龙头房企在项目跟投层面也做了很多数字化测算工作。对于准备和已经开始数字化运营的房企来说，一是要打好自身基础，建立数字化体系框架和测算模型，将经营管理和决策体系升级，二是要学习标杆企业的经验，紧跟行业趋势，发展不掉队。

我们结合标杆房企实践案例，对数字化运营的目标、做法、应用进行详细阐述，为企业搭建数字化、智慧化经营决策平台，用智慧决策辅助企业的数字化经营，实现"数智化"管理提供参考。

1. 没有经营分析数字平台，动态经营分析是不可能完成的任务

在缺乏数字化信息系统支撑的情况下，房企的集团层面要想快速汇总、分析各区域公司和项目的动态数据，在海量数据、动态归集和多层级传导的要求下，几乎是一个不可能完成的任务。没有数据的快速归集，也就谈不到准确高效的决策，这是摆在众多房企高层面前的难题。

（1）数据采集难：1 个项目就会产生 4.5 万个数据

一个项目按照 5 年的周期来计算，每个项目的 EXCEL 测算表涉及约 5 个专业部门、18 个子表、约 200 多项指标，还要从 4 ~ 6 个系统中查找动态数据，需要维护、查看和分析的数据总量粗估需要 45000 多个。

（2）数据汇总难：从多个部门、系统获取数据，不具备操作性

一个项目动态经营数据的传统编报工作，要协调多个部门，从多个系统获取数据，比如设计部的主数据系统、工程部计划系统、成本系统、销售系统、财务系统等，操作复杂、实效性弱、准确性差，基本不具备可操作性（图 7-2-2）。

（3）多维分析难：集团汇总、分析的工作量和难度大

房企集团总部每月做经营动态分析或年底做 3 年盈利规划时，需要 3 个套表，汇总多个区域公司和项目的动态测算数据。假设一个集团管理 4 个城市公司、10 个项目、20 个分期，每个月要从 5 个专业部门（设计、工程、成本、销售、财务）收集超过 500 个数据，那么集团每月就对万级、十万级的基础数据进行采集、计算、汇总和分析，工作量和难度相当大。没有数据的有效汇总和分析，企业自然就无法进行有效决策。

项目测算 EXCEL模型

- **设计部 主数据系统**
  - 项目信息：总用地面积　总建筑面积　总可售面积　地上建面　地下建面　项目建设分期　项目成本分期　建筑基底面积　建筑密度　园林绿化率　容积率
  - 产品信息：产品构成　非普通比例　土增税类型　地上层数　地下层数　用地面积　建筑面积　地上建面　留置面积　容积率　计容面积　可售面积　产品比例　户/个均面积　户/个数　车位个数　车位可售个数
- **工程部 计划系统**
  - 计划节点：土地确权时间　开工时间　各产品计划节点结构　各产品计划节点时间　各产品实际节点时间
- **成本部 成本系统**
  - 成本信息：成本科目结构　各项成本系数　各项成本工作量　各项成本单价　各项成本进项税率　各项成本得票率　各项成本支付节点　各项成本支付比例　各项成本实际支付数据　各项成本动态成本数据　各项成本计划调整值
- **销售部 销售系统**
  - 销售信息：计划首推单价　计划涨价周期　计划涨价幅度　已推面积　签约面积　签约金额　预估销售面积　预估销售均价
- **财务部 财务系统…**
  - 结转信息：计划结转面积　本月结转面积　预估结转面积
  - 费用数据：各项费用实际支付数据　各项费用及费用计划　融资及费用实际数据

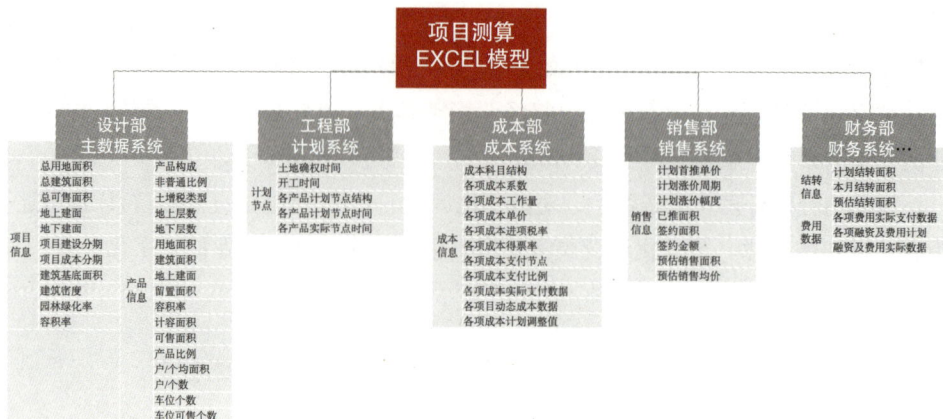

图 7-2-2　项目测算 excel 模型

2. 平台规划：建立多项目、多阶段的动态测算模型

为了解决上述痛点，房企要对管理体系和决策平台进行升级，搭建经营管理的"数智化"体系（图 7-2-3）。在搭建数智化平台之前，要厘清重要环节，理顺关键流程，通过数据和系统工具完成基础工程建设，一步步实现从目标管理、达成年度计划和项目计划、动态决策到数字化运营的管理升级（图 7-2-4）。

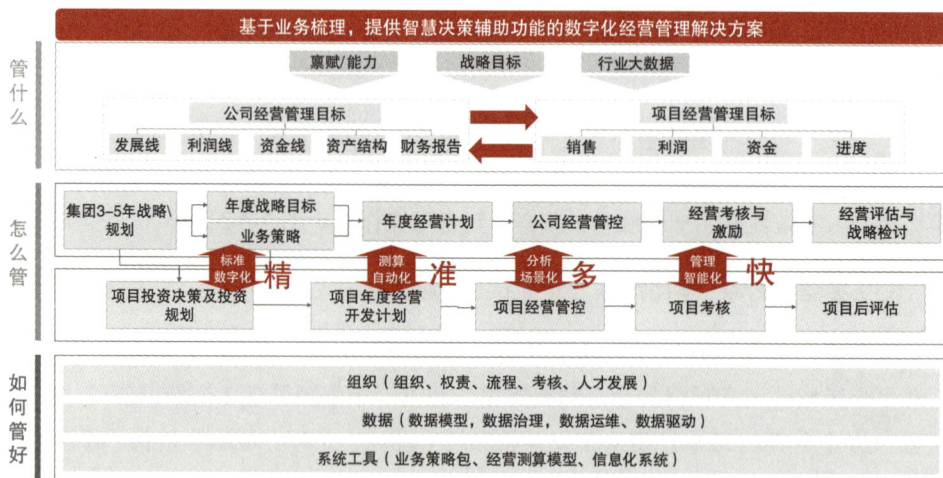

基于业务梳理，提供智慧决策辅助功能的数字化经营管理解决方案

管什么：赋/能力　战略目标　行业大数据　公司经营管理目标　项目经营管理目标　发展线　利润线　资金线　资产结构　财务报告　销售　利润　资金　进度

怎么管：集团3-5年战略\规划　年度战略目标　业务策略　年度经营计划　公司经营管控　经营考核与激励　经营评估与战略检讨　标准数字化　测算自动化　分析场景化　管理智能化　精　准　多　快　项目投资决策及投资规划　项目年度经营开发计划　项目经营管控　项目考核　项目后评估

如何管好：组织（组织、权责、流程、考核、人才发展）　数据（数据模型，数据治理，数据运维、数据驱动）　系统工具（业务策略包、经营测算模型、信息化系统）

图 7-2-3　大运营体系建设与数字化落地框架图

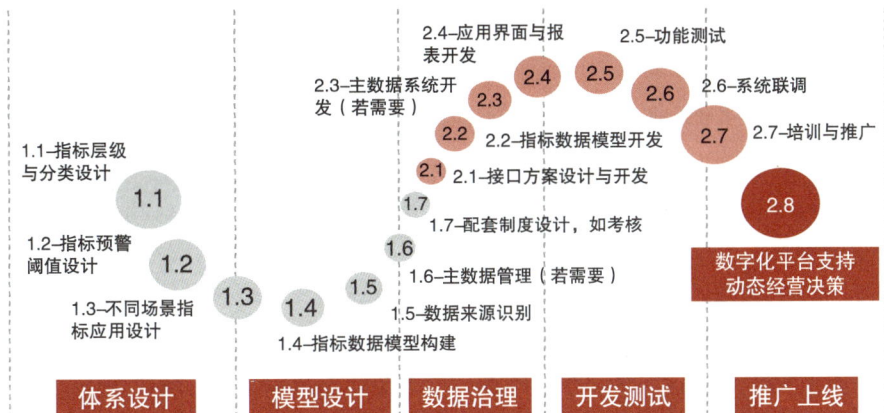

图 7-2-4　大运营落地路径图

（1）两套模型：建立动态测算和投资测算模型

建模是搭建数智化平台的基础工作，要明确模型所需的关键要素、各元素之间的联动计算逻辑和最终输出的指标体系。

梳理联动数据逻辑，建立项目动态测算模型

第一项工作是梳理联动数据逻辑，建立项目动态测算模型，保障分析数据和指标的准确输出。举例来说，一个项目的动态测算模型包括运营基础信息、供应计划、回款计划、销售计划、成本支付计划、融资计划、结转计划等板块，数据在各板块之间流转，最终输出开发节点、新增可售面积、签约面积、销售均价等核心指标，同时输出建安费用、销售费用、管理费用、贷款利息、结转收入、预缴税金等财务报表核心数据。通过项目动态测算模型，房企从单项指标分析变为整个项目甚至整个地块的全面分析，信息更为完整。

各阶段都要建立投资模型，通过测算选择最佳方案

进行投资测算时，需要对各阶段的整体数据进行逻辑梳理和分析，每个阶段都要建立投资模型。在投资拿地阶段，投资模型中的关键指标有土地面积、容积率、绿化率、建筑密度、商业面积等；在项目启动阶段，投资模型的关键指标有总建筑面积、户数、地下室面积、可售率等；在项目运维阶段，销售型物业和持有型物业的模型有所不同，前者侧重开发计划、销售收入、销售回款等指标，后者则要考虑运营周期、运营收入、现金流等指标。

通过各个阶段的数据分析，产生多个候选方案，确定最佳方案后输出净利润、利润率、IRR 等投资测算结果指标，为投资测算提供决策依据。

在集团层面设计多类型、多层级的汇总测算模型

第三个是集团汇总级的数据模型，这是一种多类型、多层级的模型设计。以标杆企业 S 企为例，有 4 种物业类型，分别是销售型、商业型、养老型、租赁型，每一种类型的物业下设不同板块，分别对应不同的模型。S 企采用的是 4 层汇总机制，由下至上进行数据汇总，先将最底层的模型全部建好，形成分期与业态汇总模型，分期数据向上汇总至项目层面，项目层级的汇总完成之后再往城市公司和集团依次汇总，最终输出各个层级的模型。至此，整个集团在战略层面、城市层面、项目层面的指标分析基础工作才算完成（图 7-2-5）。

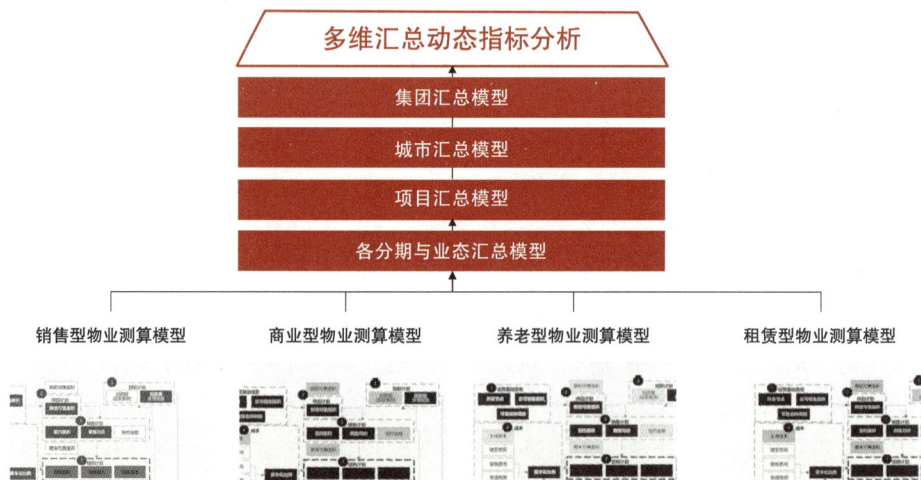

图 7-2-5　多维汇总动态指标分析

（2）数据源对接：保证内部多系统数据源的准确性

通过规划业务系统数据接口，对接多种系统数据源，保障数据来源准确。各系统的数据通过数据接口全部获取到，再通过自动测算模型进行测算。爱德数智系统内核采用的是 IBM 专业数据对接模块，支持各类数据库的数据采集、映射、校验，有利于专业数据的对接和模型的建立。目前，S 企的数据系统对接了主数据、OA、BPM、计划、成本、销售、资金、预算和财务 9 个系统，未来要扩展为 14 个系统，最终所有的相关业务系统数据全部可以对接，从数据源头保证了准确性和实时性（图 7-2-6）。

图 7-2-6　数据库模型

（3）数据治理统一标准：在决策平台上共享系统数据

通过数据接口获取到数据之后，下一步要进行数据治理，建立数据统一语言标准，打通多个系统，实现经营决策平台上数据的对话与共享。在建立数据统一标准和打通系统的时候，存在一些难点需要解决：

第一，修复基础数据的缺失。在系统运作中，会缺失一些系统数据，那么在数据治理时要再次将数据进行归集，补齐前一环节的错漏。

第二，修复管理维度的缺失。有些表单的数据统计是以财务来划分的，这时要进行管理维度的修复，比如在进行成本归集时，以前只分到公司以及主项目，现在要自动对接到成本系统中去。此外，还要补齐项目未启动分期的数据，将 3 年资金计划补全为 5 年，提升业务数据的准确性等。

通过数据治理，房企可以保障各专业系统的数据来源，梳理和重构各业务部门管理数据的规则、规章和流程，向上推进了集团经营决策平台的完善，向下完善了各专业系统的数据对接，让整个公司用数据驱动，达成动态监控和动态经营决策（图 7-2-7）。

（4）参数模板：辅助项目自动测算

在完成上述 3 个基础工程之后，企业可以建立策略与参数模板，实现辅助项目经营指标的自动测算，据此计算未来的数据。标杆企业 S 企在自动测算模型中设置了 7 类经营指标，分别是土地、规划、产品、成本、费用、计划和资金，再分解出

16项策略与参数模板，通过这些模板为联动计算未来数据做辅助，比如一个项目的楼栋关键节点一旦排完，系统会自动与相关计划匹配，形成成本支付计划，这是完全可以自动算出来的（图7-2-8）。

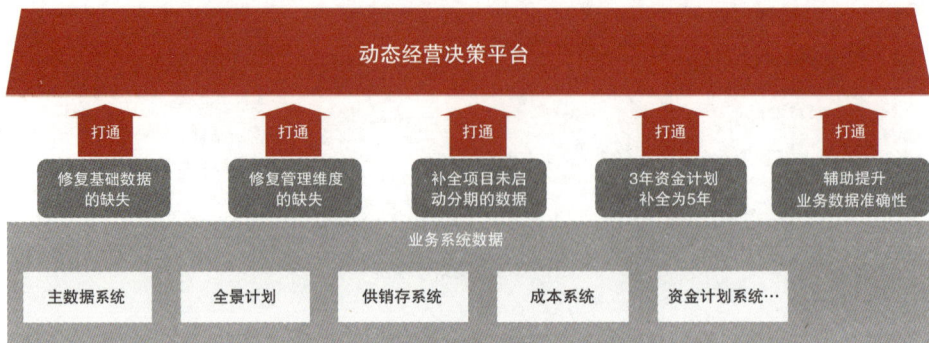

图 7-2-7　动态经营决策模型

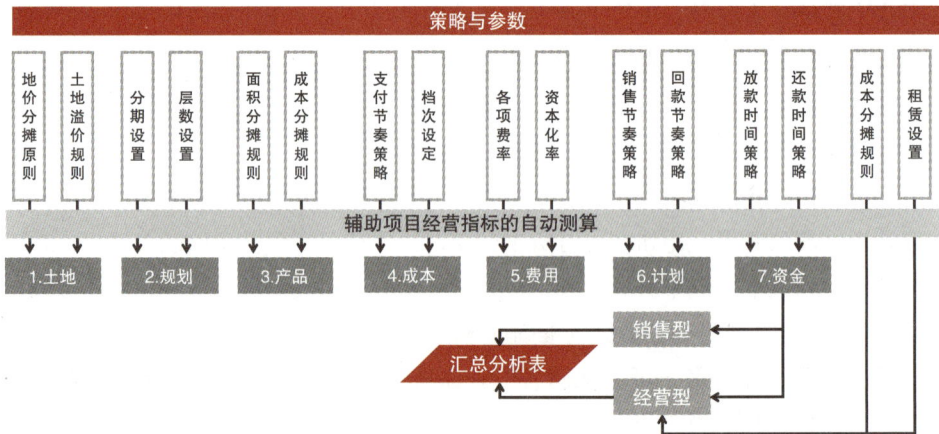

图 7-2-8　动态经营测算的基础与业务数据

3. 价值成效：降本增效提速度，增强团队分析力

通过建立和应用数字化运营和自动测算平台，房企的运营和决策水平得到明显提升，数智化体系的运行，让以前不可能完成的动态经营分析和决策工作成为可能，同时增强了总部和一线团队的经营分析能力。

（1）滚动测算自动化，减少人工运维

动态数据的采集和计算在过去很难做到，S 企通过建模、数据治理等前期基础工作，模型被自动建立起来，通过数字化系统实现每天、每月的数据追踪，动态数据的采集、计算、展示实现了自动化，动态匹配管理场景，做到了滚动测算，同时减少人工维护的投入。当然，有些数据确实是系统没有的，集团会依照相应的流程连接到相应的部门补全，让整个系统的自动运作成为一种可能。

（2）数据计算提速，"秒算"数据

依托强大的数据计算内核，系统能解决数据采集问题和数据计算问题两大瓶颈，实现大数据量下"秒出"测算结果。

传统模式下，数据分析和测算使用 EXCEL 软件，全集团有超过 200 个项目，数据收集需要 10 天，数据处理需要 8 小时。现在采用 IBM 内核的数字化系统，设计了相应的应用场景，进行动态滚动测算，测算速度大幅提升，在每个月的月底就自动算出 200 个项目的所有动态指标，数据采集由 10 天缩短为 10 分钟，数据计算只需 1.5 分钟，从单个项目、分区域到集团层面的所有项目动态指标能都计算出来（图 7-2-9）。

应用场景	应用范围	性能变化
动态滚动测算	全集团 （200 个项目 +）	Excel：数据收集10天，计算8小时 数字化平台：数据准备10分钟，计算1分半钟
敏感性分析	单项目	Excel：数据准备1天，计算40分钟 数字化平台：数据准备10分钟，计算15秒
战略测算	单项目	Excel：准备数据1天，计算40分钟 数字化平台：数据准备10分钟，计算2秒

图 7-2-9　新平台"秒算"数据

过去在做单个项目的敏感性分析时，项目出现变更，需要调整几个策略，比如增加价格、降低成本，或者将开盘周期提前，都需要重新测算。重新制定出的方案还要经过讨论、评估，可能还要修改甚至推倒重来，让一线人员日常的动态调整成为难题。现在通过数字化平台，敏感性分析从过去花 1 天时间进行数据收集缩短为10 分钟，只用 15 秒就计算出结果，过去做一次战略测算要 40 分钟，现在不需要将单个项目套到 Excel 表中测算，使用数智化系统只要两秒钟便可计算出结果，这是一种颠覆性的速度提升。

（3）赋能一线，提升团队分析力

数智化系统能让一线团队大幅提升分析能力。首先，系统能提供很多分析的场景，比如协助投资分析、动态测算、盈利分析、经营分析、风险分析、战略测算等，有了这样的数字化平台，企业各个层级的团队会更有意向和动力进行数据分析（图7-2-10）。

图 7-2-10　多种数字化经营业务场景

其次，系统还会提供多维度、多层级、多方式的分析工具，便捷灵活的建立布局报告和分析界面，内置多种简单或复杂的图表，用图表来讲"故事"，实现可视化分析，提升业务人员的分析力。在具体使用时，先建立分析节点，结合各部门的分析要求，建立完整的分析界面，让操作者更便捷的使用这些图形图表。系统提供的分析工具操作性很强，简单易学，比 Excel 呈现的结果更丰富，同时可以导进模型，进行二次、三次分析，比如占比、环比、同比、累计、排名等都能快速输出，更有利于进行深度的数据分析和挖掘。当然还有一些计划的切分，比如整个项目前期做完之后，切分到今年和明年，那么每一年的目标是多少，通过这个系统做多维度分析会更加便捷（图 7-2-11）。

图 7-2-11　多种分析方式

4. 标杆案例：S 企利用数智化系统进行监控、分析与预测

数智化系统建立起来之后，房企应该如何将其应用到管理实践之中？ S 企借助数智化系统，实现了经营指标的动态分析，及时掌握项目风险，并对未来发展进行了战略测算。

（1）多因子迭代计算，算出资金安排的最优方案

数智化系统可以算出以前算不出、算不精的数据，比如通过多因子的循环迭代计算，算出财务费用最少的资金安排。一次财务计算会设定影响财务费用的动态因子，比如各分期资金缺口、项目层级资金缺口、项目总体财务费用和各分期财务费用，再设计一个迭代计算的循环：首先，项目有分期资金缺口，先自动计算出来；其次，数据汇总到项目层级，算出项目资金缺口是多少；贷款进来以后，增加了财务费用，再将资金成本分摊到各项目，依次循环（图 7-2-12）。

在这套体系下，房企在出现资金缺口的情况下，需要多少钱补缺，什么时候贷款，什么时候还款，每期还多少，可以算出最优的组合。S 企做过前后期的对比，这样计算出的资金计划组合，财务的资金成本最少，安排最合理，如果没有这套体系和方法，就很难做到。

通过这套系统还可以进行一些更为复杂的模型计算，比如建立多层级、多物业类型的复杂计算模型。因为财务部门总是在项目层级筹措资金，形成财务费用，项目层面的财务费用再层层往下汇集和分解。S 企有销售、养老、商业、租赁 4 类物业

板块，每个物业板块出现资金缺口，向上汇总到项目层级，在项目层级形成财务费用，再分摊到各个项目，如此循环往复，最终计算出一个最优结果，这是数智化系统的一大亮点（图 7-2-13）。

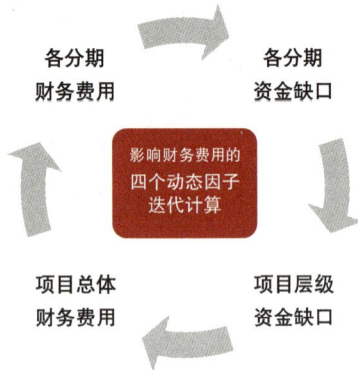

图 7-2-12　动态因子迭代计算模型

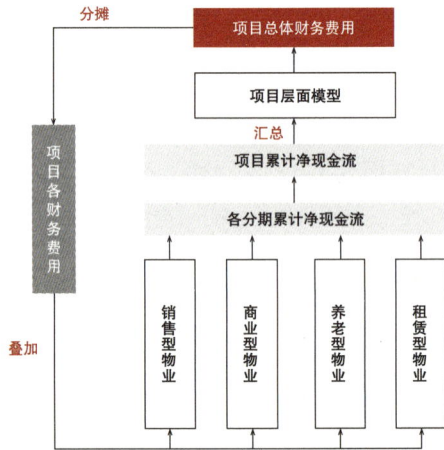

图 7-2-13　财务费用分摊计算

（2）关键指标动态比对，实现经营动态预警

传统模式下，风险预警也很难实现，因为风险预警首先要获得动态值，再与目标值进行对比，由于项目众多，不同阶段的方案各有不同，比如投资版本、启动会版本的目标随时都有变化。现在有了数智化系统之后，房企能直观了解项目动态版与定稿版的差异，明细到各个指标，点击可穿透，使得整个经营动态预警成为可能。

系统会生成一个预警清单，将所有项目都列出来，横向列出所有需要关注的动态指标，每个企业可以根据自身情况选取。S 企选择了项目整体 IRR、经营性现金流平衡时间、项目可售比、销售物业收入、销售物业开发成本、销售物业净利润等 10项核心指标，其中一个项目在经营性现金流平衡时间指标上显示要推迟 15 天，那么系统需要输出导致的资金缺口是多少，后面回款的时间也要相应推后，通过动态计算来制定资金筹备方案。所有的指标可以进行联动性的查看，协助企业及时进行后期分析，规避经营风险。

房企还可以通过系统直观分析各类指标的风险项目构成，快速筛选定位关注的预警项目，比如说整个公司现金流回正时间要延期一个月，几十个项目都可能出现延期，企业需要知道到底是哪些项目出现延期，延期率比较高的是哪些项目，这样就可以针对重点出问题的项目进行精准、快速的锁定，而且还可以对出现预警的项目进行二次、三次分析，然后找出应对策略，比如上调价格、调整工期，最后形成一个快速治理的执行策略，这是传统模式下无法做到的。

（3）多经营线条、多管理视角的动态监控分析

数智化决策平台还可以支持多经营线条、多管理视角的动态监控分析，围绕公司经营的多个维度目标，在房地产开发经营业务逻辑的基础上，进行一系列目标达成状况及能够反映其业务支撑逻辑的指标分析。首先要建立动态监控分析框架，由输入端、过程端和输出端组成，将经营资本、客户资本和组织资本由前端输入，经过一系列业务流程，分运营线、利润线和资金线三条轨迹，最终输出监控内容，形成准确的资产结构和财务报告（图 7-2-14）。

在数据的过程流转和处理中，首先要建立好指标体系和模型。不同的数据脉络，对应的指标体系也有不同，比如运营线的指标最多，链条最长，可设立投资、研判、生产、供应、销售、回款、库存、结转 8 大指标体系，对应项目拓展、定位策划、设计管理、采购管理、工程管理、营销管理、交付和持有经营完整的业务板块，只有指标体系设计完备，数据流转渠道通畅，才能在输出端得到企业想要的内容，辅助动态决策。

（4）设计多层级看板，实现经营指标动态汇总分析

近两年来，不少房企提出用看板来进行经营指标的分析，IT 部门建立一个漂亮的看板很容易，但要有准确数据支撑、实现经营指标动态汇总，很难做到。首先，如果缺乏数字化平台的搭建和数智化决策的机制运作，看板再好看也无法支持实

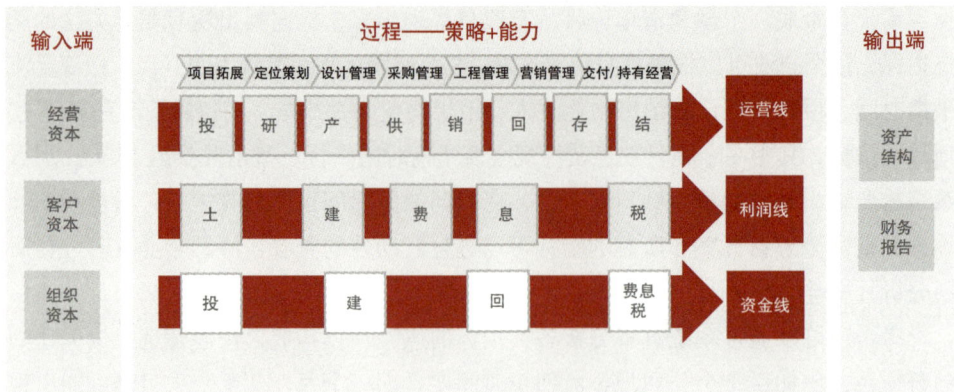

图 7-2-14　全流程多视角的动态监控分析

际运营。其次，要构建不同层次和类型的看板，因为从项目、区域到集团，关注的重点和数据的呈现各有不同，视角由小到大，指标由具体到全局，逐层汇总，最终形成项目 - 区域 - 集团的多层级经营指标的动态汇总，这样的看板才具备有效性。

S 企将监控层级分为项目、区域和集团，每个层级的监控重点不同，但是供货、签约和回款这 3 项是必备指标，通过数据的层层汇总和呈现，企业可以全面及时地掌握经营状况。

项目层级监控看板，紧盯关键节点完成度

项目层级的监控看板将项目进度的关键节点全部列出，比如首次开盘时间、回款 30% 时间、经营性现金流回正时间、销售 95% 时间等，每个节点都显示当前状态，清晰标示出提前或者延误时间，股东毛利率、净利润等利润相关指标动态更新，供货、签约、回款的进度和缺口也一一呈现。

区域层级监控看板，及时发现区域内项目风险点

在区域层级的监控看板中，可以看到本区域内所有项目的经营情况，供货、签约、回款的合计净值是正还是负，缺口有多大，计划目标完成度如何。还可以对区域内的项目进行横向对比，列出缺口最大和超额最多的项目榜单，从中判断哪些项目的风险较大，具体风险类型。通过区域层级的监控看板，区域和城市公司高层可以及时发现整体和具体项目的风险点，有针对性地做出调整。

集团层级监控看板，3 个维度掌握整体运营状况

集团层级的监控看板从项目、区域、时间 3 个维度反映整体运营状况，项目维度将集团所有项目在供货、签约和回款 3 项指标下进行排名，掌握项目风险；区域维

度对各区域在首次开盘周期、年度经营性现金流回正周期进行汇总比对，了解各区域的运营效率；时间维度则按月份形成开盘/未开盘项目汇总表，直观看到每个月中集团所有项目的开盘目标达成率情况。

通过集团层级的监控看板，企业能从全局角度掌握重要指标的完成情况，缺口有多大，分布在哪些区域，哪些项目风险比较大，进行集团层面的整体分析，做出方向性的决策。

（5）提取关键指标，进行静态与动态的敏感性分析

敏感性分析是房企平时经常用到的内容，在数智化系统中，企业可以通过单因子、多因子分析，直观体现核心指标动态变动情况，从而辅助经营决策。敏感性分析可分为静态和动态两种，静态敏感性分析的敏感因子包括未售均价、总成本、土地增值税、所得税，动态敏感性分析的敏感因子主要是开盘时间和去化周期。系统还可以提供多方案比选的功能，通过输入相关数据，建立多个投资模型，形成多个方案以供比较（图 7-2-15）。

静态敏感性分析	敏感因子	未售均价	总成本	土增税	所得税
	调整颗粒度	项目下业态、分期下业态	项目、分期	项目、分期	项目、分期
动态敏感性分析	敏感因子	开盘时间		去化周期	
	调整颗粒度	项目、分期		项目、分期	
多方案比选	输入项	可以对任何输入项进行调整		功能 可以通过建立多个模拟投模，形成多个方案，进行多方案比较	

图 7-2-15 动态和静态敏感性分析

在具体执行敏感性分析时，以成本、开发工程进度、销售进度、销售计划、回款等指标为基准，一旦某个指标发生变化或调整，余额、缺口等指标也会相应发生动态调整，触发核心销售成本、利润和现金流的指标进行动态计算，协助一线团队进行操盘策略的精准制定。

（6）对未来发展情况进行模拟推演，快速制定战略目标

战略测算也是一种应用场景，房企在进行项目测算时通常要做 2 件事，一个是盘家底，第二个是看未来，先要盘点近几年的项目完成情况，再设定未来几年的目标和路径。使用 EXCEL 可以做出简单版的测算，但是要实现数据的有效迁移和方案模拟，就需要数智化系统的帮助，通过图形化设计，让重点信息的展示、操作更加灵活，按 3 年展示现有项目和虚拟项目、中长期项目的销售额、拓展面积、数量、货值、开工面积、竣工面积，支撑三年经营计划现场汇报。

战略测算有 2 个维度，一个是时间轴上的测算，另一个是空间轴上的测算。

测算未来 3 ~ 5 年的经营指标

首先将企业已经建成的项目汇总，形成标准项目库，每个项目都有成套的测算模型，包括标准工期、标准售价等，作为测算的基准。然后将企业在建的项目指标列出来，包括现有销售额、货值、回款等情况，在现在所有项目操盘计划不变的情况下，对未来 3 ~ 5 年各项指标的发展结果进行动态测算。

测算项目跨区域"移植"的指标贡献

房企在区域开发时，要将标准化的项目或者某地的项目引入其他区域、城市公司，可以在系统中赋予新建项目的开始时间和单价，这样就可以自动算出这个项目对城市公司的贡献，最终汇总到项目层级，协助企业对未来战略目标进行模拟推演，快速量化并制定战略目标。

举例来说，房企把一个北京的项目直接"拖"到武汉，这个项目假定从 2018 年开始计算，把工期定好，就可以自动算出 2019 年的销售额。过程中还会有调整，因为这是北京的项目直接移植过来，一些基本数据比如销售价格需要根据武汉市场情况进行调整，调整好当年虚拟项目的价格之后就再做一次刷新，这个项目对于该城市公司和集团未来的贡献就自动计算出来了。

另外，企业还可能遇到这样一些情况，把不同阶段的项目比如原有和在建的项目进行批量的加价，或者是批量的加快开发节奏，通过数智化系统能对企业全盘项目进行模拟测算，调整战略目标就有相对可靠的依据。

总结

房地产企业在进行测算相关的数字化升级时，要做好建模、完善指标体系等基础工作，再陆续增加投资测算、项目测算、动态经营监控等内容，逐步建立起基于业务梳理、提供智慧决策辅助功能的数字化经营管理解决体系。

第一，企业要知道管什么。企业要根据自身资源，结合行业大数据，制定清晰的战略目标，在集团和项目层面设定关键的经营管理目标，包括资金、利润、进度等。

第二，企业要知道怎么管。通过集团 3 ～ 5 年战略规划、年度战略目标、经营考核与激励、经营评估以及项目层级的投资决策、开发计划、经营管控等，实现标准数字化、测算自动化、分析场景化和管理智能化。

第三，企业要知道如何保障实施效果。要想保障数智化平台的有效运作，组织上要做好权责划分、流程梳理和人才管理，数据要完善治理、运维，再结合经营测算模型等系统工具，不断沉淀和积累，让数智化管理不断升级，将过去不可能做到的事情变为可能。

| 第三节　转型案例 |

金地信息化的高效运营、敏捷 IT

【导读】当下国内的房地产企业都在强调高效运营，快速周转，而其背后，则是对战略、组织流程、信息化、人力资源和企业文化这五个方面的考虑与要求，本文着重从信息化角度来探讨、分析在房地产市场的下半场中，如何帮助企业实现以快周转为目标的高效运营。

在如今以云物移大智为代表的信息化时代，变革正在冲击着各行各业。房地产作为传统行业也面临着如何构建符合企业未来发展的信息化体系，以应对市场变化，也就是所谓的数字化转型。而这个数字化转型最根本的就是两个目的：高效运营和抓住客户。

俗话说"工欲善其事必先利其器"，在企业的数字化转型过程中，IT 部门往往扮演了至关重要的角色，因此 IT 部门自身转型的成功与否决定了企业数字化转型的成败。而 IT 部门成功转型的一个重要标杆就是敏捷 (agility)。那么如何能够让 IT 部门变得敏捷呢？

1. 敏捷 IT: 战略规划与治理

（1）重新定位 IT 部门，提升组织层级

在数字化转型的道路上，IT 部门的定位非常重要，定位的高低决定了转型的成败。金地在过去的 6 年中，对 IT 部门的定位进行了 3 次调整，使之成为数字化转型的执行者和推进器。

2012 年之前，定位是业务支持

金地在 2012 年以前没有单独的 IT 部门，当时的 IT 人员不足 10 人，属于行政人事部和行政管理部。当时的 IT 定位就是提供支持服务，主要从事设备和网络维护工作，没有成规模、成建制的 IT 专业团队。

2012 ~ 2016 年，定位是业务合作伙伴

2012 ~ 2016 年间，金地成立了行政与信息管理部，虽然看上去只是名称中增加了"信息"两个字，但蕴含的意义却不一般，IT 部门在集团的作用逐渐被重视，开始有意识地培养专业团队。这个部门在四年中基本上完成了企业内部的信息化系统建设，为数字化转型奠定了基础。

IT 部门这时的定位是成为业务合作伙伴，能够与业务部门进行平等的对话，能够帮助业务部门解决问题。IT 部门在这个阶段还是被动的响应，由业务部门提出解决需求，而不是主动提出改进意见。

2016 年以后，定位是业务驱动力

2016 年 8 月，金地正式成立信息事业部，成为集团的一级部门，可以和产品管理部、投资运营部、工程管理部、成本管理部等传统的一级部门平等对话，完全参与集团所有的重大决策，包括制定业务战略规划。从这以后，IT 部门不再是被动响应，也不只是合作伙伴，而是开始引领一些业务，比如引入财务机器人、智慧工地等，通过技术为各部门产生新的、积极的变化。

金地卅载，企业发展经历了深圳特色、全国拓展、到现在的多元化 / 国际化三个阶段。信息事业部也是随着企业的发展，在不断调整、转换角色；信息化在企业中的定位逐年在提升。从之前的分别隶属于行政人事部、行政管理部，到第一次将"信息"纳入到部门名称中，进而成立第一个以事业部命名的部门，直接向集团总裁汇报；角色也从最初的基础服务提供者 / 技术提供者，逐渐转变成合作伙伴，并进一步发展为扮演助推产品服务创新与价值创造者的角色。

（2）战略规划：参与业务战略制定，支撑公司管理与运营个性化，为 IT 规划植入天然的敏捷基因

也正如集团总裁在 2017 年对信息事业部所期许的，随着金地业务的壮大、新技术的出现，信息事业部在支撑业务、到推动业务直至牵引业务的角色演变道路上不断进取。

以近两年打造的金地享互联网系列应用与智享平台为例；通过该平台的建设，金地物业线上外拓服务面积近 2 亿平方米；随着支撑服务产品的创新，管理与服务质量不断提升，及时接单率高达 97%，客户满意度达 90%；而随着满意度提升，以及产品服务多样性、便捷性的增加，线上客户不断增长，促成社商运营销售业绩在 2017 年三季度同比增长 112%；与此同时，智享平台荣获了深圳市科委科技创新奖。随着产品的创新，服务与产品高度融合，形成了用户、业务、信息三赢的态势，并赢得社会对企业的认可（图 7-3-1）。

那么，我们是如何成功扮演服务创新与价值创造者的角色，在这里，就不得不说一说信息事业部推行的"343"模式，即 IT 战略规划"三步走"，组织形态构架"四项基本原则"，以及 IT 管理"金三角"。

明确了 IT 的定位，IT 的战略规划目标和制定方法也就自然清楚了。这时候的 IT

部门应该是能够参与到企业业务战略规划的制订，并由此制订 IT 的战略规划。如果仅仅是把业务战略中显而易见的表面化 IT 需求做个汇总，这不是 IT 战略。真正的 IT 战略应该是 IT 部门参与业务部门的战略制定后，和业务部门深入沟通和协商，在此基础上获得管理层认可及业务部门支持。

2亿	**97%**	**90%**	**112%**
上线	及时	满意	增长
服务	接单	客户	营收
线上外拓服务面积平方米	及时接单率	客户满意度	社商营售17年Q3同比增长

图 7-3-1 金地 IT 变革成绩

注重公司实际：只有结合公司实际情况，才能真正认清 IT 规划到底能够为公司做什么。避免所谓最佳实践，一切向标杆看齐的"套路"做法。IT 规划可能不需要进行 SWOT 分析、不需要进行波士顿矩阵分析、不需要进行竞争态势分析。但绝不能不分青红皂白，一锅菜乱炖。

深入了解并重视公司发展所面临的、各种各样管理和运营的个性化问题，有效开展和各个层面的沟通，明晰企业的战略，进而找到支撑战略实现的业务发展策略，从而帮助企业建立务实高效的信息化框架。避免在后续的信息化建设过程中，出现各种各样困惑的实际问题。

管理落到实处："三分技术、七分管理"。IT 管理的好与坏，直接影响到 IT 战略的执行。建设 IT 管理体系时，要挖掘 IT 管理问题的根源，并考虑企业推广的可行性，形成简单可行的解决方案，让管理能够落地。

如：通过制定信息分类、存储、传输和使用的标准，形成规范和制度，并应用相应的 IT 管理手段，对信息内容的加工处理进行规范，真正实现企业信息化建设的意义和价值。

金地信息事业部的 IT 战略规划，也就是我们提到的战略规划"三步走"：战略现状评估；战略蓝图设计；战略实施路线（图 7-3-2）。

金地 IT "三步走"战略规划，充分考虑了企业的个性化较为突出的特点，从而为构建起 IT 治理的"金三角"（服务管理体系与流程、IT 技术架构、适应型的专业队伍）

指明了方向。

而在打造 IT 管理"金三角"之前，首先要解决的，是 IT 组织形态架构的问题。

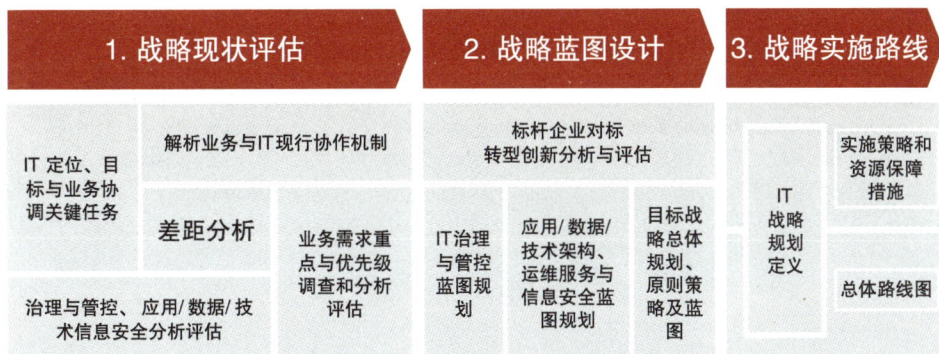

1. 战略现状评估	2. 战略蓝图设计	3. 战略实施路线

图 7-3-2　金地 IT"三步走"战略规划

（3）组织构架：内外部组织资源的整合都要考虑效率的提升与用户体验

IT 规划、管理、实施、维护并不简单，其具备技术复杂、成本高昂、变化频繁等特点，对人员素质要求高。

信息化建设的全面深入，IT 为企业创新与转型赋能。保障 IT 投资的高效，已是企业赢得成功的关键之点。

而与之密切相关的 IT 的组织形态、资源管理框架的设计，则显得尤为重要。它决定了在任何时候，是不是有正确的人，正确的部门和恰当的合作伙伴来与业务部门交流，响应业务部门的需求。

在设计时，则需充分考虑自身的核心价值在哪里，并重兵聚焦投入；对于非核心价值区域，可以选择联手合作伙伴，获取非核心的专业能力。一方面，能够降低 IT 投资的风险，另外一方面，能够更灵活、更动态并且更好地使自己改变，以满足业务变动的需要。

当然，也要充分认识并管控合作伙伴引入所带来的各种风险，包括对企业文化、业务流程的不熟悉，企业内部 IT 人员与外部人员的合作，公司机密资料的安全性，与外包商有效沟通以及如何摆脱对合作伙伴的依赖性等。

利润最大化，成本最小化，是每个企业运作遵循的永恒法则。为打造一个能够高效、创新的组织，信息事业部在设计组织形态框架时，制定了敏捷 IT"四项基本原则"（图 7-3-3）。

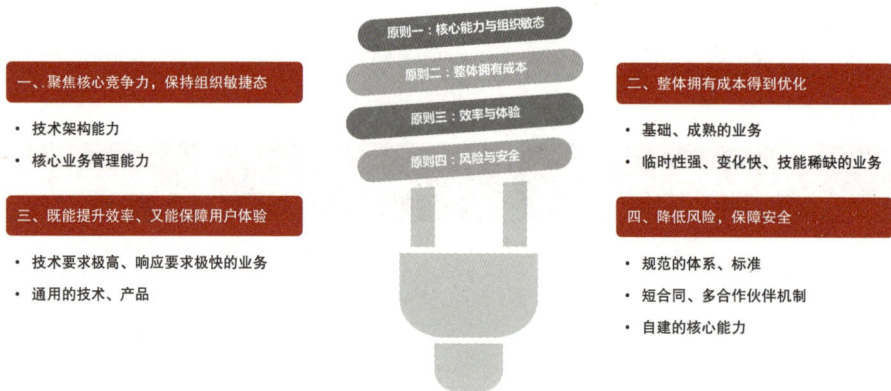

图 7-3-3　敏捷 IT "四项基本原则"

原则一，聚焦核心竞争力，保持组织敏捷态

确保自身建设并拥有两大核心能力：技术架构能力、核心业务管理能力；而对于那些不提供高级发展机会的活动与业务，则采用合作伙伴。从而打造组织在 IT 规划、架构、治理与管控的竞争力。

原则二，整体拥有成本得到优化

基础且成熟的业务，如基础 IT 资源、企业办公、安全管控等，作为公共服务统一提供给集团及各级公司，实现资源充分利用与优化。而临时性强、变化特别快、技能稀缺的业务（如开发编码等工作），采用合作伙伴或联邦制的模式进行，既保证了企业组织的敏捷灵活，成本也得到了有效管控。

原则三，既能提升效率、又能保障用户体验

对于技术要求极高或响应要求极快的业务，通过自建打造服务能力，如 VIP 的服务、业务需求的管控。而对于通用的技术、产品，需求量大且容易形成规模的（如呼叫中心、硬件维护），采用合作伙伴，实现双赢、甚至是三赢。

原则四，降低风险，保障安全

首先，通过自建的核心能力，来降低核心竞争力被侵蚀的风险。其次，通过短合同、多合作伙伴，保持了灵活性和杠杆作用，降低依赖性风险。最后，通过符合规范的体系、标准（ISO20000，ISO27001），来降低在服务质量与信息安全方面的风险。因此，通过设计、制定、实施有效的 IT 组织形态，规避 IT 风险，并保证 IT 组织的敏捷性，进而拉高投资的成功率，确保企业信息化建设的进程。

确定了组织形态框架，接下来，如何构建 IT 管理的"金三角"呢？

（4）打造敏捷IT的"金三角"

无论在软件工程、还是在ITIL的最佳实践当中，①服务管理体系及流程；②IT技术架构；③适应型的专业团队，都是决定着IT高质、高效服务与管理的三个关键因素。其中，团队是最根本因素，服务管理体系与流程是粘合剂，把团队和技术有机地进行融合，从而发挥团队和技术的效力（图7-3-4）。

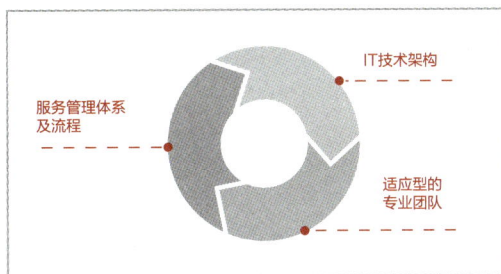

图7-3-4　敏捷IT"金三角"

①服务管理体系与流程：建立满足业务需要的标准化服务体系

"离娄之明、公输子之巧，不以规矩，不能成方圆"——孟子《离娄章句上》。

意思是"即使有离娄那样好的视力，公输子那样好的技巧，如果不用圆规和曲尺，也不能准确地画出方形和圆形"。所以说，筑高台一定要凭借山陵；挖深池一定要凭借山沟沼泽。

因此，IT服务管理体系流程有还是没有、是否合理，就直接体现了IT部门的管理和服务的效率。缺失了体系、流程的IT管理，不但不能快速响应业务的，还会拖延处理问题的速度，最终影响用户的满意度。

那么，IT服务管理体系的建设是否合理，要回答以下几个问题：

第一：体系是否以服务为中心？

以服务为中心的管理体系，强调的核心思想是从客户（业务）的角度理解IT服务需求。也就是说，提供IT服务的时候，首先要考虑业务需求，根据业务需求来确定IT需求。

第二：体系是否实现了透明化管理？

在遵从国际标准与最佳实践的基础上，要把标准具体化，明确应该"做什么"和"如何做"，从而实施有效的透明化管理。一方面提供用户满意的服务从而改善客户体验，还可以确保这个过程符合成本效益的原则。

第三：体系是否实现可度量化的管理？

只有基于理性的数据分析，我们才能更好地了解 IT 服务的实际情况，更针对性改进和持续改进。通过 IT 服务流程的建设，实现服务的量化与度量，进而为持续优化与管理打下基础。正如管理大师 Peter Drucker 所说：If you can't measure it, you can't manage it.

第四：体系是否能够实现高效、专业的管理？

如：服务采用标准、统一的语言；优先级的排序得到了认可；实现了知识的沉淀和积累；能够记录、查找常见的问题及其解决方法；实现了自动化，即效率提升；如工单的自动指派，适当的消息提醒或告警；降低了服务风险；如通过变更方案的有效审核与监督，降低实施的故障概率，实现有序变更。

近年来，金地集团信息事业部持续在服务管理体系与流程上发力；建立健全了符合 ISO20000 规范的 IT 服务管理体系与流程（图 7-3-5）。

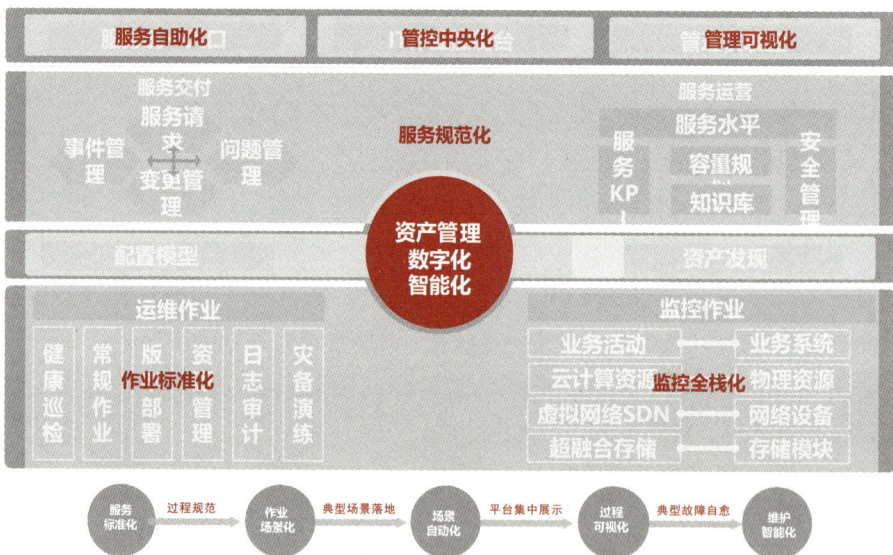

图 7-3-5 金地 IT 服务管理体系与流程梳理

首先，在服务体系的建设上，确保覆盖 IT 全领域；从 IT 业务角度，涵盖服务台、桌面与办公支持、应用支持与基础设施支持；从 IT 技术能力角度，建立起一级、二级、三级技术响应与支持体系。

在流程上，基于公司的特点与痛点，从业务出发，规范了服务优先级；分期、分批建立起 IT 标准化的流程，从事件到故障、从故障到问题、从问题到变更与发布，形成了闭环的端到端流程管控；

在管理上，制定了可落地的服务目录、基于业务的 SLA、工单分类及优先级定义。

这些，一方面是源于信息事业部自身对公司业务的深入理解；另外一方面，也是充分与业务部门进行沟通后，所形成的一致认可的标准、规范与流程。

最后，充分利用开源工具，实现流程的可操作和自动化。并对 IT 服务人员进行培训与赋能，统一了认识与服务语言，确保了服务资质。通过以点带面，总部最先实施，区域分段推广，将体系、规范、流程最终全面落地。

而随着体系、流程的落地，实现了 IT 服务的量化管理，IT 服务的知识经验也得到了沉淀和积累；这也为金地 IT 服务质量与效率的提升、IT 自动化的建设以及服务持续优化夯实了基础。

②IT 技术架构：数据实时驱动，高弹性云化结构

我们，采集的只是石头，却必须时刻展望未来的大教堂——采石工人的信条

为了摆脱日益增长的复杂性，IT 技术架构必须能够实现数据实时驱动，高弹性云化结构，能力集成与开发；以满足业务支撑系统开放、敏捷、智能化的要求。并成为业务运营的核心和链接数字化服务的纽带，赋能数值化转型。

IT 技术的架构设计，又可细分为业务架构、应用（信息系统）架构、基础（技术）架构三个层次的设计（图 7-3-6）。

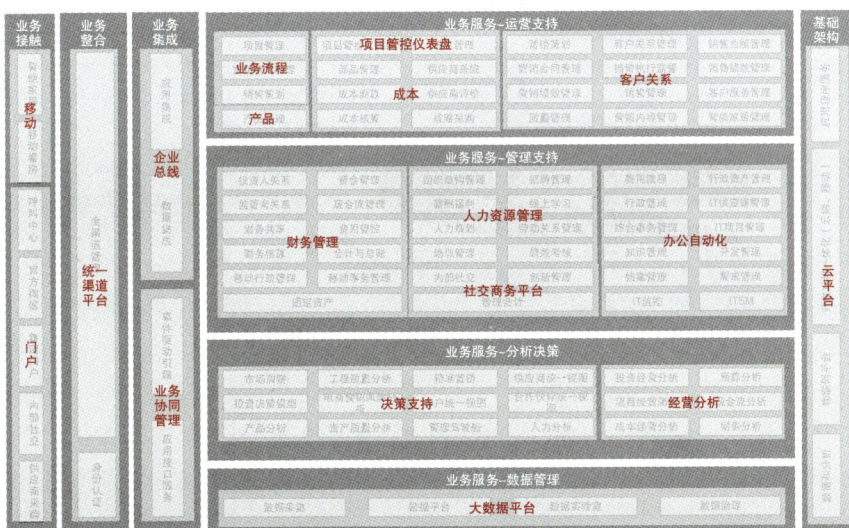

图 7-3-6　金地 IT 技术架构

其中，业务架构是战略，通过业务过程建模、业务目标建模和用例建模的技术生成业务架构。

应用架构是战术，承上启下，承接业务架构的落地，还影响技术选型。其核心内容为：IT系统如何满足企业的业务目标，信息以及信息之间的关系，应用以及应用之间的关系。

基础架构是装备，定义了架构解决方案的物理实现，包括硬件、软件和通信技术。

无论是总体架构，还是分层架构，我们在设计时，重点考虑如下三点：解决现存问题；实时跟踪技术发展趋势、利用新技术；借鉴标杆经验。

以金地集团构建的新一代智慧云架构为例，在建设之初，信息事业部就有针对性提出了IT技术架构目标-"充分并有效利用计算、存储和网络资源，减少资源浪费，实现最大ROI"；在调研阶段，参考了权威报告和行业最佳实践，分析了新技术的市场占有率、新技术相关社区的活跃度，搜集了标杆企业（如阿里技术生态、AWS-Amazon Web Service）等信息。最终确定全面引入超融合技术，实现了计算、存储、网络的集中管理，降低了TCO。

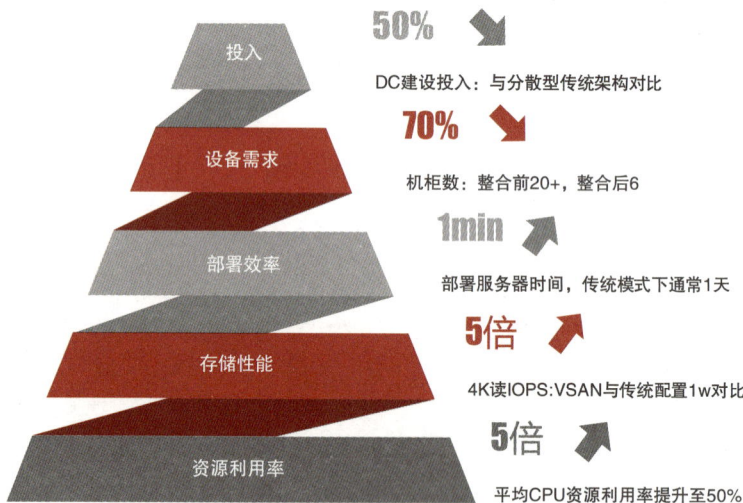

图 7-3-7　新一代智慧云架构性能

新一代智慧云架构具备了如下特性：架构敏捷、能力开放、技术成熟、安全可靠、运维简单、智能运营以及降低成本。从架构上，通过软件定义技术，实现基础架构即服务、平台即服务；实现基础资源弹性伸缩。从成本上，超融合存储架构在购买成本上，相比传统存储可节省近30%。既降低了经营成本，同时促进了更多的创新目标（图 7-3-7）。

③适应型专业团队：根据业务需要"变换档位"

只要思想不滑坡，办法总比困难多！ Where there is a will, there is a way.

首先，技术变革影响了一系列的技能要求和对具体技能需求时机的把握。

根据埃森哲（Accenture）的报告，当要求高管们指出公司在数字化转型中获得成功所需要克服的最大挑战时，34% 的人给出的最重要的回应是"获取、培养和留住数字人才"。

新技术的促进，组织内和机构间的孤岛正在消散，资源需求不断波动，企业需更灵活的按需劳动力。企业希望能够快速利用这些新功能，IT 人员必须保持敏捷，并能够适应企业不断变化的需求，从而成为能够推动 IT 创新的合适人才，以满足业务需求，并提供持续的价值。

正如 IT 采取敏捷的发展方式一样，金地信息事业部将同样的方法应用在人才上，采用灵活和适应性的方式来塑造员工队伍。在事业部团队内部，任务是可以通过自由、自愿的形式认领"承包"的，其中，也会涉及到需要多人协作完成的任务。这样的方法，使部门能够快速获取差异化思想和创新思维，并允许员工以新的方式做出贡献，并受到工作的启发。

其次，满足各种业务需求，需要"变换档位"。

组织采用多个档位速度的 IT 战略支持企业日益动态化的运营，要求 IT 人员对业务有深刻理解，可用业务语言与业务部门沟通，将业务与技术无缝衔接起来，并充分利用新技术所赋予的能力，为业务创新和企业转型，快速提供可行的技术解决方案。

对业务创新的需求，也要求 IT 从业人员对业务有深刻的理解。可以用业务语言与业务部门沟通，主动搭建起平滑沟通的桥梁。进而，将业务与技术无缝衔接起来，并充分利用新技术所赋予的能力，为业务创新和企业转型，快速提供可行的技术解决方案。

金地信息事业部采取各种措施、渠道，如建设专业能力体系、搭建专铸知识体系等专项活动；以保持专业队伍的敏捷性和较强的适应能力；当潮流不断变换时，这支队伍就能够始终为组织提供强有力的支持。

首先，在日常工作中，信息事业部以优秀团队作为黄埔军校，组织与业务部门间以及团队间的培训、研讨会等多种形式的能力建设；团队核心成员通过"业务痛点与最佳实践"、"持续集成与持续交付"、"超融合技术"、"服务器规模对运维服务模式的影响"等不同的主题为切入点，来传播分享业务、技术的相关知识；并积极鼓励日常团队内部角色的转换与导师辅导制。

其次，在"玩"中带着团队成长；在信息事业部每年组织的团建、集团信息峰会等活动中，避开繁文缛节和华丽辞藻，穿插各领域专家的探讨与头脑风暴，过程中没有门槛可言，谁都可以进场展示自己的想法和思考。通过随性的、健康的、积极的形式，彻底激发团队的快速学习兴趣和适应能力。

最后，鼓励团队参与其他社会活动，例如参与开源软件开发、撰写书籍、向杂志投稿、参加和举办技术社群活动等。团队成员提升的自主意识得到了充分发展，个人的技能也得到了提升。

上述三种形态，也说明了适应型团队的建设，应该是多样性的。而在不同的塑造方向上，又能够看到这三条射线的交汇点，那就是，建设适应型团队对事业部以及企业成长发展的重要性。

总而言之，IT 部门要足够灵活、适应能力强，旨在成为业务的战略合作伙伴，并成为持续创新的催化剂。

2. 敏捷 IT：及时响应客户需求

（1）发展多渠道、多维度的信息交互模式

没有做不到，只有想不到 Nothing is Impossible

移动互联网环境下，企业运营的特点发生重大转变。

图 7-3-8　移动互联网环境下的消费行为模型转变

移动互联网环境下的消费行为转变（图 7-3-8）：以渠道建设为例，使客户在任何时候、任何地点，采用任何方式都可获取想要服务。

企业运营模式及管理要求的转变：实体、电商、移商的整合不仅给企业打开全新销路，同时深度优化企业资源；并帮助企业获取更多的销售情况、更好和更广泛的收集用户相关信息，了解需求，更好地服务于最终用户，提升资金周转率，降低资金成本，提升资金盈利能力。

重视并实施全渠道运营模式：线上线下进一步融合，企业泛渠道经营成为重要的销售抓手。横向链条的贯通，更容易感知和洞察链条的变化。

通过营销、传播和物业等环节建立的直接触达用户的渠道，使得用户方便、直接地了解到金地集团的发展和各个业态的产品信息，也实现了金地集团端对端、多渠道与用户建立连接，获取和掌握用户的需求。

在金地物业方面，打造了享系列智慧社区 APP 应用，方便客户报修、物业缴费、获取信息、社区金融及多样的社区服务，门禁升级人脸识别。

传统的物业有很多痛点，比如服务质量差，员工管理压力大，投资高、回报低，业主缺乏归属感，业主满意度不高等。金地通过科技改变了物业的管理模式，增加新的业务渠道，实现了物业领域的数字化转型。

全国所有金地小区的业主都可以下载"享系列 APP"，在这个 APP 上完成居家生活的所有需求，包括水电煤缴费、报修、安防、手机开门、停车、快递等业务，最近金地还会联合一家科技公司开发一款新的无人值守的零售货柜，这里就应用到"云、物、移、大、智"中的云计算和大数据。

目前在物联网方面，金地在深圳选了 20 个小区，对现有门禁系统进行改造，全部升级为人脸识别。因为很多业主喜欢出门锻炼身体，穿着短衣短裤可能不方便携带手机或者门卡，门禁采用人脸识别之后，业主走到距离小区门口 2m 左右时，门就可以自动打开，非常方便。

（2）提升信息产品的用户黏度

"不用再徘徊，你就是我最美的期待" ——周笔畅《最美的期待》

如何提升用户粘性，这是任何产品在有一定 UV（访客数）后都会面临的问题。一个 APP 或是系统能否被用户所接受，通常会考虑四个因素（图 7-3-9）。

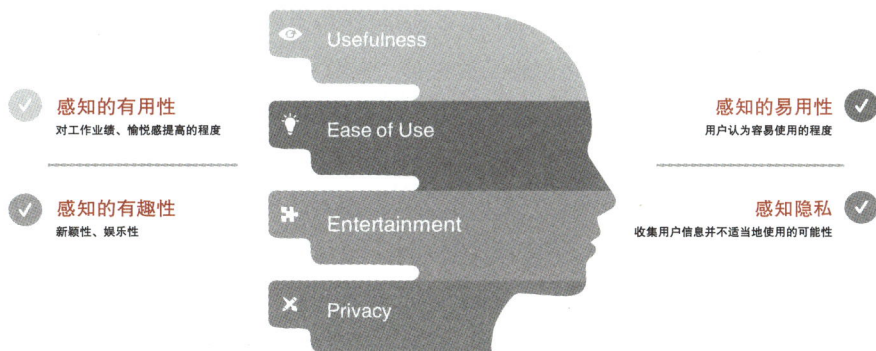

图 7-3-9　消费行为模型转变

移动互联网环境下的消费行为模型转变：

感知的有用性（perceived usefulness）：反映用户认为使用一个具体 APP 或服务对他工作业绩、愉悦感提高的程度；人们逐渐对 APP 产品产生强烈依赖，这是人们关注的最重要的点。

感知有用性是期望的核心，在很大程度上由感知易用性决定。

感知的易用性（perceived ease of use）：反映用户认为容易使用一个具体 APP 或服务的程度。

感知易用性是期望到确认中最重要的一环，使用户最快速了解产品如何使用、如何达到使用目的，可以说是产品体验的基础。

感知的有趣性（perceived entertainment）：感知有趣性最明显的特征是逐渐开始关注产品的新颖性、娱乐性。在满足感知有用性的前提之下，感知有趣性是产品体验和满意程度的加分项。

但是如果并没有满足感知有用性，感知有趣性的绩效非常低，甚至不复存在，不会为人所关注。

感知隐私（perceived privacy）：是指线上企业收集用户信息并不适当地使用的可能性。而感知隐私在中国这片互联网意识没有得到良好培养的环境中，目前，并没有特别的关注。

在金地集团信息事业部，打造每一款应用产品时，首要的，就是依据每款产品的定位来思考：产品的哪些特性与上述因素的哪个有关？哪些直接决定了用户的满意度和正向确认程度？哪些增强了使用的趣味性？哪些增加用户的沉浸感（比如，预约类特性，是否便利、准确、全面？记录类特性，有哪些个性化分析？或是社区类特性，所提供的存在感）？进而从技术角度进行提升，增强用户的黏性、使用的频次，以及更好的持续使用。在打造智慧社区享系列时，就是从社区用户的根本需求先下手，将业主投诉报修、社区公告、费用缴纳放在第一个版本上线的功能中。

同样，对于内部业务用户使用的产品，IT 首要关心的，是这项业务密切相关的信息内容本身：业务到底需要哪些信息？这些信息存在哪里？通过哪些渠道可以获取？怎样对这些信息进行分析、处理、存储和传播？这些信息对业务有哪些影响？业务怎样才能知道，哪些途径提供的信息有价值、哪些途径提供的信息价值含量低？以及业务如何能够调整自己的信息渠道？从而打磨出真正符合业务需求和黏度高的产品。

最终，产品凭借用户的黏性，使企业能够更容易撕开市场的口子、占领更多的市场份额。

（3）精准营销：让数据 360° 无死角，完全用数据分析来指导决策

著名广告大师约翰·沃纳梅克曾说过"打广告的钱有一半是浪费的，但客户永远不知道是哪一半。"

有了全渠道的信息交互，并提升了用户对产品黏性和感知后，如何能将合适的信息在恰当的时间推送给需要的用户，最终将其转化为销售机会，就成了信息化的终极挑战。

智慧传播云：360 度描绘客户画像，进行精准传播。

搭建 H5 制作平台：金地在 2017 年就在企业内部搭建了一个 H5 的平台，用于制作企业的海报、邀请函等宣传材料。

线上投放：收集数据完善客户画像。通过 H5 平台制作出的宣传材料，主要通过微信、APP 等渠道进行线上投放，一旦客户打开了投放的广告，后台会捕捉到客户的 ID，监测到客户观看广告的时长，了解客户是全部看完还是看了几秒就关闭，这些 ID 和数据会汇总到系统中，完善客户画像和标签。

二次传播：客户画像完成之后再进行信息的二次触达，比如一个客户打开金地楼盘广告看了十秒，初步认为他对这个楼盘感兴趣或者有购房愿望，系统就会把这个 ID 做一个 360 度画像的大数据匹配。如果发现这个客户还喜欢打网球，系统就会把金地的网球俱乐部信息推送过去。

智慧传播云改变了业务的模式，由线上精准投放替代了传统电视广告和地推方式，这种转型应用了"云、物、移、大、智"中的"云、大、移"，属于一种数字化转型（图 7-3-10）。

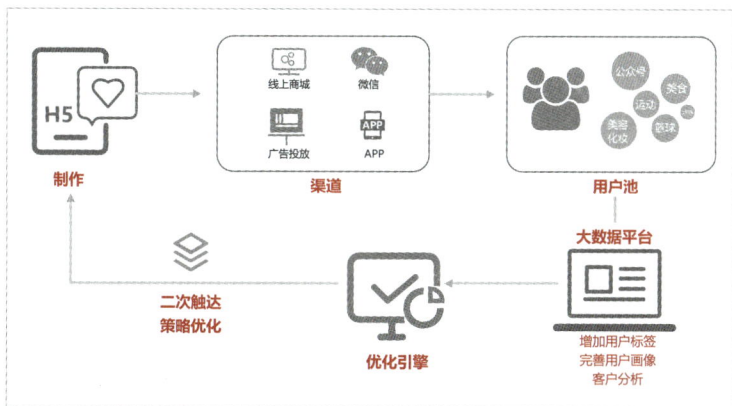

图 7-3-10　智慧传播云

360°无死角的数据分析：在前面，我们已经谈到，通过全渠道的信息交互，连接不同来源的客户数据，包括线上，线下，获取了用户数据；想要实现极致的精准营销，就要进行全方位的数据分析，让数据360°无死角，完全用数据分析来指导决策（图7-3-11）。

图7-3-11 360°无死角的数据分析

精准预测："预测"能够让业务部门专注于一小群客户，而这群客户却能代表特定产品的大多数潜在买家。这里，就要提一句用户画像，其本质，就是为企业中所有与用户有关的决策过程提供有效信息，指导企业的产品服务研发和市场营销。

进入营销3.0的数据时代，根据产品特点，更加精准地找到目标用户，在用户偏好渠道上内容投放，适时交互促成购买行为，才能精准获客。

精准推荐：通过精准邮件、短信、App消息推送、个性化广告等，在正确时间、正确客户、正确场景触发正确行为，精准推荐、精准营销。

在金地集团信息事业部打造的大数据体系当中，一个重要的业务场景就是精准营销。而精准营销的手段保持了企业和客户的密切互动沟通，从而不断满足客户个性需求，建立稳定的企业忠实顾客群，实现客户链式反应增值，从而达到企业的长期、稳定、高速发展的需求。

以房地产精准营销的全闭环业务场景为例。在利用内部主数据与外部大数据的同时，通过销售案场的智能销售探针，收集销售案场的信息，让数据无死角；并通过随机森林、线性回归等算法对购房人群特征分析，形成购房人群的标签；通过标签、大数据等技术，发现潜在的客户池；并通过渠道平台将推广信息推送到潜在客户，并基于用户行为不断优化客户标签和算法，最后，将客户资料与用户行为进行对比，来进行效果的确认。全闭环业务场景将大数据与销售进行完美的结合，形成最终闭环（图 7-3-12）。

图 7-3-12　精准营销模型

在市场的迷幻大雾之中，精准营销像是一座桥梁，连接起了企业与用户之间的信息和认知鸿沟，通过大数据技术，把用户错综复杂的消费行为和难以捉摸的心理状态，用更加理性的方式，即用户画像，为企业（需求方）呈现出来，让企业在营销决策中真正做到有理有据，决胜千里。

总结：敏捷 IT，筑梦未来

以梦为马，不负韶华。站在这场数字化革命的风口上，信息事业部以"343"模式为核心，规划业务创新为主的 IT 战略，架构敏捷型的 IT 组织形态，并以 IT 管理"金三角"为基石，打造实时驱动、高适应型的数字化服务；以便捷、可靠和智能化的信息建设为依托，重塑高效经营；以全渠道、大数据技术为支点，营造移动互联网环境下以客户中心的精准服务模式；进而引领和创造高效运营的环境，承载更多企业的成功之梦。

与地产管理相关的 9 大趋势预判

未来 5～10 年，房地产行业有些大事件，很可能发生。特别是那些与地产管理高度相关的事件，我们希望能够引起管理者们的足够重视，提前做好应对准备。有些是机遇有些是危机，我们希望房企高管们能够抓住机遇，提升公司全周期下的综合竞争力。

1. 政策管控：不会很快全面放松

概率：★★★★★

　　基于居住需求的基本满足，城市化进程接近后半程，高房价对其他产业和社会带来的高风险，政策稳定性以及新的国际竞争形势，很显然政策调控不会在短期内放开。

　　对于房企的影响是，企业融资仍然会很困难，贸然投资仍然会有很大风险。企业仍然要提高资金利用效率和杠杆率，财务回报渗透到企业经营的边边角角。

　　管理应对：

- 数智化经营决策（参见第一章）。
- 高周转（计划运营）（参见第三章）。

2. 市场特征：市场分化 城市轮动

概率：★★★★★

　　2018 年中国的城市化率刚到 60%，与日美第一阶段达到 70% 的城市化率还有一段距离。所以中国至少还有 10 年左右的平稳发展期，10 万亿级市场规模将持续。

　　北上深代表一线城市，城市化速度比二线城市快 5 年，比三四线城市要快 10 年。东部城市比西部城市快 5 ～ 10 年。一线城市的更新，二三线城市化还有很长的路要走。所以市场分化城市轮动不可避免。投资节奏、融资节奏、运营节奏、生产节奏、销售节奏都会发生很大变化。

　　管理应对：

- 数智化经营决策（参见第一章）。
- 周期性拿地（参见第二章）。

3. 企业竞争：全国布局 激烈竞争

概率：★★★★★

　　TOP 20 房企市场占有率超过 50%，拿地总量占比 50% 以上。TOP 10 企业会占比超 20% 以上。特别是 TOP30 房企之间的竞争更加激烈。区域型房企发展空间日益被压缩。

管理应对：

- 数智化经营决策（参见第一章）。
- 周期性拿地（参见第二章）。

4. 运营管理：高周转 低成本

概率：★★★★

行业普遍践行的"三高一低"（高负债、高杠杆、高周转、低成本）的发展模式还将是主流模式。无论是上升周期，还是下降周期，都在拼速度、拼成本，高负债、高杠杆一时也很难降下来。

管理应对：

- 计划运营（参见第三章）。
- 设计提速（参见第四章）。
- 跟投合伙人激励（参见第六章）。

5. 建造方式：装配式建筑

概率：★★★★

财政部、住房城乡建设部提出力争到 2020 年，全国装配式建筑占新建建筑的比例达到 15% 以上，全国划分为"重点推进、积极推进、鼓励推进"三类地区有重点地"自上而下"逐步推进：

（1）重点推进地区包括京津冀、长三角、珠三角三大城市群，装配式建筑占新建建筑的比例须达 20%；

（2）积极推进地区包括常住人口超过 300 万的其他城市，装配式建筑占新建建筑的比例须达 15%；

（3）鼓励推进地区包括其余城市，装配式建筑占新建建筑的比例须达 10%。三类地区在经济发展程度和房屋价格上呈降次分布，新增房地产需求较多的地区往。

为落实中央政策目标，各地方政府也已制定装配式建筑规模阶段性目标并同步出台若干政策法规鼓励推广。

管理应对：

- 新建造提速保质（参见第五章）。
- 计划运营（参见第三章）。

6. 数据智能：数据化业务

概率：★★★★

未来的地产公司，都是数据科技公司。

万科打造全新数字化平台的"沃土计划"已经执行 3 年，由郁亮亲自主导推动，计划投资 20 亿元。据说万科科技公司已经有 1000 人。

龙湖设立首席数据官，负责人曾任海尔首席信息官 & 首席数据官。这应该是地产行业第一个首席数据官。

未来领先的地产公司，肯定都是数据科技公司。擅长做投资分析、运营持有、客户研究、精细建造的公司，必然都是数据科技公司。这毫无疑问。

基于业务数据治理和挖掘的地产大数据，已经在地产行业悄悄流行。

管理应对：

- 数智化经营决策（参见第一章）。
- 新 IT（参见第七章）。

7. 产权体系：租售并举

概率：★★★★

这两年租赁住宅的土地供给逐渐增多，商品房供地占比逐渐减少。

深圳的租赁新政或许将称为其他二线城市学习的样本。

被称为深圳"二次房改"的租购并举体系规划，到 2035 年，筹集建设各类住房 170 万套，建立多主体供给、多渠道保障、租购并举的住房供应体系。

其中，市场商品住房占比 40% 左右、人才住房和安居型商品房分别占 20%。公共租赁住房，占住房供应的 20% 左右。

管理应对：

- 数智化经营决策（参见第一章）。
- 计划运营（参见第三章）。

8. 税法：房产税

概率：★★★★

财政部部长肖捷 2017 年 12 月 20 日在人民日报刊发《加快建立现代财政制度》文章，就房地产税表态。"按照'立法先行、充分授权、分步推进'的原则，推进房地产税立法和实施。适当降低建设、交易环节税费负担，逐步对工商业房地产和个人住房按照评估值征收房地产税，建立完善的现代房地产税制度。"

管理应对：

- 数智化经营决策（参见第一章）。

9. 销售模式：现售制

概率：★★★

销售模式试点从预售制向现售制过渡，将大幅降低行业资本和运营杠杆，对行业和房企产生深刻影响。

房企的应对举措必然要加快资金周转，降低财务成本。周转的速度越快，成本就下降得越快。

管理应对：

- 计划运营（参见第三章）。
- 新建造提速保质（参见第五章）。
- 设计提速（参见第四章）。

后 记

新常态　新趋势　新管理　新未来

新常态：行业周期性

2018 年初，上市公司年报一出炉，业内业外都炸了窝。十万亿与千亿级的企业刷新了。房地产商品房销售额历史上第一次突破 13 万亿元；行业老大销售额 5500 亿元，成为世界最大的地产企业。行业排名 TOP 16 的销售额均过千亿元，并聚集了行业 30% 的销量。接下来各企业都像打了兴奋剂，纷纷大幅提高了自己的年度销售目标，高周转、做大规模又一次成为行业主旋律。

2018 年 7 月 31 日，中央政治局会议释放坚决遏制房价上涨信号，各地陆续收紧房地产调控政策，市场成交量下降，土地流拍、资金荒陆续出现。作为地产风向标的标杆企业高调喊"活下去"、"减下来"、"降到底"，不少大牌房企受去杠杆等金融收紧措施影响，甚至开始卖地卖项目，市场开始进入"冰河期"。

地产行业已经不是新兴产业了，多年的大数据积累与分析告诉我们："十年四周期"，地产行情上上下下，是有规律可循的，也是符合自然规律的，我们应该适应这种规律性波动的"新常态"，具备"与周期共舞"的能力。

地价刷新，房价刷新，一路受控，一路刷出新高度。有市场供需因素，有资本趋利的助推，也有政策调整带来的阵颤。国家一直努力调控房价与经济发展间的平衡，尽管一脚刹车，一脚油门，但手段愈趋成熟和多元。我们有理由相信地价和房价会在受控中趋于合理和稳定，至少不需要恐慌。涨不会大幅，降也不会大幅。涨跌间短线获利的机会不会太多，市场终究要回归商业的本质规律，那就是靠能力挣钱。

新趋势：行业日趋成熟

对接下来地产发展趋势的预测，有看空的也有看好的，有期待价格上涨的也有断定会"横盘"的。只是他们最后终究可以达成一致的是：无论怎样走势，地产企业都需要强化自身的管理。第一，管好现金流。因为下行要管好钱过冬；上行要用好钱去扩张。第二，提高运营效率。怎么走，快都比慢更安全、更高效。

至今地产企业多数开发项目的利润还是源于土地红利、资源红利。接下来，更多的企业已经开始要"产品创利"、"管理创利"，因为天上掉馅饼的日子确实没多少了。

地产行业依然在迅猛发展，当年万科销售跨千亿都是那么的小心翼翼，如今大家一同跨万亿已经不是太远的梦。存在就是硬道理，所以我们确信这个行业会日趋成熟的。

地产行业探索新出路已经许久了，时下没有哪家地产企业只是盖房子卖房子了。从销售物业到持有经营，从产业地产到文化健康物流，从造城到建小镇，大家各找各的路子，因为不论环境如何，大家都需要"活下去"。

举手投足间，有的企业很快做大了，精彩了自己；也有的沉寂了，甚至一落千丈。每条生存之路上都有精彩，有成败。如何选择适合自己的路，选择适合自己做的项目，不能跟风，也不能靠命，要明白自己的"基因优势"，再寻找"资源优势"，包括人力财力物力。归根结底，要靠自己的能力活下去，活好。

新管理：管理推陈出新

任何管理方法都无所谓好与不好，关键在于怎么用。

比如，前一阵子"高周转"很高调，单就如何看待"资本趋利"与"企业伦理"的事儿不谈，仅就其中必然的问题，比如报建通关的政策风险，高速度下质量保障问题等没有得到有效控制，自然就撞了墙。现在大家似乎不愿提它了，其实"高周转"的精髓亮点依然存在，比如多专业工作前置、并联的管理手段；以现金流为龙头强化项目运营管理的思路等，这些反倒是我们应该保留和继续用好的。

再比如之前风行一阵子的企业数据大屏，或展示企业经营动态，或展示企业外部环境动态，比如土地资源、竞品售价等。大家热追了一段时间，投入不少，后来沉寂了。因为很多老板觉得没用，甚至有被拉低智商的感觉。究其源，因为那只是一堆静态、无趣又无意义的数字。其实大屏没错，这个动态展示的管理思路也没错，动不起来，数字没有意义，完全是企业内部及外部环境能提供数据的可靠度、刷新及时度、数据分析专业度远远不能支持我们的"初心"。

地产行业管理也在一路进步着，从线下手工业务操作和管理，到全面的线上业务管控，再到今天的企业数字化经营管理。多数企业从"无数据积累"到了"不缺数"的阶段，基础数据治理、数据分析支持决策智慧化，目前成为行业的共同需求，也将会成为企业顺利穿越下一个行业周期的有力武器。

爱德数智与地产行业携手同行已进入十二载，同风雨共成长。

从当年把地产企业的成本、采购管理从线下搬到线上的"业务IT化实现"，到后来随着地产企业需求逐步完善起来的跟投管理、土地投资管理、设计管理、数字化品质管理等"专业管理平台"，到如今，与一线地产标杆企业共同设计、研发、应用起来的数智化经营管理平台，用数字集成、数据分析来实现集团战略规划落地、公司经营动态分析和基于项目全周期的投前投后管理，让企业的经营管理更加适时、动态、数字化，让管理决策更加智慧化。

新未来：穿越新周期

地产行业依然会规模化发展，会牵动着诸多行业，影响着国计与民生，必然与必须保持行业的健康和稳定。

但在行业每个发展阶段、每个特定周期，我们有不同的机遇，也会遇到不同的问题与困难。在无法预判未来，也无法左右环境大势的条件下，我们必须打造自身的核心竞争力，走出适合自己的道路。比如接下来会出现专注于在地铁沿线上盖物业的房企、专注做高铁沿线土地及物业开发的企业，擅长填海建港做物流的地产企业；有的企业做规模大而全，有的企业做深耕小而精；有的地产企业嫁接航天高科技，也有的专注对接基础农业。总之，我们需要有自己"与众不同"的特色和能力，带我们精彩走过下一程。

所有精彩背后相通的是，企业如何打造出自身过硬的管理能力。

对于爱德，从 IT、DT 到 AI，从业务操作工具到系统全面的管理平台，从地产开发到物业经营再到新业务的拓展，地产企业的需要都是我们的责任，我们会与这个行业一路同行，共同穿越新周期。

张松涛

爱德地产研究院 学术委员会主任

爱德数智 副总经理

参考书目

特别感谢以下文章的作者，您的探索和智慧给了我们更多的启发。在此致以深深的感谢！

引用文献：

1、《杨红旭：中国首次出现房地产板块轮动现象！》

2、《中国式房地产调控的症结与出路》

3、《两年市值翻三倍，新城控股是怎样做到的？》来源：雪球，邹毅－领易咨询

4、《新城控股：住宅＋商业双轮驱动，彰显高成长典范》川财研究

5、《房企高增长模式及其"达摩克利斯之剑"④——旭辉集团》来源：同策研究院

6、《15年百强房企兴衰史，淘汰率高达80%，大多死于调控！》来源：中国指数研究院

7、《互联网＋：从IT到DT》作者 阿里研究院

8、《浅析房地产住宅项目设计管理要点》王孝林／《建材与装饰》

9、《房地产开发项目的设计管理思考》赵阳／《房地产导刊》

10、《小议金刚砂耐磨地面的施工技术与质量控制措施》李远区／《民营科技》

11、《工业化建筑建造评价标准体系的构建研究》苏义坤／《山西建筑》

12、《混凝土轻质墙板墙体裂缝产生原理及预防措施》黎欧、李连山、谭伟林／《粉煤灰》

13、《两提两减、5+2+X：李季分享万科建筑工业化新兵法》

14、《超干货！碧桂园「SSGF工业化体系」密保细节全部放出!?》来源：碧桂园微信公众号

15、《独家揭秘，SSGF究竟有何神奇？》来源：碧桂园微信公众号

16、《IT在企业中的定位和发展方向》

17、《易维帮助台：企业IT运维管理变革热潮中的冷思考》

18、《企业IT外包战略研究—基于海尔案例分析》

19、《产品运营和数据优化》

本文还引用了更多网络资料，我们努力过，但也没法查到出处。请相关作者及时联系我们以便处理（编辑部电话：400 1123 968）。